LÍDERES

SE SERVEM POR ÚLTIMO

SIMON SINEK

LÍDERES SE SERVEM POR ÚLTIMO

COMO CONSTRUIR EQUIPES SEGURAS E CONFIANTES

ALTA BOOKS
EDITORA
Rio de Janeiro, 2019

Coordenação de produção: Alexandre Braga
Edição: Pólen Editorial
Tradução: Marcello Borges
Preparação de texto: Lizandra M. Almeida
Revisão de provas: Hed Ferri
Diagramação: Carlos Borges Jr
Capa: Carolina Palharini
Produção Editorial - HSM Editora - CNPJ: 01.619.385/0001-32

Dados Internacionais de Catalogação na Publicação (CIP)
Angélica Ilacqua CRB-8/7057

Sinek, Simon
Líderes se servem por último : como construir equipes seguras e confiantes / Simon Sinek ; tradução Marcello Borges. - Rio de Janeiro : Alta Books, 2019.
320 p.

Bibliografia
ISBN 978-85-508-0781-2
Título original: Leaders eat last

1. Liderança 2. Administração de pessoal 3. Mudança organizacional 4. Antropologia empresarial 5. Cultura organizacional I. Título II. Borges, Marcello

15-1353 CDD 658.4092

Índices para catálogo sistemático:

1. Liderança

ALTA BOOKS
EDITORA

Rua Viúva Cláudio, 291 — Bairro Industrial do Jacaré
CEP: 20.970-031 — Rio de Janeiro (RJ)
Tels.: (21) 3278-8069 / 3278-8419
www.altabooks.com.br — altabooks@altabooks.com.br
www.facebook.com/altabooks — www.instagram.com/altabooks

Aos homens e mulheres que conheci na
Força Aérea dos Estados Unidos:
vocês me ensinaram muito mais sobre o que
significa ser humano do que qualquer pessoa
vestida de terno já me ensinou.

SUMÁRIO

Líderes são aqueles que se abraçam sem medo o desconhecido.
Correm para o perigo.
Deixam de lado seus interesses pessoais para nos proteger
ou para nos puxar para o futuro.
Os líderes preferem sacrificar o que é deles
para salvar o que é nosso.
E nunca sacrificariam o que é nosso para salvar o que é deles.
Isso é o que significa ser um líder.
Significa que eles escolhem ir primeiro rumo ao perigo,
encaram de frente o desconhecido.
E quando temos certeza de que vão nos manter em segurança,
marchamos atrás deles, trabalhamos incansavelmente
para ver suas visões ganharem vida e nos consideramos
orgulhosamente de seus seguidores.

PREFÁCIO

Quem é você? Por que você está aqui? Qual é seu propósito? Estas são as primeiras questões para as quais queremos respostas, antes de iniciar um relacionamento com pessoas desconhecidas. Uma vez que tenhamos as respostas para essas perguntas, gostaríamos de saber sobre os princípios e valores de vida delas: o que é importante para elas e o que impulsiona seu comportamento. As respostas que elas dão nos dizem qual é sua identidade: pelo menos a identidade que elas querem projetar no mundo.

Não conheço nenhum estudo de caso na história que descreva uma organização cujos gestores a tiraram de alguma crise. Em todos os casos, isso coube a seus líderes. Atualmente, porém, a maioria das instituições de ensino e de programas de treinamento não visa o desenvolvimento de grandes líderes, e sim o treinamento de gestores eficazes. Os ganhos no curto prazo são vistos como indicadores de sucesso, e o crescimento e a viabilidade da organização no longo prazo pagam a conta. *Líderes se servem por último* é um esforço para mudar esse paradigma.

Em *Líderes se servem por último*, Simon Sinek não propõe uma teoria nova sobre liderança, nenhum princípio básico. Seu texto tem um propósito muito mais elevado. Simon gostaria de tornar o mundo um lugar melhor para todos. Sua visão é simples: criar uma nova geração de homens e mulheres que compreendem que o sucesso ou o fracasso de uma organização se baseia na excelência de sua liderança e não na proficiência gerencial.

Não foi por acaso que Simon usou os militares norte-americanos, particularmente o Corpo de Fuzileiros Navais dos Estados Unidos, para explicar a importância de líderes que se concentram em seus subalternos. Essas organizações têm culturas fortes e valores compartilhados, compreendem a importância do trabalho em equipe, criam a confiança entre seus membros, mantêm o foco e, mais importante de tudo, compreendem a importância das pessoas e dos relacionamentos para o sucesso de suas missões. Essas organizações se encontram em uma posição em que o preço do fracasso pode ser catastrófico. O fracasso de uma missão não é uma opção. Sem dúvida, as pessoas é que permitem que os militares tenham sucesso.

Se você observar uma refeição dos fuzileiros navais, verá que os jovens são servidos primeiro e os maduros, por último. E perceberá também que não é preciso instrução alguma. Os fuzileiros simplesmente fazem assim. No centro dessa atitude muito simples está a postura dos fuzileiros navais em relação à liderança. Espera-se que os líderes dos fuzileiros comam por último porque o verdadeiro preço da liderança é a disposição de colocar as necessidades dos outros acima das suas. Os grandes líderes se importam com aqueles a quem têm o privilégio de liderar, e compreendem que o verdadeiro preço do privilégio da liderança é pago às custas de seu interesse pessoal.

Em seu livro anterior, *Por quê? Como motivar pessoas e equipes a agir* (Ed. Saraiva), Simon explicou que, para uma organização ter sucesso, seus líderes precisam compreender o verdadeiro propósito de sua organização – o porquê. Em *Líderes se servem por último*, ele nos leva a um nível acima para entendermos por que algumas organizações se saem melhor do que outras. Para isso, detalha todos os elementos do desafio da liderança. Em termos simples, não basta conhecer "o porquê" de sua organização; você precisa conhecer sua equipe e entender que são muito mais do que recursos descartáveis. Em síntese, não basta ter competência profissional para ser um bom líder; os bons líderes precisam se preocupar sinceramente com aqueles que foram entregues aos seus cuidados.

Com certeza, não basta ser um bom gestor para sustentar uma organização no longo prazo. Simon dá uma explicação profunda sobre os elementos do comportamento humano, demonstrando claramente que há bons motivos para algumas organizações terem bom desempenho em um breve período de tempo, fracassando mais tarde: a liderança não criou um ambiente no qual as pessoas fazem diferença. Como diz Simon, organizações em que as pessoas compartilham valores e são valorizadas têm sucesso no longo prazo, nas melhores e nas piores épocas.

John Quincy Adams teria entendido a mensagem de Simon porque ele compreendeu muito bem o que significava ser um líder ao declarar: "Se suas ações inspiram os outros a sonhar mais, a aprender mais, a fazer mais e a ser mais, você é um líder". Nessa frase, acredito que você encontrará a mensagem deste livro. Quando os líderes inspiram seus liderados, as pessoas sonham com um futuro melhor, investem tempo e esforço para aprender mais, fazem mais por suas organizações e, durante o processo, tornam-se líderes também. Um líder que cuida de seu pessoal e mantém seu foco no bem-estar da organização nunca fracassará. Minha esperança é que, após ler este livro, os leitores se inspirem e sempre comam por último.

GEORGE J. FLYNN,
Tenente-general, Corpo de Fuzileiros
Navais dos Estados Unidos (Ref.)

A FORÇA

PARTE 1

DA NECESSIDADE DE NOS SENTIRMOS SEGUROS

CAPÍTULO 1

A proteção que vem de cima

Uma densa camada de nuvens bloqueava a luz. Não havia estrelas e nem lua. Só a escuridão. Lentamente, a equipe foi atravessando o vale, o terreno rochoso impossibilitando qualquer velocidade superior à de um caramujo. Pior: sabiam que vinham sendo observados. Todos estavam no limite.

Ainda não tinha se passado um ano desde os ataques de 11 de setembro. O governo talibã tinha acabado de cair após levar uma surra das forças norte-americanas por se recusar a entregar o líder da Al Qaeda, Osama bin Laden. Havia muitas Forças de Operações Especiais na área realizando missões que até hoje são sigilosas. É de uma dessas Forças que estamos falando, de uma dessas missões.

O que sabemos é que a equipe com vinte e dois homens estava atuando bem no interior do território inimigo e que tinha capturado recentemente o que o governo chama de "alvo valioso". Agora, estavam percorrendo um vale profundo em uma área montanhosa do Afeganistão, escoltando seu alvo valioso até um esconderijo.

Naquela noite, o Capitão Mike Drowley, ou Johnny Bravo, como é conhecido, voava sobre as nuvens densas. Não fosse pelo zumbido dos motores, o avião estaria absolutamente em paz. Milhares de estrelas pontilhavam o céu, e a lua iluminava tanto a parte de cima das nuvens que se tinha a impressão de que a neve acabara de cair sobre elas. O cenário era muito bonito.

Johnny Bravo e seu parceiro sobrevoavam a região em círculos em sua aeronave A-10, à espera de um eventual pedido de ajuda. Carinhosamente conhecido como Javali, o A-10 tecnicamente não é um avião de combate; é uma aeronave de ataque. Esse avião relativamente lento, blindado, e com um único assento, destina-se a dar apoio aéreo a tropas no solo. Diferentemente de outros jatos de combate, não é rápido e nem sexy (daí seu apelido), mas cumpre bem o seu papel.

Idealmente, os dois pilotos dos A-10 no ar e as tropas no solo deveriam manter contato visual uns com os outros. Ver o avião lá em cima, saber que alguém está cuidando deles, transmite mais confiança à tropa em terra. E ver as tropas lá embaixo dá aos pilotos uma sensação de que eles poderão ajudar se for preciso. Porém, em função da espessa camada de nuvens e do terreno montanhoso daquela noite no Afeganistão, a única maneira de um saber que o outro estaria por perto era o contato ocasional pelo rádio. Sem uma linha de visão, Johnny Bravo não podia saber o que os soldados estavam vendo, mas notava como a tropa se sentia quando ouvia os relatos pelo rádio. E isso era o suficiente para motivá-lo a agir.

Seguindo seus instintos, Johnny Bravo resolveu realizar uma manobra descendente para ficar abaixo das nuvens e poder ver o que estava acontecendo no solo. Foi uma medida ousada. Com as nuvens espessas e baixas, chuvas esparsas na região e o fato de que Johnny Bravo teria de sobrevoar um vale com o campo visual reduzido por seus óculos de visão noturna, a manobra seria extremamente traiçoeira, até para os pilotos mais ousados.

A ordem recebida por Johnny Bravo era a de não realizar a manobra arriscada. Devem ter dito que mantivesse a posição e aguardasse até receber um eventual pedido de ajuda. Mas Johnny Bravo não é como a maioria dos pilotos. Embora estivesse a centenas de metros de altitude, na segurança de seu cockpit, sentia a ansiedade dos homens lá embaixo. Apesar do perigo, sabia que realizar a manobra era o certo. E, para Johnny Bravo, isso significava que não havia outra opção.

Então, enquanto se preparava para furar as nuvens sobre o vale, seus instintos foram confirmados. Três palavras foram ouvidas do rádio. Três palavrinhas que causam arrepios na nuca de um piloto: "Tropas em contato".

"Tropas em contato" significa que alguém está com problemas no solo. É o aviso usado pelas forças de terra para que os outros saibam que estão sob ataque. Embora Johnny Bravo tivesse ouvido essas palavras muitas vezes em seu treinamento, foi nessa noite, 16 de agosto de 2002, que ele ouviu as palavras "Tropas em contato" pela primeira vez em uma situação de combate.

Johnny Bravo tinha desenvolvido um método para manter a empatia com os homens em terra, sentir o que estavam sentindo. Durante cada exercício de treinamento, voando sobre o campo de batalha, sempre reprisava em sua mente a cena do filme *O resgate do soldado Ryan* em que os Aliados tomaram de assalto as praias da Normandia. Ele imaginava a rampa de um barco Higgins se abrindo, os homens correndo para a praia sob uma parede de fogo alemão. As balas zunindo entre eles. Os tinidos de projéteis perdidos atingindo o casco de aço dos barcos. Os gritos dos homens atingidos. Johnny Bravo treinara-se para imaginar que aquela seria a cena se desenrolando lá embaixo sempre que ouvisse "tropas em contato". Com essas imagens gravadas com clareza em sua mente, Johnny Bravo reagiu ao chamado de auxílio.

Disse a seu colega para ficar sobre as nuvens, anunciou sua intenção aos controladores de voo e às tropas em terra e apontou a aeronave para a escuridão a seus pés. Ao atravessar as nuvens, a turbulência jogou o avião de um lado para o outro. Um puxão forte para a esquerda. Uma queda súbita. Um solavanco para a direita. Diferente dos jatos comerciais nos quais voamos, o A-10 não foi projetado para dar conforto ao passageiro, e seu avião pulou e se agitou violentamente enquanto atravessava a camada de nuvens.

Voando rumo ao desconhecido sem ter ideia do que poderia encontrar, Johnny Bravo concentrou sua atenção nos instrumentos, tentando assimilar a maior quantidade possível de informações. Seus olhos se moviam de um mostrador para outro, seguido de rápidas olhadelas pela janela frontal. Altitude, velocidade, direção, janela. Altitude, velocidade, direção, janela. "Por favor. Faça. Isto. Funcionar. Por favor. Faça. Isto. Funcionar", disse para si mesmo com a respiração acelerada.

Finalmente, quando saiu das nuvens, viu-se a menos de trezentos metros do solo, voando sobre um vale. A cena com que se deparou era diferente de tudo que já tinha visto antes, quer nos treinamentos, quer em filmes. O fogo inimigo vinha dos dois lados do vale. Uma quantidade maciça. Eram tantos os tiros que as balas traçantes – aquelas que deixam um rastro de luz atrás de si – iluminavam a área toda. Balas e foguetes apontavam para o meio, diretamente para as Forças de Operações Especiais que estavam ali.

Em 2002, os equipamentos das aeronaves não eram tão sofisticados quanto os de hoje. Os instrumentos de que Johnny Bravo dispunha não poderiam impedi-lo de atingir as encostas das montanhas. Pior: ele estava voando com velhos mapas soviéticos posteriores à invasão do Afeganistão na década de 1980. Mas, de maneira alguma, iria desapontar a tropa. "Há destinos piores do que a morte", diria. "Um destino pior do que a morte é matar acidentalmente seus próprios homens. Outro é voltar vivo para casa sabendo que outros 22 não voltarão."

Assim, naquela noite escura de agosto, Johnny Bravo começou a contar. Ele sabia a que velocidade estava e a distância que o separava das montanhas. Fez rapidamente alguns cálculos mentais e contou em voz alta os segundos de que dispunha antes de atingir as montanhas em volta do vale. "Um elefante, dois elefantes, três elefantes..." Travou as armas sobre uma posição da qual via sair muito fogo inimigo e apertou o gatilho da metralhadora Gatling. "Quatro elefantes, cinco elefantes, seis elefantes..." No momento em que ficou sem espaço, puxou o manche para trás e fez uma curva acentuada. O avião rugiu quando voltou para as nuvens acima dele, sua única opção para não bater na montanha. Seu corpo pressionou o assento por causa da força-g e ele se preparou para descer novamente.

Mas não havia som no rádio. O silêncio era ensurdecedor. O silêncio no rádio significava que seus tiros tinham sido inúteis? Que o responsável pelo rádio fora atingido? Ou pior, a equipe toda?

Então, ele ouviu uma voz. "Bons tiros! Bons tiros! Continue atirando!" E ele continuou a atirar. Fez mais uma passagem, contando novamente para evitar a encosta da montanha. "Um elefante, dois elefantes, três elefantes..." Fez outra curva brusca e mais um ataque. E outro. E outro. Sua precisão era boa e havia combustível suficiente; o problema foi a falta de munição.

Ele apontou o avião para as nuvens e encontrou seu parceiro, que ainda fazia círculos sobre o vale. Rapidamente, Johnny Bravo relatou a situação e lhe disse: "Siga-me". Os dois A-10, voando a um metro de distância um do outro, asa com asa, desapareceram juntos nas nuvens. Quando saíram, ambos a menos de 300 metros do solo, começaram a atacar juntos. Johnny Bravo fazia a contagem e seu parceiro o seguia atirando. "Um elefante. Dois elefantes. Três elefantes. Quatro elefantes..." A um sinal, os dois aviões fizeram juntos uma curva acentuada e voltaram mais uma vez, e outra, e outra. "Um elefante. Dois elefantes. Três elefantes. Quatro elefantes..."

Naquela noite, 22 homens voltaram vivos para casa. Não houve baixas norte-americanas.

O valor da empatia

Naquela noite de agosto sobre o Afeganistão, Johnny Bravo arriscou a vida para que outros pudessem sobreviver. Ele não recebeu bônus por desempenho. Não foi promovido e nem ganhou um prêmio da empresa. Não desejou atenção indevida e nem quis aparecer em algum *reality show* da TV por seu esforço. Para Johnny Bravo, tudo faz parte do "J.O.B."*, como ele diz. E a maior recompensa que recebeu por seus serviços foi conhecer a tropa para a qual proporcionou cobertura aérea naquela noite. Embora nunca tivessem se visto antes, quando se encontraram, abraçaram-se como velhos amigos.

Nas hierarquias lineares em que trabalhamos, queremos que os sujeitos que estão no alto vejam o que fizemos. Levantamos as mãos

---

* Forma diferente de grafar *job*, "trabalho" em inglês (N. do T.).

em busca de reconhecimento e recompensas. Para a maioria das pessoas, o sucesso que imaginamos ter na empresa é proporcional ao reconhecimento que recebemos de nossos superiores pelos esforços despendidos. Esse sistema funciona bem, desde que aquele que nos supervisiona fique na empresa e não sinta qualquer pressão extra de cima – um padrão quase impossível de se manter. Para Johnny Bravo e outros como ele, a vontade de ser bem-sucedido e a vontade de fazer coisas que atendam aos interesses da organização não se devem apenas ao desejo de reconhecimento dos superiores; fazem parte de uma cultura de sacrifício e serviço, na qual a proteção vem de todos os níveis da organização.

Johnny Bravo atribui sua coragem para atravessar a escuridão do desconhecido, achando às vezes que voltará, a um único aspecto. E não é necessariamente o que você imagina. Por mais valioso que seja, não é seu treinamento. E, apesar de todo o ensino avançado que recebeu, não é sua educação. E por mais extraordinárias que sejam as ferramentas que tem à disposição, não é sua aeronave ou algum de seus sistemas sofisticados. Apesar de toda a tecnologia que tem à disposição, é a empatia, diz Johnny Bravo, o maior bem de que dispõe para trabalhar. Pergunte a qualquer um dos notáveis homens e mulheres que usam uniforme e que se arriscam em benefício dos outros porque fazem isso e lhe dirão a mesma coisa: "Porque teriam feito o mesmo por mim".

De onde vêm pessoas como Johnny Bravo? Nascem com essa propensão? Talvez alguns nasçam. Mas se nossas condições de trabalho seguem determinado padrão, qualquer um de nós é capaz de ter a coragem e a disposição para o sacrifício de um Johnny Bravo. Mesmo que não nos peçam para pôr em risco nossas vidas ou salvar a vida de alguém, compartilharíamos alegremente nossa glória e ajudaríamos aqueles com quem trabalhamos a ter sucesso. E mais: dependendo das condições, as pessoas com quem trabalhamos também fariam isso por nós. E quando isso acontece, quando se formam vínculos como esses, cria-se uma base forte para o tipo de sucesso e de realização que nenhum dinheiro, fama ou prêmio pode comprar. É isto que significa trabalhar em um lugar em que os líderes dão prioridade ao bem-estar de seu pessoal e, em troca, seu pessoal dá tudo que tem para proteger e assegurar o bem-estar dos colegas e da organização.

Usei os militares como exemplo porque as lições são muito mais marcantes quando envolvem questões de vida ou morte. Há um padrão nas organizações de grande sucesso, aquelas que superam seus concorrentes e inovam mais do que eles, aquelas que conquistam a maior lealdade e a menor rotatividade, e a capacidade de enfrentar praticamente qualquer tempestade ou desafio. Todas essas organizações excepcionais têm culturas nas quais os líderes oferecem cobertura do alto, e no solo uns cuidam dos outros. Esta é a razão pela qual estão dispostos a se esforçar mais e a correr os riscos que correm. E qualquer organização pode conseguir isso valendo-se da empatia.

CAPÍTULO 2

Colaboradores também são gente

Antes que as empresas incorporassem a empatia, ir para o trabalho significava apenas – digamos – trabalhar. Em uma manhã qualquer, os operários de uma fábrica aguardavam a campainha diante de suas máquinas. Quando a campainha soava, apertavam os botões e ligavam as máquinas diante deles. Em poucos segundos, os guinchos das máquinas abafavam o som de suas vozes. Começava mais um dia de trabalho.

Após duas horas, soava outra campainha anunciando o horário em que os operários podiam fazer um intervalo. As máquinas paravam e quase todos deixavam seus postos de trabalho. Alguns iam ao banheiro. Alguns bebiam outra xícara de café. E alguns ficavam sentados ao lado de suas máquinas, descansando até a campainha lhes dizer para começar novamente a trabalhar. Poucas horas depois, a campainha soaria novamente, agora para que soubessem que podiam sair da fábrica para almoçar. As coisas sempre tinham sido assim.

"Eu não tinha ideia", disse Mike Merck, chefe de equipe de montagem com um forte sotaque sulista, que trabalhava na HayssenSandiacre havia 14 anos. "Creio que qualquer um na fábrica teria dito a mesma coisa."

Mas as coisas mudaram depois que Bob Chapman assumiu a empresa da Carolina do Sul. Chapman é o CEO de um grupo com nome igualmente complicado, Barry-Wehmiller, um grupo de empresas predominantemente manufatureiras que Chapman foi adquirindo ao longo dos anos. A maioria delas estava em má situação. As finanças mostravam-se precárias e, em alguns casos, a cultura das empresas estava em situação ainda pior. A HayssenSandiacre era sua aquisição mais recente. Outros CEOs talvez levassem uma equipe de consultores e uma nova estratégia, prontos para contar a todos o que tiveram de fazer para "tornar a empresa novamente lucrativa". O que Chapman levou, em contraste flagrante, foi a disposição para ouvir. Tal como fazia com cada empresa que adquiria, começou sentando-se para ouvir o que os funcionários tinham a dizer.

Com 27 anos de casa, Ron Campbell era um veterano. Tinha acabado de voltar de viagem após passar três meses em Porto Rico, onde foi responsável pela instalação de um equipamento da HayssenSandiacre na fábrica de um cliente. Sentado com Chapman na sala, Campbell não estava muito à vontade para falar sobre a vida na companhia. "Antes de qualquer coisa", perguntou Campbell, "se eu disser a verdade, ainda terei meu emprego amanhã?" Chapman sorriu. "Se tiver algum problema amanhã por causa do que disser hoje", tranquilizou-o, "é só me ligar".

Com isso, Campbell começou a se abrir. "Bem, Sr. Chapman", disse, "tenho a impressão de que você confia muito mais em mim quando não pode me ver do que quando estou bem aqui. Tive mais liberdade na fábrica de um cliente do que tenho aqui", disse, referindo-se ao período passado em Porto Rico. "Assim que pisei na fábrica, senti-me como se toda a minha liberdade tivesse ido embora. Foi como se alguém estivesse com a mão sobre a minha cabeça. Tive de bater o cartão de ponto ao entrar e ao sair para almoçar, ao voltar do almoço e ao sair no fim do expediente. Não era assim em Porto Rico." Nada que Chapman não tivesse ouvido noutras fábricas.

"Entro pela mesma porta que os engenheiros, contadores e os funcionários administrativos", prosseguiu Campbell. "Eles viram à esquerda para ir ao escritório e eu sigo na direção da fábrica, mas somos tratados de maneira completamente diferente. Você confia neles a ponto de eles decidirem quando vão pegar um refrigerante ou um café, ou fazer um intervalo; você me faz esperar o som de uma campainha."

Outros tinham a mesma impressão. Era como se estivessem em duas companhias diferentes. Por mais que se esforçassem, aqueles que ficavam nas máquinas achavam que a companhia não confiava neles simplesmente porque estavam em pé na fábrica e não sentados diante de uma escrivaninha. Se um funcionário do escritório precisasse telefonar para casa para informar aos filhos que iriam chegar mais tarde, simplesmente pegaria o telefone e ligaria para casa. Na produção, porém, se um operário precisasse fazer a mesma coisa, teria de pedir permissão para usar o telefone pago.

Quando Campbell terminou, Chapman procurou o chefe do pessoal e disse que eles teriam de tirar os relógios de ponto. As campainhas também deveriam ser retiradas. Sem grandes discursos e sem pedir nada em troca, Chapman decidiu que dali em diante tudo seria diferente. E aquilo seria só o começo.

A empatia seria injetada na companhia e o novo padrão seria a confiança. Preferindo ver todos eles como seres humanos em vez de operários ou funcionários administrativos, Chapman implementou outras mudanças para que todos fossem tratados do mesmo modo.

As peças de reposição para o maquinário sempre ficaram trancadas em um depósito gradeado. Se um operário precisasse de uma peça, teria de fazer uma fila na frente desse depósito e pedir a peça desejada a um funcionário específico. Os operários não podiam entrar sozinhos no depósito. Era a forma encontrada pela gerência para proteger a empresa de furtos. Podem ter prevenido furtos, mas passavam claramente a mensagem de que a gestão não confiava nas pessoas. Chapman mandou retirar todos os cadeados e as grades, permitindo que qualquer operário entrasse na área para buscar a peça ou a ferramenta de que necessitasse.

Ele também tirou todos os telefones pagos e disponibilizou telefones da companhia para qualquer funcionário, a qualquer hora. Nada de fichas, moedas ou necessidade de autorização. Qualquer um poderia entrar por qualquer porta e visitar qualquer parte da companhia, sempre que quisesse. Todos os funcionários seriam tratados do mesmo modo, quer trabalhassem nos escritórios, quer na fábrica. Esta seria a nova normalidade.

Chapman percebeu que, para conquistar a confiança das pessoas, primeiro os líderes de uma organização precisam tratá-las como pessoas. Para conquistar a confiança, devem demonstrar confiança. Não achava que o fato de alguém ter feito uma faculdade ou ser um bom contador tornaria a pessoa mais confiável do que alguém que tivesse feito curso técnico e boa habilidade manual. Chapman acreditava na bondade fundamental das pessoas e iria tratá-las como tal.

Em um curto período de tempo, a companhia começou a se parecer com uma família. O simples fato de o ambiente de trabalho ter mudado fez com que as pessoas começassem a agir de maneira diferente umas com as outras. Achavam que faziam parte do grupo, o que deixou todos mais à vontade, sentindo-se valorizados. As pessoas começaram a cuidar dos demais, pois se sentiam bem cuidadas. Esse ambiente de acolhimento fez com que elas passassem a se dedicar "com a cabeça e o coração", como Chapman gosta de dizer, e a organização começou a prosperar.

Um funcionário do departamento de pintura estava enfrentando uma crise pessoal. Sua esposa diabética ia perder a perna. Ele precisava ajudá-la, mas como ganhava por hora não podia se dar ao luxo de ficar sem rendimentos. Não podia parar de trabalhar. Mas agora a companhia era diferente. Sem que lhes pedisse, seus colegas transferiram-lhe alguns dias de férias para que ele pudesse ficar com a esposa. Nunca tinha acontecido algo parecido na companhia. E mais: isso afrontava a política oficial da empresa. Mas não fez diferença. "Temos pensado mais nas outras pessoas", disse Merck. Assim, com a ajuda de alguns funcionários administrativos, foi exatamente o que fizeram.

"Nunca pensei que alguém pudesse gostar do trabalho", afirmou Campbell. "Quando as pessoas confiam em você, você trabalha melhor para conquistar ou manter essa confiança." No período de mais de dez anos, desde que a grade do depósito foi retirada, os furtos passaram a ser desprezíveis. E se um funcionário tem algum problema pessoal, sabe que os líderes da companhia – e seus colegas – estarão dispostos a ajudar.

Entretanto, os colaboradores não ficaram apenas mais dispostos a se ajudar mutuamente. Também cuidaram melhor de suas máquinas. Com isso, houve menos quebras e menos paralisações na linha (o que significa que as despesas também foram controladas). As mudanças não foram boas apenas para as pessoas: também foram boas para a companhia. Desde que Chapman assumiu, a HayssenSandiacre viu seu faturamento passar de US$ 55 milhões para US$ 95 milhões, refletindo um crescimento orgânico do investimento inicial. Cresceram sem dívidas e sem a ajuda de uma reorganização gerencial assistida por consultores. A companhia cresceu por causa das pessoas que já trabalhavam lá. Dedicaram-se novamente à organização, mas não por promessas de bônus ou ameaças. Dedicaram-se porque quiseram fazê-lo. A nova cultura de atenção para com as pessoas fez com que elas – e as estratégias traçadas – rendessem frutos.

É isso que acontece quando os líderes de uma organização escutam as pessoas que trabalham nela. Sem coerção, força ou pressão, as pessoas trabalham juntas com tranquilidade, ajudando-se mutuamente e fazendo a companhia progredir. O trabalho com a sensação de obrigação é substituído pelo trabalho com a sensação de orgulho. E "ir trabalhar pela empresa" vira "ir trabalhar pelos outros". O local de trabalho não é mais um lugar temível, mas um lugar onde as pessoas se sentem valorizadas.

Vemos aquilo que queremos ver

Chapman gosta de contar a história sobre a primeira vez que visitou a HayssenSandiacre, cinco anos antes da transição de que falam Mike Merck e Ron Campbell. Isso foi pouco antes de Chapman adquirir a companhia. Como novo CEO, ninguém sabia quem era ele e nem prestaram atenção nele enquanto bebia uma xícara de café antes de sua primeira reunião. Todos estavam esperando o começo da jornada de trabalho. E aquilo que Chapman viu enquanto estava sentado na cafeteria naquela manhã de março de 1997 deu início a seu experimento na companhia. Viu algo que nunca tinha visto antes em todos os seus anos como empresário. A cena foi tão poderosa que o forçou a reexaminar praticamente todas as lições que tinha aprendido sobre a gestão de empresas. O que viu na HayssenSandiacre se tornou a base para a forma como Chapman conduziria sua operação. Mais importante: transformou o modo como lidaria com as pessoas que trabalhavam para ele.

Sentado com seu café, Chapman observou um grupo de funcionários tomando o café da manhã antes de irem trabalhar... e estavam se divertindo. Contando piadas, rindo como velhos amigos. Estavam fazendo apostas sobre uma importante partida de basquete que seria transmitida naquela noite. Entendiam-se e pareciam desfrutar da companhia dos demais. Porém, assim que se levantaram para começar a rotina do dia, Chapman percebeu uma mudança drástica em seus semblantes. Como se obedecessem a um sinal, seus sorrisos foram substituídos por uma expressão pesada. O riso cessou. A camaradagem evaporou. "A energia parecia ter-se esvaído deles", disse Chapman.

Chapman foi tomado por uma sensação de desespero. Ele já tinha adquirido empresas estressadas como aquela. Tinha passado algum tempo com funcionários antes. Mas, por algum motivo, nunca conseguira ver algo como o que vira naquele dia. Não conseguiu deixar de se comover por aquilo que acabara de testemunhar e que motivou um pensamento: "Por que não podemos nos divertir no trabalho, tal como fazemos quando não estamos trabalhando?".

Até aquele dia, Chapman tinha sido exatamente o executivo que os cursos de MBA dizem que devemos ser. Era hábil com números e adorava o jogo dos negócios. Tomava decisões com base em dados, condições do mercado e oportunidades financeiras. Era durão se precisava ser e conseguia encantar as pessoas caso fosse necessário. Achava que os negócios eram medidos em planilhas, e via as pessoas como um entre os diversos ativos com que precisava lidar para atingir suas metas financeiras. E era bem eficiente como executivo.

Antes daquele momento na cafeteria, Chapman conseguia tomar decisões difíceis com muita facilidade. A companhia sediada em St. Louis, com o nome difícil de soletrar, estava atolada em dívidas e perto da falência quando Chapman a assumiu, logo após a morte de seu pai em 1975. Tendo em vista a situação difícil, fez o que qualquer CEO responsável teria feito em seu lugar. Dispensou funcionários quando achou necessário para atingir a meta financeira desejada, renegociou as dívidas, pediu empréstimos a bancos para manter o caixa e assumiu grandes riscos para promover o crescimento, medidas que qualquer executivo de alto escalão teria entendido. Como resultado, a companhia voltou lentamente a dar lucro.

Chapman saiu da cafeteria e foi para sua primeira reunião. Deveria ser uma simples formalidade, do tipo conhecer-e-apertar-mãos. Ele, o novo CEO, deveria se apresentar à equipe de atendimento aos clientes e seus funcionários mostrariam o básico para ele começar. Porém, com base no que vira naquela manhã, percebeu que ele e sua equipe tinham o poder de transformar a companhia em um lugar para o qual as pessoas gostariam de ir todas as manhãs. Por isso, decidiu criar um ambiente em que as pessoas sentiriam que podiam se expressar com franqueza, receber reconhecimento e comemorar seu progresso. Esta é a base daquilo que Chapman chama de verdadeira liderança humana.

Quando as pessoas precisam lidar com perigos dentro da empresa, a própria organização se torna menos capaz de enfrentar os perigos de fora.

A verdadeira liderança humana protege a organização das rivalidades internas que podem destruir sua cultura. Quando precisamos nos proteger uns dos outros, toda a organização sofre. Mas quando a confiança e a cooperação prosperam internamente, ficamos unidos e assim a organização fica mais forte.

Quase todos os sistemas do corpo humano existem para nos ajudar a sobreviver e a prosperar. Há milhares de anos, outras espécies hominídeas morriam enquanto vivíamos... e vivíamos, e vivíamos. E apesar de estarmos há bem menos tempo no planeta em comparação com outras espécies, tornamo-nos rapidamente o animal de maior sucesso, o único sem rivais sobre a terra. Tamanho foi o nosso sucesso, na verdade, que as decisões que tomamos afetam a capacidade de sobrevivência de outros animais – e até de outros seres humanos.

Os sistemas em nosso íntimo, que nos protegem de perigos e nos incentivam a repetir comportamentos em nosso melhor interesse, respondem aos ambientes nos quais trabalhamos e vivemos. Se pressentimos o perigo, nossas defesas se armam. Se nos sentimos seguros junto à nossa própria gente, em nossas tribos ou organizações, podemos relaxar e nos abrir à confiança e à cooperação.

Um estudo detalhado de organizações de alto desempenho, aquelas nas quais as pessoas se sentem seguras quando vão trabalhar, revela algo espantoso. Suas culturas se parecem assustadoramente com as condições nas quais o animal humano deveria atuar. Operando em um mundo hostil e competitivo, no qual cada grupo buscava recursos finitos, os sistemas que nos ajudavam a sobreviver e a prosperar como espécie também ajudam as organizações a fazer o mesmo. Não se trata de aplicar teorias de gestão da moda e nem de contratar as equipes dos sonhos. É só uma questão de biologia e antropologia. Se determinadas condições forem cumpridas e as pessoas de uma organização se sentirem seguras umas com as outras, vão trabalhar juntas e realizar coisas que nenhuma delas conseguiria realizar sozinha. O resultado é que sua organização vai pairar bem acima dos concorrentes.

Foi o que Chapman fez na Barry-Wehmiller. Quase por acaso, criou na empresa um ambiente de trabalho e uma cultura que, biologicamente, obtém o melhor das pessoas. Chapman e outros como ele não tentam mudar seus colaboradores: procuram mudar as condições de trabalho. Criar culturas que inspiram as pessoas a dar tudo o que têm para dar, simplesmente porque adoram o lugar em que trabalham.

Este livro tenta nos ajudar a compreender porque fazemos o que fazemos. Quase todos os sistemas de nossos corpos evoluíram para que pudéssemos encontrar alimentos, mantermo-nos vivos e fazer a espécie progredir. Contudo, para uma boa parcela do mundo, e certamente em todo o mundo civilizado, encontrar alimentos e evitar perigos são coisas que não nos preocupam hoje em dia. Não caçamos e nem coletamos, pelo menos não no sentido do homem das cavernas. No mundo moderno, progredir na carreira e tentar encontrar felicidade e satisfação definem o sucesso. Mas os sistemas interiores que guiam nosso comportamento e nossas decisões ainda funcionam tal como faziam há dezenas de milhares de anos. Nossas mentes primitivas ainda entendem o mundo à nossa volta em termos de ameaças a nosso bem-estar ou de oportunidades para encontrarmos abrigo. Se compreendermos o funcionamento desses sistemas, estaremos mais bem equipados para atingir nossas metas. Ao mesmo tempo, os grupos com que trabalhamos também serão mais capazes de ter sucesso e prosperar.

Mas, infelizmente, em nosso mundo moderno, tendo em vista os sistemas que desenvolvemos para administrar nossas companhias, o número de organizações que inspiram os funcionários a se dedicar de verdade é uma minoria. As normas culturais da maioria das companhias e organizações atuais agem, na verdade, contra nossas tendências biológicas naturais. Isto significa que colaboradores felizes, inspirados e realizados são exceção, e não a regra. Segundo o índice de mudanças da Deloitte, 80% das pessoas estão insatisfeitas com seus empregos. Quando as pessoas nem querem ir trabalhar, o progresso só se dá com muito custo e esforço... e geralmente não dura. Nem nos preocupamos em medir o sucesso de uma empresa em décadas; focalizamos trimestres sucessivos.

Um ambiente de negócios com um foco desequilibrado nos resultados de curto prazo e no dinheiro antes das pessoas afeta a sociedade como um todo. Quando nos esforçamos para encontrar a felicidade ou um senso de pertencimento no trabalho, levamos esse esforço para casa. Aqueles que têm a oportunidade de trabalhar em organizações que nos tratam como seres humanos que devem ser protegidos, e não como um recurso a ser explorado, chegam em casa no fim do dia com a sensação intensa de realização e gratidão. Esta deveria ser a regra para todos nós, não a exceção. Voltar do trabalho sentindo-nos inspirados, seguros, realizados e gratos é um direito humano natural ao qual todos devemos aspirar e não um luxo moderno que apenas um punhado de felizardos consegue encontrar.

Chapman não transformou sua organização fazendo apenas "uma coisa". Foi uma série de coisinhas que, com o tempo, afetaram drasticamente o modo de operar de sua companhia. Muitas e muitas pequenas coisas, algumas com sucesso, outras nem tanto, mas todas focalizadas naquilo que, em seu íntimo, ele sentiu que precisavam acontecer. Só alguns anos depois, durante um casamento, Chapman conseguir expressar com mais clareza e em termos mais humanos o que estava motivando suas decisões. Tendo em vista sua tenacidade e paixão pelos negócios, aquilo que Bob Chapman fala sobre o que o fez mudar de curso pode surpreender você.

A espantosa responsabilidade

Sentados no banco de uma igreja, Chapman e sua esposa assistiam a uma cerimônia de casamento. O noivo estava em pé, fitando sua noiva que se aproximava. O sentimento de amor que sentiam um pelo outro era palpável. Todos os presentes podiam senti-lo. E então, como manda a tradição, o pai entregou sua filha, sua garotinha, para seu futuro marido.

"É isso!", compreendeu Chapman. Um pai que faria qualquer coisa para proteger sua filha entrega cerimoniosamente a responsabilidade desse cuidado para outra pessoa. Após entregar a mão de sua filha, ele vai tomar seu assento no banco da igreja, confiante no fato de que seu novo marido irá protegê-la tal como ele o fez. "Numa empresa, é exatamente isso que acontece", percebeu Chapman.

> Cada um dos colaboradores é filho ou filha de alguém. Como um pai, o líder de uma companhia é responsável por essas vidas preciosas.

Cada um dos funcionários é filho ou filha de alguém. Os pais trabalham para oferecer a seus filhos uma boa educação e o melhor da vida, ensinando-lhes as lições que irão ajudá-los a crescer e a ser felizes, confiantes e capazes de usar todos os talentos com que foram abençoados. Então, esses pais entregam seus filhos a uma companhia na esperança de que os líderes dessa empresa tenham por eles o mesmo amor e carinho. "Nós, as organizações, somos agora responsáveis por essas vidas preciosas", diz Chapman, cerrando as mãos com a convicção de um pregador devoto.

É isso que significa ser um líder. É isso que significa construir uma companhia forte. Ser líder é como ser pai, e a empresa é como uma nova família. Que cuida de nós como se fôssemos seus próprios filhos... na saúde e na doença. E se tivermos sucesso, nosso pessoal vai assumir o nome de nossa empresa como um sinal da família à qual são leais. Aqueles que trabalham na Barry-Wehmiller falam de seu "amor" pela companhia e pelos colegas. Usam o logotipo ou o nome da empresa com orgulho, como se fosse seu próprio nome. Defendem a companhia e seus colegas como se fossem sua própria carne e sangue. E no caso de quase todas as organizações desse tipo, as pessoas usam o nome da empresa como um símbolo de sua própria identidade.

A grande ironia disso tudo é que, na verdade, o capitalismo funciona melhor quando trabalhamos como deveríamos – quando temos a chance de concretizar nossas obrigações humanas. Pedir a nossos colaboradores não só para nos emprestarem suas mãos para fazerem o trabalho, mas também inspirarmos sua cooperação, sua confiança e sua lealdade para que se dediquem à nossa causa. Tratar as pessoas como familiares e não como meros empregados. Sacrificar os números para salvar as pessoas e não sacrificar as pessoas para salvar os números.

Líderes de organizações que criam um ambiente de trabalho como deveríamos encontrar não sacrificam a excelência ou o desempenho simplesmente porque colocam as pessoas adiante de tudo. Pelo contrário. Essas organizações estão entre as mais estáveis, inovadoras e de alto desempenho em seus setores de negócio. Infelizmente, é comum os líderes das companhias verem as pessoas como meios para chegar aos números. Os líderes das grandes organizações não veem as pessoas como bens a serem administrados para ajudá-los a ganhar mais dinheiro. Veem o dinheiro como um bem a ser administrado para ajudar seu pessoal a crescer. É aqui que o desempenho realmente conta. Quanto melhor o desempenho da organização, mais combustível terá para construir uma organização ainda maior e mais robusta, que alimenta os corações e almas daqueles que trabalham nela. Em troca, seu pessoal fará o máximo para ver a organização crescer... e crescer... e crescer.

Ver o dinheiro como um subordinado das pessoas e não o contrário é fundamental para a criação de uma cultura na qual as pessoas se unem naturalmente para que o negócio progrida. E é a habilidade de levar o pessoal a fazer o que precisa ser feito que cria um sucesso estável, duradouro. Não é o gênio lá no alto dando instruções que engrandece as pessoas. São grandes pessoas que fazem o sujeito lá no alto parecer um gênio.

Não posso ser acusado de ser um idealista maluco, de imaginar um mundo no qual as pessoas adoram ir trabalhar. Não posso ser acusado de estar fora da realidade por acreditar na possibilidade de um mundo no qual a maioria dos líderes empresariais confia em seu pessoal e a maioria das pessoas confia em seus líderes. Não posso ser um idealista se essas organizações realmente existem.

Das fábricas às empresas de tecnologia, do Corpo de Fuzileiros Navais dos Estados Unidos às repartições públicas, temos exemplos gritantes dos resultados positivos que uma organização pode obter quando as pessoas que trabalham nela estão dispostas a se tratar não como adversárias, concorrentes ou opositoras, mas como aliadas de confiança. Já temos perigos demais lá fora. Não há porque fazer com que as organizações aumentem esse perigo acrescentando ameaças internas.

Só 20% dos norte-americanos "amam" seu trabalho. Chapman e outros como ele nos convocaram para ajudá-los a fazer esse número aumentar. A questão é, será que temos coragem?

Vamos precisar criar mais organizações que priorizem a atenção para com os seres humanos. Como líderes, nossa única responsabilidade é proteger nossos colaboradores, e, ao mesmo tempo, nossos colaboradores vão se proteger uns aos outros e fazer com que a organização cresça com eles. Como funcionários ou membros do grupo, precisamos ter coragem para cuidar uns dos outros quando nossos líderes não o fazem. E, ao fazê-lo, tornamo-nos os líderes que gostaríamos de ter.

CAPÍTULO 3

Pertencimento

De "mim" para "nós"

"Deste dia em diante", gritou, "palavras como 'eu', 'mim', 'meu' não estarão mais no nosso vocabulário. Serão substituídas por palavras como 'nós', 'juntos' e 'nosso'."

A mente de George se acelerou. Ele estava plenamente confiante quando decidiu ir, mas agora que estava mesmo lá sentia que tinha cometido o maior erro de sua vida. Mas isso não importava mais. Quaisquer pensamentos sobre o que poderia ou deveria ter feito seriam interrompidos por alguém berrando a poucos centímetros de seu rosto. Quaisquer sentimentos de excitação que pudesse ter sentido antes foram substituídos instantaneamente por sentimentos como estresse, isolamento e desamparo.

George era parte de um processo que já tinha acontecido milhares de vezes antes dele e que vai continuar incontáveis vezes depois dele. Um processo aprimorado por muitos anos de tentativas e erros. O processo de transformar alguém em um fuzileiro naval dos Estados Unidos.

Começa de madrugada, quando um novo grupo de recrutas, cansados e desorientados, chega a um dos dois campos de treinamento, um na Costa Leste e outro na Costa Oeste. Os recrutas são recebidos por instrutores de rosto vermelho, com vozes permanentemente roucas após anos abusando de suas cordas vocais, que rapidamente deixam muito claro quem é que manda ali. Uma dica: não são os recrutas.

Treze exaustivas semanas depois, cada fuzileiro naval receberá seu broche com a Águia, o Globo e a Âncora, um símbolo que lembra que concluíram o processo e mereceram seu lugar na organização. Muitos apertam o broche com força, sentindo-se tão orgulhosos que chegam a chorar. Quando chegaram ao campo de treinamento, os recrutas estavam inseguros e só se sentiam responsáveis por si mesmos. Ao sair, sentem-se confiantes em sua própria capacidade, comprometidos com seus colegas e responsáveis por eles, e certos de que seus colegas fuzileiros sentem o mesmo por eles.

Essa sensação de pertencimento, de valores compartilhados e de profunda empatia reforça drasticamente a confiança, a cooperação e a solução de problemas. Os fuzileiros navais dos Estados Unidos estão bem equipados para enfrentar perigos externos porque não veem os colegas como um perigo. Atuam dentro de um forte Círculo de Segurança.

O Círculo de Segurança

> Um leão costumava rondar um campo onde quatro bois costumavam pastar. Ele tentou atacá-los várias vezes; mas, sempre que se aproximava, os bois ficavam de costas uns para os outros; assim, qualquer que fosse a abordagem do leão, sempre era recebido pelos chifres de um deles. Um dia, porém, começaram a discutir entre eles, e cada um foi pastar sozinho em seu canto. Assim, o Leão atacou-os um a um, e em pouco tempo acabou com os quatro.
>
> Esopo, VI a.C.

O campo de treinamento dos fuzileiros navais não se limita a corridas, saltos, tiros e táticas de guerra. Tal como os conhecimentos descritos em nossos currículos, essas habilidades podem fazer parte da descrição do cargo, mas não são elas que tornam os fuzileiros tão

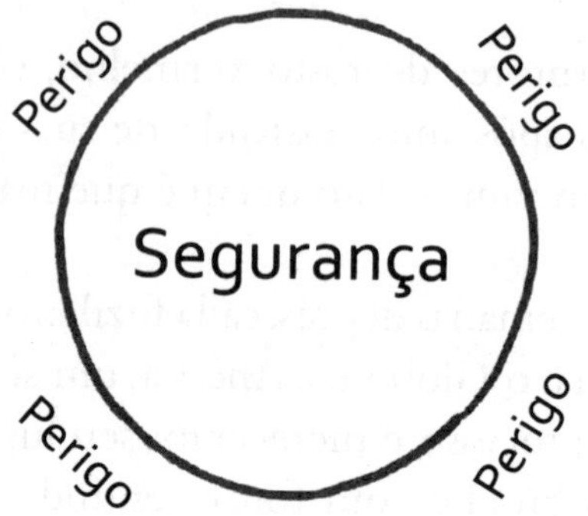

eficientes. E embora os fuzileiros precisem aprendê-las, assim como aprendemos habilidades úteis para o nosso emprego, essas coisas não desenvolvem a confiança exigida para o trabalho em equipe e a cooperação que fazem com que os fuzileiros executem suas tarefas melhor do que ninguém.

Não é isso que faz com que grupos de alto desempenho tenham resultados notáveis. A capacidade de um grupo de pessoas fazer coisas notáveis gira em torno do ajuste dessas pessoas como equipe. E isso não acontece à toa.

O mundo que nos rodeia está repleto de perigos. Repleto de coisas que tentam prejudicar nossas vidas. Não é nada pessoal; simplesmente é assim. A qualquer momento, e de qualquer lugar, um número tal de forças trabalha sem que tenhamos consciência para prejudicar nosso sucesso ou até mesmo para nos matar. No tempo das cavernas, era exatamente isso que acontecia. A vida dos primeiros seres humanos era ameaçada por muitas coisas capazes de liquidar sua permanência na terra. Entre outras coisas, a falta de recursos, um tigre de dentes de sabre ou o clima. Nada pessoal, é a vida. O mesmo acontece hoje – as ameaças à nossa sobrevivência são constantes.

Para as empresas e organizações modernas, os perigos enfrentados são tanto reais quanto conhecidos. Há os altos e baixos do mercado de títulos e ações que podem afetar o desempenho de uma companhia. Da noite para o dia, uma nova tecnologia pode tornar obsoleta a antiga ou todo um modelo de negócios. Nossos concorrentes, mesmo quando não estão tentando nos tirar dos negócios, mesmo quando não estão tentando nos matar, estão tentando frustrar nosso sucesso ou tomar nossos clientes. Como se isso não bastasse, a urgência para atender às expectativas, o esforço para manter a capacidade e outras pressões externas contribuem para as ameaças constantes enfrentadas por uma empresa. A todo momento, essas forças agem para prejudicar o crescimento e a lucratividade. Esses perigos são uma constante. Não temos controle sobre eles, eles não vão sumir e isso nunca vai mudar. As coisas são assim mesmo.

Também encontramos forças perigosas dentro de nossas organizações. Ao contrário das forças externas, as internas são variáveis e estão sob nosso controle. Alguns dos perigos que enfrentamos são reais e podem ter impacto imediato, como cortes de funcionários após um trimestre fraco ou um ano de desempenho ruim. Alguns enfrentam a ameaça real de perder seu sustento quando tentam fazer algo novo e a empresa perde dinheiro por isso. A política também representa uma ameaça constante – o medo de que os outros estejam tentando nos segurar lá embaixo para progredirem em suas próprias carreiras.

Intimidação, humilhação, isolamento, sensação de inutilidade, torpor e rejeição são estresses que procuramos evitar dentro da organização. Mas o perigo interior é controlável, e as lideranças devem ter como meta criar uma cultura livre do perigo que surge entre colegas. Isso pode ser feito dando às pessoas a sensação de pertencimento. Oferecendo-lhes uma cultura forte, baseada em um conjunto claro de crenças e valores humanos. Dando-lhes poder para tomarem decisões. Oferecendo confiança e empatia. Criando um Círculo de Segurança.

Ao criar um Círculo de Segurança em torno dos membros da organização, a liderança reduz as ameaças que as pessoas sentem dentro do grupo, deixando-as à vontade para concentrar tempo e energia na proteção da organização diante dos constantes perigos externos e para aproveitar as grandes oportunidades. Sem um Círculo de Segurança, as pessoas veem-se forçadas a passar muito tempo e a gastar muita energia protegendo-se umas das outras.

São as pessoas que nos acompanham, as pessoas à nossa volta, que vão determinar onde investiremos nossa energia. Quanto mais confiamos que as pessoas à nossa esquerda e à nossa direita estão cuidando de nós, melhor equipados estamos para enfrentar juntos as ameaças externas constantes. Só quando sentimos que estamos num Círculo de Segurança é que agimos como uma equipe unida, mais habilitada a sobreviver e prosperar, quaisquer que sejam as condições lá fora. Os espartanos, uma sociedade de guerreiros da Grécia Antiga, eram temidos e reverenciados por sua força, coragem e resistência. Mas o poder do exército espartano não estava no gume de suas lanças; estava na força de seus escudos. Perder o escudo em combate era o maior crime que um espartano poderia cometer. "Os espartanos desculpam sem qualquer punição o guerreiro que perde o capacete ou a armadura peitoral em combate", escreve Steven Pressfield em seu trabalho sobre a Batalha das Termópilas (a batalha na qual se baseou o filme *300*), "mas punem com a perda dos direitos de cidadania o homem que descarta seu escudo". A razão era simples: "Um soldado enverga o capacete e o peitoral para proteção pessoal, mas o escudo visa a proteção de toda a linha".

Do mesmo modo, a força e a resistência de uma companhia não vêm de seus produtos ou serviços, mas da maneira como seu pessoal se relaciona. Cada membro do grupo tem um papel na manutenção do Círculo de Segurança, e o papel do líder é garantir que isso aconteça. Este é o papel primário da liderança, cuidar daqueles que estão dentro de seu Círculo.

Deixar alguém ser membro de uma organização é como adotar uma criança.

Como guardiões do portão, os líderes estabelecem os padrões de entrada – quem deve ser admitido dentro do Círculo e quem deve ser deixado de fora, quem pertence e quem não pertence. Estão deixando as pessoas entrarem em função de seus títulos universitários, das empresas em que trabalharam antes ou por seu caráter e sua adequação à cultura da companhia? Deixar alguém ser membro de uma organização é como adotar uma criança, acolhendo-a em seu lar. Essas pessoas terão, como todos que moram lá, de compartilhar a responsabilidade de cuidar da casa e dos demais moradores. Os padrões estabelecidos pelos líderes para a entrada, se baseados em um conjunto claro de valores humanos, afeta significativamente o senso de pertencimento das pessoas e sua disposição para trabalharem juntas, contribuindo para a equipe.

Os líderes também são responsáveis por determinar o tamanho do Círculo de Segurança. Quando uma organização é pequena, isto a torna mais suscetível aos perigos externos. Mas é bem mais simples administrar o Círculo. Geralmente, as empresas pequenas são um grupo de amigos que já se conhecem e confiam uns nos outros. Não há necessidade de burocracia para manter os membros do Círculo livres de perigos internos. Mas quando a organização cresce, os líderes lá no alto precisam acreditar que cada camada hierárquica irá cuidar daqueles que estão sob suas ordens. Todavia, quando aqueles que fazem parte da burocracia atuam principalmente para se proteger, o progresso é lento e a organização como um todo se torna mais suscetível a ameaças e a pressões externas. Só quando o Círculo de Segurança envolve todos os membros da organização, e não apenas algumas pessoas ou um ou dois departamentos, é que seus benefícios se fazem sentir plenamente.

Líderes fracos são aqueles que só estendem os benefícios do Círculo de Segurança para outros executivos de alto escalão e alguns eleitos. Cuidam uns dos outros, mas não oferecem a mesma consideração para quem está fora de seu "círculo interno". Sem a proteção de nossos líderes, todos que estão fora do círculo interno são forçados a trabalhar sozinhos ou em pequenas tribos para protegerem e cuidarem de seus próprios interesses. Quando o fazem, formam-se panelinhas, as políticas se arraigam, os erros são acobertados e não revelados, a disseminação das informações fica lenta e a inquietude substitui qualquer sentido de cooperação e de segurança.

Líderes fortes, por sua vez, estendem o Círculo de Segurança a todos que trabalham na organização. A autopreservação se torna desnecessária e os feudos não conseguem prosperar. Com padrões claros para a entrada no círculo e camadas competentes de liderança, capazes de ampliar o perímetro do Círculo, a organização se torna mais forte e melhor equipada.

É fácil saber se estamos no Círculo da Segurança, pois é possível senti-lo. Sentimo-nos valorizados pelos colegas e cuidados pelos superiores. Sentimo-nos absolutamente confiantes de que os líderes da organização e todos com quem trabalhamos estão do nosso lado, e que farão o que puderem para que tenhamos êxito. Tornamo-nos membros do grupo. Temos a sensação de que pertencemos a ele. Se acreditamos que as pessoas dentro de nosso grupo, dentro do Círculo, vão cuidar de nós, isso cria um ambiente propício para a troca aberta de informações e para uma comunicação mais eficiente. Isso é fundamental para promover a inovação, para impedir que os problemas aumentem e para equipar melhor a organização para se defender dos perigos externos e aproveitar as oportunidades.

Sem um Círculo de Segurança, quem domina o cenário são a paranoia, o cinismo e o interesse pessoal. O propósito de se manter um Círculo de Segurança é permitir que todos invistam tempo e energia na proteção contra os perigos externos. Pelo mesmo motivo, trancamos as portas à noite. A sensação de segurança interior proporciona não só a paz de espírito, como causa um impacto positivo notável sobre a própria organização. Quando o Círculo é forte e a sensação de pertencimento está por toda a parte, o resultado é colaboração, confiança e inovação.

Este é um ponto importante. Não podemos dizer às pessoas que confiem em nós. Não podemos instruir as pessoas a terem grandes ideias. E, com certeza, não podemos exigir que as pessoas cooperem. Isso é consequência – é o resultado da segurança e da confiança que impera entre as pessoas com quem trabalhamos. Quando o Círculo de Segurança é forte, compartilhamos naturalmente ideias, inteligência e o ônus do estresse. Todas as habilidades e talentos que temos são ampliados para competirmos e enfrentarmos melhor os perigos do mundo exterior, dedicando-nos com muito mais eficiência aos interesses da organização.

Espere: há uma pegadinha.

Os líderes também querem se sentir seguros. O lugar que ocupamos na hierarquia não importa; queremos nos sentir valorizados pelos outros membros do grupo. Se tivemos um dia difícil no trabalho e nosso desempenho foi baixo, em vez de gritarem conosco, queremos que nossos chefes perguntem: "Você está bem?". Do mesmo modo, como membros do Círculo, somos responsáveis também por nossos líderes – é isso que nos torna valiosos para eles, não os nossos números. Assim, quando seu chefe se mostra ríspido e você não sabe o motivo, também é sua responsabilidade expressar preocupação com o bem-estar dele. É assim que o Círculo de Segurança se fortalece.

Quer você exerça um papel de liderança, quer não, a pergunta é: quão seguro você se sente em seu local de trabalho?

CAPÍTULO 4

Sim, mas...

Ken é um executivo de médio escalão que trabalha na área operacional de um grande banco multinacional. Ganha bem, embora não tanto quanto alguns analistas e operadores da empresa. Mora em uma bela casa de um bom bairro, com sua esposa e dois filhos. Para quem olha de fora, ele deveria se sentir feliz. E, de modo geral, está bem. Não diria que ama o que faz; "estou bem" é a forma como costuma pensar no assunto. Ken gosta da ideia de sair do emprego para fazer outra coisa, mas com filhos e o financiamento da casa para pagar, talvez essa possibilidade já tenha passado. No momento, ele precisa ser um marido e um pai responsável. E se isso significa não adorar seu emprego, é o preço que está disposto a pagar.

Que pensamento espantoso – adorar o emprego. Sentir-se seguro no trabalho. Trabalhar para uma companhia que realmente se preocupa com o que sentimos a nosso próprio respeito e com o trabalho que fazemos. O número de líderes empresariais que se esforçam para que seus funcionários se sintam seguros quando chegam para trabalhar, infelizmente, é menor do que a maioria gostaria de admitir. Digamos que trabalho é trabalho.

O tipo de idealismo de que estou falando é bom para livros que divagam sobre como nossos empregos poderiam ser, mas a realidade é que a maioria de nós, mesmo inspirados por histórias de companhias como a Barry-Wehmiller, não está em posição de mudar nada. Temos contas para pagar. Filhos para alimentar. Poupança para educação universitária. E o depósito em conta é sempre o mesmo. Já o mundo lá fora, o grande desconhecido, é um lugar perigoso. Assim, ficamos quietinhos.

Do mesmo modo, a ideia de administrar uma companhia na qual praticamente todos se sentem seguros e trabalham cuidando uns dos outros parece excelente. A maioria dos líderes compreende intelectualmente a importância e o valor de colocar o bem-estar das pessoas à frente de tudo. É o tema de livros e de muitos artigos da *Harvard Business Review*. Todos escrevem sobre o tema como se ninguém o conhecesse. Mas a realidade de se gerir um negócio, grande ou pequeno, privado ou público, torna quase impossível fazer as coisas sobre as quais pessoas como eu escrevem. A pressão de Wall Street, das assembleias de acionistas e das ameaças da concorrência é intensa. E, para as empresas menores, o simples esforço de obter clientes suficientes para ajudar a manter as portas abertas já é bem grande. Ademais, é uma atitude dispendiosa, difícil de mensurar e volta e meia parece "branda", ou "bonitinha". E pode ser quase impossível demonstrar o ROI... pelo menos no curto prazo. Para uma organização que procura atingir as metas anuais ou simplesmente permanecer viva, a decisão de colocar as pessoas em primeiro plano não é uma prioridade. E isto é compreensível. As ameaças externas são grandes demais para nos preocuparmos com aquilo que as pessoas estão sentindo.

Por mais que pareça bonito construir uma empresa como a Barry-Wehmiller, a realidade é que isso não costuma acontecer. E sem essas companhias, para nós vai ser mais difícil encontrar um emprego em uma empresa que realmente se preocupa com nosso bem-estar. Assim, dizemos a nós mesmos que o jeito é nos contentar com o que temos. De que adiantaria virar a mesa ou correr riscos desnecessários? Corremos o risco de cair em um lugar pior ou muito parecido, um risco alto demais. Logo, por que mudar? Mas as decisões que tomamos sempre têm seu custo.

A capacidade de sustentar nossos filhos, pagar as contas ou viver segundo determinado estilo de vida pode ter como custo nossa alegria, felicidade e realização no trabalho. É a realidade. Para muitos de nós, é aceitável. Convencemo-nos de que o exterior, o desconhecido, é sempre perigoso (e é verdade). Pelo menos, lá dentro temos a esperança de nos sentirmos seguros. A esperança...

Mas essa realidade tem outras facetas que a maioria desconhece. O preço que pagamos pela sensação de estabilidade é alto. E esse preço é bem maior do que a felicidade. Na verdade, é uma questão de saúde. De vida ou morte.

Primeiro, a sensação de segurança que talvez tenhamos agora é, para muitos, uma mentira que contamos para nós mesmos. A facilidade com que muitas companhias cortam cargos para ajudar a manter as despesas dentro das projeções anuais significa que estamos muito menos seguros do que antigamente – e, com certeza, menos seguros do que pensamos que estamos. Se estivéssemos em uma verdadeira meritocracia, poderíamos dizer a nós mesmos que com esforço e bom trabalho nossos empregos estariam seguros. Mas não é bem assim. Apesar de ser um raciocínio válido em muitos casos, nada está garantido. Na maioria das vezes, especialmente nas organizações de maior porte, é uma questão de aritmética. E às vezes o custo para nos manterem como funcionários pode cair do lado errado da equação. Além disso, em muitas companhias, essa equação é reavaliada anualmente, o que significa que corremos riscos todos os anos.

Mas o mito da estabilidade no emprego pode ser a menor de nossas preocupações. Um estudo realizado em 2011 por uma equipe de cientistas sociais da Universidade de Canberra, na Austrália, concluiu que ter um emprego que detestamos é tão ruim para a saúde, ou até pior, do que não ter emprego algum. Os níveis de depressão e de ansiedade entre pessoas insatisfeitas no trabalho foram iguais ou maiores do que os níveis dos desempregados.

O estresse e a ansiedade no trabalho têm menos a ver com o trabalho realizado do que com gestão e liderança fracas. Quando sabemos que há pessoas na empresa que se preocupam com o que sentimos, nossos níveis de estresse caem. Mas quando sentimos que as pessoas só estão preocupadas consigo mesmas ou que os líderes da companhia ligam mais para os números do que para nós, o estresse e a ansiedade aumentam. É esse o primeiro fator que nos predispõe a mudar de emprego; não sentimos lealdade por uma companhia cujos líderes não nos proporcionam uma sensação de pertencimento ou uma razão para ficar que não seja o salário e os benefícios.

Outro estudo, realizado por pesquisadores da University College London no mesmo ano, descobriu que as pessoas que não se sentem reconhecidas por seu esforço no trabalho tinham mais propensão para sofrer de doenças cardíacas. A razão, segundo deduziram, "deve-se principalmente à sensação de controle [ou falta deste]", disse Daryl O'Connor, professor de Psicologia da Saúde da University of Leeds. "Se você sente que se esforça muito e não recebe recompensas", explicou, "isto aumenta o estresse e, por sua vez, o risco de doenças cardíacas". E... também é ruim para os negócios.

> A miséria pode gostar de companhia, mas as companhias que gostam da miséria são as que mais sofrem.

Segundo uma pesquisa Gallup realizada em 2013, chamada "Situação dos Locais de Trabalho nos Estados Unidos", quando os chefes ignoram completamente seus colaboradores, 40% deles se desengajam ativamente do trabalho. Se os chefes criticam os colaboradores regularmente, 22% deles desengajam-se ativamente. Isso significa que, mesmo quando recebemos críticas, engajamo-nos mais, simplesmente porque sentimos que pelo menos alguém está demonstrando que existimos! E se nossos chefes reconhecem apenas um de nossos talentos e nos recompensam por fazer aquilo que sabemos fazer melhor, apenas 1% das pessoas desengajam-se do trabalho que deveriam fazer. Se somarmos a tudo isso o fato de que as pessoas que vão trabalhar insatisfeitas fazem coisas, ativa ou passivamente, para que os demais também fiquem insatisfeitos, concluiremos que é espantoso alguém conseguir fazer seu trabalho hoje em dia. Gostaria de dizer que a miséria gosta de companhia, mas, neste caso, as companhias que gostam da miséria são as que mais sofrem.

Os Estudos Whitehall

Nossos instintos nos dizem que quanto mais subimos em uma escada, mais estresse sentimos e mais débil é nossa sensação de segurança. Veja o estereótipo do executivo nervoso, enfrentando uma pressão implacável dos acionistas, dos funcionários e dos maiores clientes da empresa. Não nos surpreende quando um deles acaba morrendo de ataque cardíaco antes de completar 50 anos. Isso tem até um nome: "síndrome do estresse do executivo". Por isso, talvez não seja tão ruim suar a camisa na média gerência ou mesmo no almoxarifado. Nossa saúde não vai sofrer... pelo menos, é o que imaginamos.

Há décadas, cientistas britânicos puseram-se a estudar a relação entre o lugar ocupado por um funcionário na hierarquia corporativa e o estresse, presumivelmente para ajudar os executivos a lidar com o ônus do estresse sobre a saúde e a vida em geral. Conhecidas coletivamente como Estudo Whitehall, essas pesquisas trouxeram descobertas surpreendentes e profundas. Os pesquisadores descobriram que o estresse dos profissionais não era causado pelo grau mais elevado de responsabilidade e de pressão, geralmente associado ao nível hierárquico. Não são as demandas do trabalho que causam mais estresse, mas o grau de controle que os trabalhadores sentem que têm ao longo da jornada. Os estudos também mostram que o esforço exigido por uma tarefa não é estressante em si, mas sim o desequilíbrio entre o esforço realizado e a recompensa percebida. Em termos simples, quanto menos controle, mais estresse.

O Estudo Whitehall é seminal porque os cientistas estudaram funcionários do governo com os mesmos benefícios de saúde. Isso significa que puderam controlar variações nos padrões de atendimento médico, o que talvez não fosse o caso se tivessem estudado uma grande corporação nos EUA, muito embora estudos realizados no país mostrem resultados semelhantes.

Em 2012, um estudo similar realizado por pesquisadores de Harvard e de Stanford examinaram os níveis de estresse dos participantes do programa de MBA executivo de Harvard. Nesse estudo, os pesquisadores analisaram os níveis de cortisol dos participantes, o hormônio que o corpo libera em momentos de estresse, e comparou-os com os níveis encontrados em funcionários que não estavam no topo da hierarquia. O estudo mostrou que, em média, os líderes têm níveis de estresse menores do que aqueles que trabalham para eles.

"Em outras palavras, é possível que a sensação de controle sobre a própria vida compense a maior responsabilidade que acompanha os cargos mais elevados na escala social", escreveu Max McClure, da *Stanford News Service*, ao anunciar as descobertas.

As descobertas do Estudo Whitehall são ainda mais notáveis se levarmos em conta a conexão entre estresse laboral e saúde. Quanto mais baixa a posição de alguém na hierarquia organizacional, maior o risco de ter problemas de saúde relacionados com o estresse, e não o contrário. Em outras palavras, esses altos executivos, aparentemente esgotados, vivem mais e com mais saúde do que os ajudantes e gerentes que trabalham para eles. "Quanto mais elevada sua posição na hierarquia empresarial, maior sua expectativa de vida em comparação com aqueles situados em posições mais baixas", revelou o relatório baseado nos estudos realizados em 2004 por pesquisadores de saúde pública da University College London. E a discrepância não é pequena. Os profissionais do nível hierárquico mais baixo têm uma taxa de mortalidade precoce quatro vezes maior do que a dos executivos mais graduados. Empregos que proporcionam menos controle aos trabalhadores também foram associados a taxas mais elevadas de doenças mentais.

Não encontramos isso apenas nos humanos: primatas que vivem em grupos sociais exibem taxas mais elevadas de doenças e níveis maiores de hormônios relacionados ao estresse quando estão em uma posição hierárquica inferior. Mas a questão não se limita à posição hierárquica em si. Por um lado, a evolução nos programou para viver em hierarquias, e não temos como nos livrar delas. Porém, é mais importante saber que a hierarquia não é a solução. O simples fato de ganhar mais dinheiro ou de ascender na escala empresarial não é a receita para reduzir o estresse. O estudo focalizou a sensação de controle sobre nosso trabalho e, na verdade, sobre nossas vidas.

Isto significa que o contrário também é verdade. Um ambiente de trabalho bem administrado e que proporciona apoio é bom para a saúde. Aqueles que sentem que exercem mais controle, que sentem que têm poder para tomar decisões em vez de esperar pela aprovação de terceiros, sofrem menos estresse. Aqueles que só seguem ordens e são forçados a obedecer regras são os que mais sofrem. A sensação de controle e de estresse e a capacidade de fazer o melhor que podemos estão diretamente ligadas à segurança que sentimos em nossas organizações. Sentir insegurança perto daqueles com quem deveríamos nos sentir seguros – os membros da tribo (o trabalho é a versão moderna da tribo) – viola fundamentalmente as leis da natureza e a maneira como deveríamos viver.

O Estudo Whitehall não é novo, e suas descobertas foram confirmadas várias vezes. Porém, mesmo com os dados à nossa disposição, nada fizemos. Mesmo sabendo que a sensação de insegurança no trabalho prejudica o desempenho e a saúde, chegando às vezes a matar, ficamos em empregos que detestamos. Por algum motivo, conseguimos nos convencer de que perigos externos desconhecidos são maiores do que os perigos internos. E assim adaptamo-nos e toleramos ambientes de trabalho desconfortáveis, que fazem com que não nos sintamos bem e que não inspiram o melhor de nosso trabalho. Em algum momento, todos nós racionalizamos nossa posição ou nosso lugar e continuamos a fazer exatamente o que fazíamos.

A consultoria de recursos humanos Mercer LLC informou que, entre o quarto trimestre de 2010 e o primeiro trimestre de 2011, um em cada três funcionários pensaram seriamente em sair de seus empregos, um aumento de 23% em relação a cinco anos antes. O problema é que menos de 1,5% dos profissionais chegou a pedir demissão. Este é um dos problemas dos ambientes de trabalho ruins. É como nos relacionamentos: mesmo que não gostemos da pessoa, não rompemos a relação. Talvez seja a sensação de que entre dois males, melhor ficar com o que já conhecemos, ou coisa assim, mas as pessoas parecem ficar presas a ambientes de trabalho pouco saudáveis.

O fato de um terço dos funcionários querer sair do emprego mas não fazê-lo diz duas coisas. Primeiro, informa que um número desconfortavelmente elevado de pessoas preferiria estar trabalhando em outro lugar; segundo, que elas não conseguem enxergar uma opção para melhorar seu trabalho além de pedir demissão. Entretanto, existe uma rota alternativa. Ela é bem mais simples e potencialmente mais eficiente, e não exige que peçamos demissão. Pelo contrário: exige que fiquemos neles.

Mas isso não significa que possamos ficar sem fazer nada. Ainda teremos de mudar a maneira como fazemos as coisas quando aparecermos para trabalhar. Será preciso afastar um pouco o foco sobre nós mesmos, dando mais atenção a quem está à nossa volta. Como os espartanos, teremos de aprender que nossa força não vem do gume de nossas lanças, mas de nossa disposição para oferecer aos demais a proteção de nossos escudos.

Alguns dizem que o fraco mercado de trabalho ou a economia ruim são motivos para ficar onde estamos, e nesse caso os líderes das companhias deveriam querer tratar melhor o seu pessoal: assim, eles não mediriam esforços para ajudar a companhia a enfrentar tempos difíceis quando estes reaparecessem (o que acaba acontecendo inevitavelmente). Quase sempre, as melhores companhias sobrevivem aos piores momentos porque as pessoas se esforçam para que isso aconteça. Em outras palavras, do ponto de vista estritamente empresarial, acaba sendo mais econômico tratar bem as pessoas em qualquer situação de mercado.

Um número muito grande de líderes tem gerido organizações de modo oneroso, prejudicando o desempenho e a saúde das pessoas. E se isso não bastasse para nos convencer de que alguma coisa precisa mudar, então talvez o amor por nossos filhos nos convença.

Um estudo realizado por dois pesquisadores da Graduate School of Social Work do Boston College revelou que a sensação de bem-estar de uma criança é menos afetada pelo longo horário de trabalho dos pais e mais pelo humor demonstrado por eles quando chegam em casa. As crianças se sentem melhor com pais que trabalham à noite de um emprego de que gostam do que com pais que trabalham menos, mas chegam em casa insatisfeitos. Tal é a extensão da influência do emprego sobre as famílias.

Trabalhar até tarde não afeta nossos filhos negativamente; o que os afeta é como nos sentimos no trabalho. Os pais podem se sentir culpados e seus filhos podem sentir sua falta, mas provavelmente o problema não está em ficar até mais tarde no escritório ou em viajar frequentemente a negócios. Simplesmente, se você não gosta do seu trabalho, pelo bem dos seus filhos, não vá para casa.

Bem, e que preço pagamos por não exigir que nossos líderes se preocupem com nosso bem-estar? Ao contrário do que poderíamos pensar, tolerar nossa insatisfação não beneficia nossos filhos: a tolerância pode prejudicá-los.

Quanto aos líderes de companhias que pensam que é certo preservar números antes de salvar uma pessoa, levem em conta a cadeia de eventos que isso acarreta.

Só existe um modo de resolver esse problema. Construindo e mantendo Círculos de Segurança no local de trabalho. A solução não está em apontar culpados, mas na união e na ação. A boa notícia é que há forças poderosas que podem nos ajudar. Se pudermos aprender a dominar essas forças aparentemente sobrenaturais, poderemos corrigir o que está errado. Isso não é conversa de bar. É apenas biologia.

PARTE 2

FORÇAS PODEROSAS

CAPÍTULO 5

Quando se diz chega, é chega

Dizer que a vizinhança era difícil é um eufemismo. Provavelmente, era o pior lugar que alguém poderia escolher para morar. Era incrivelmente perigosa. Não havia aquecimento no inverno e, com certeza, nada de ar condicionado no verão. Não havia supermercados: os moradores precisavam saquear ou caçar os alimentos. A sobrevivência, nessas condições, era algo com que as pessoas precisavam se preocupar. O tempo todo, estavam sujeitas a se ferirem. A preocupação com a educação ou com um bom emprego sequer estava no radar. Não havia escolas e não havia hospitais. Naquele ambiente, não havia empregos. Nenhum. E por um bom motivo: não havia empresas. Sequer havia países. Essas coisas estavam tão distantes que as pessoas nem precisavam pensar nelas. Não estamos falando de um cenário pós-apocalíptico do tipo *Mad Max*. Estamos no passado, há 50 mil anos, quando o homem moderno, o *Homo sapiens*, está dando seus primeiros passos no mundo. É daqui que viemos.

Nossos ancestrais nasceram pobres de dar dó. As oportunidades não surgiam devido às escolas que frequentaram ou aos pais que tinham. As oportunidades surgiam graças à sua vontade e ao esforço para criá-las. E eles as criaram. Nossa espécie tem estrutura para enfrentar grandes perigos e recursos insuficientes.

A vida na época paleolítica não era como o cenário após um furacão. Estamos falando de escassez, não de destruição. Nossos ancestrais não eram os homens das cavernas estereotipados que gostamos de imaginar. Não tinham cenhos proeminentes e nem caminhavam encurvados, portando bastões. Pareciam-se conosco e eram tão astutos e capazes quanto somos hoje. As únicas coisas que não tinham ainda eram os frutos do progresso e as vantagens do mundo moderno. Não fosse por isso, seriam exatamente como nós.

Quase tudo nos seres humanos destina-se a nos ajudar a sobreviver e a perpetuar a espécie em períodos difíceis – muito difíceis. Nossa fisiologia e nossa necessidade de cooperar existem em função da sobrevivência. Saímo-nos melhor quando enfrentamos perigos juntos. Infelizmente, muitos líderes de empresas acreditam que, diante de desafios externos, a melhor forma de motivar seu pessoal é criar uma sensação de urgência ou de pressão interna. Com base na biologia e na antropologia, porém, nada poderia estar tão longe da verdade.

Quando sentimos que pertencemos ao grupo e confiamos nas pessoas com quem trabalhamos, cooperamos naturalmente para enfrentar desafios e ameaças externas. Mas quando não temos a sensação de pertencimento somos forçados a investir tempo e energia para nos protegermos uns dos outros. Ao fazê-lo, inadvertidamente nos tornamos mais vulneráveis às ameaças e desafios de fora. E mais: com a atenção voltada para dentro, não percebemos as oportunidades de fora. Quando nos sentimos seguros com as pessoas com quem trabalhamos, aumentam nossas chances de sobreviver e prosperar. É assim que são as coisas.

No princípio...

O *Homo sapiens* tem algumas características que nos tornam muito mais aptos a sobreviver e vicejar nas condições severas sob as quais nascemos, até melhor do que outras espécies hominídeas que eram maiores e mais fortes do que nós. Parte de nossa vantagem deve-se ao neocórtex – nosso complexo cérebro que soluciona problemas e que nos dá a capacidade de comunicação sofisticada.

Diferente de outros animais capazes de se comunicar, somos capazes de empregar sintaxe e gramática. Mas outra razão crítica para termos sobrevivido foi nossa notável capacidade de cooperação. Somos uma espécie altamente social, cuja sobrevivência e capacidade de prosperar depende da ajuda de outros.

Habilidades como trabalho em grupo, ajuda e proteção mútua funcionaram tão bem, na verdade, que nossas populações fizeram mais do que sobreviver – elas prosperaram. Os elefantes também sobreviveram, mas a vida de um elefante atual é praticamente a mesma que há milhões de anos. Nós não. Nossa vida é completamente diferente da que tínhamos há cinquenta mil anos. Apesar de nossa espécie ter sido moldada para se adequar ao ambiente, fomos tão hábeis no trabalho em grupo e na solução de problemas que descobrimos formas de adequar o ambiente a nós. Quanto melhor nos saíamos, mais conseguíamos modificar nossas condições para atenderem às nossas necessidades, em vez de mudarmos para nos adequarmos às condições. O problema é que nossa codificação genética básica permanece a mesma. Somos um grupo antiquado vivendo em um mundo moderno e repleto de recursos. Obviamente, isso tem suas vantagens, mas, como tudo no mundo, tem seu preço.

Tudo se resume ao grupo

Vivendo em comunidades que chegavam a 150 pessoas, no máximo, conhecíamos todo mundo e sabíamos que todos compreendiam que era do interesse geral ajudar o grupo. Os homens saíam e caçavam juntos, e a comunidade trabalhava em conjunto para educar os jovens, cuidar dos doentes e idosos e proteger-se mutuamente.

Claro que havia conflitos, como em qualquer grupo. Mas quando surgia a necessidade de agir, todos punham as diferenças de lado e trabalhavam juntos. Assim como às vezes temos desentendimentos sérios com nossos irmãos, se um terceiro os ameaça reagimos prontamente para defendê-los. Sempre protegemos os nossos. Não fazê-lo vai contra aquilo que significa ser humano e, em última análise, prejudica a capacidade de sobrevivência e de prosperidade do grupo. Esta é uma das razões pelas quais a traição é punível com a mesma pena que o homicídio. Tendo em vista sua importância para nossa capacidade de sobrevivência, os humanos levam a questão da confiança muito a sério. Nosso sucesso prova isso. Cooperação e ajuda mútua funcionam melhor do que competição e individualismo obstinado. Para que acrescentar mais um grau de dificuldade lutando contra os outros se já somos forçados a enfrentar as vicissitudes da natureza, a limitação dos recursos e outras ameaças externas?

A vida em aldeias cooperativas era a norma desde as florestas da Amazônia até as planícies abertas da África. Noutras palavras, quem determinava nossas melhores chances de sobrevivência e de sucesso não era o ambiente físico, mas a própria biologia da espécie, o modo como o ser humano é estruturado. A maneira como evoluímos – ajudando-nos mutuamente – funcionou independentemente de onde viemos ou das condições difíceis que enfrentamos. Cada um dos seres humanos do planeta, independentemente da cultura, tem a propensão natural para a cooperação.

Como esperávamos, nem tudo foi difícil. Somos animais sociais, e ser social foi tão importante para nós há milhares de anos quanto o é hoje. Foi um modo essencial de formar e manter a confiança e de nos conhecermos uns aos outros. O tempo que passamos procurando conhecer as pessoas quando não estamos trabalhando faz parte do processo de formação de vínculos de confiança. É exatamente por isso que comer juntos e fazer coisas juntos como uma família é tão importante. E também são fundamentais as conferências, os almoços de final de ano da empresa e o tempo que passamos ao lado da máquina de café. Quanto maior a familiaridade que temos com os outros, mais fortes os nossos vínculos. A interação social também é básica para os líderes de uma organização. Percorrer as salas do escritório e manter contato com as pessoas fora das reuniões é muito importante.

Provavelmente, o exemplo mais próximo de um sistema moderno que imita nossas sociedades fraternais ancestrais é o dormitório universitário. Embora os estudantes possam ter seus próprios quartos (que normalmente são compartilhados), as portas ficam abertas, pois eles socializam entre os quartos. O corredor se torna o centro da vida social e os quartos são para estudar e dormir (às vezes, nem isso). Os vínculos de amizade que se formam nos dormitórios são vitais. É aí que os universitários tendem a desenvolver suas amizades mais íntimas, e não nas salas de aula.

Nosso sucesso como espécie não foi fortuito; foi merecido. Nós nos esforçamos para chegar onde estamos hoje e nós o fizemos juntos. Fomos feitos para trabalhar juntos. Somos, em um nível profundamente arraigado e biológico, máquinas sociais. E quando trabalhamos para nos ajudar mutuamente, nossos corpos nos recompensam por nosso esforço para que continuemos a fazê-lo.

Nossa dependência química

Graças ao processo evolutivo de tentativa e erro, quase todos os detalhes de nossa fisiologia têm razão de ser. A Mãe Natureza não nos deu papilas gustativas sensíveis só para podermos saborear uma bela taça de vinho de Bordeaux ou degustar uma refeição gourmet. As papilas gustativas dizem ao nosso sistema digestivo quais enzimas deve liberar para tratar da melhor forma a comida que está sendo ingerida, assim como o sentido do olfato nos ajuda a detectar se a comida está estragada ou não. Do mesmo modo, nossas sobrancelhas foram desenhadas para ajudar a canalizar o suor para longe dos olhos enquanto corremos na direção da presa – ou corremos para não sermos as presas. Tudo que existe no corpo tem uma função – ajudar-nos a sobreviver. O que inclui o sentimento da felicidade.

Como bem sabe qualquer pai, professor ou gestor, se são prometidas recompensas como doces, estrelas douradas ou bônus por desempenho – ou a ameaça do castigo – é possível conseguir o comportamento desejado. Eles sabem que iremos concentrar nossa atenção em tarefas que produzem os resultados que trazem recompensas. As crianças não têm noção de que seu comportamento está sendo condicionado; como adultos, sabemos muito bem o que nossas empresas estão fazendo ao nos oferecer incentivos. Sabemos que só merecemos bônus quando apresentamos os resultados que eles querem. De modo geral, isso funciona. Na verdade, funciona muito bem.

Todavia, bem antes de nossos chefes, a Mãe Natureza descobriu como usar um sistema de incentivos para nos condicionar a fazer certas coisas para atingir determinados resultados. No caso da biologia humana, nossos corpos empregam um sistema de sentimentos positivos e negativos – felicidade, orgulho, alegria ou ansiedade, por exemplo – para promover comportamentos que reforçam nossa capacidade de fazer as coisas e de cooperar.

Enquanto nossos chefes nos dão recompensas na forma de um bônus anual, nossos corpos nos recompensam se nos esforçamos para manter vivos aqueles que nos rodeiam e a nós mesmos, produzindo substâncias químicas que fazem com que nos sintamos bem. Agora, após milhares de anos, somos dependentes químicos, total e absolutamente.

Há quatro substâncias químicas no corpo que contribuem para todos os nossos sentimentos positivos e que vou chamar genericamente de "felizes": endorfina, dopamina, serotonina e ocitocina. Quer estejamos agindo sozinhos ou com outras pessoas, em pequenas ou grandes doses, sempre que nos sentimos felizes ou alegres é bem provável que uma ou mais dessas substâncias esteja percorrendo nossas veias. Elas não existem apenas para fazer com que nos sintamos bem. Cada uma tem um propósito prático e bem real: nossa sobrevivência.

O paradoxo de sermos humanos

Os seres humanos existem sempre como indivíduos e como membros de grupos. Sou um e sou um dentre muitos... sempre. Isso cria alguns conflitos de interesse intrínsecos. Quando tomamos decisões, precisamos sopesar os benefícios pessoais em relação aos benefícios para nossa tribo ou coletividade. Geralmente, o que é bom para um não é necessariamente bom para o outro. Trabalhar exclusivamente para nosso progresso pode prejudicar o grupo, e trabalhar apenas em prol do grupo pode ter um preço para nós como indivíduos.

Essa tensão costuma afligir a nossa consciência quando tomamos decisões. Vejo que é irônico chegarmos a discutir, como indivíduos e grupos, qual é o principal. Alguns acham que sempre devemos privilegiar os outros – se não cuidarmos do grupo, o grupo não cuidará de nós. Outros acham que devemos sempre nos colocar na frente, e que se não cuidarmos de nós mesmos antes dos outros, não seremos úteis para ninguém mais. A verdade é que ambas as posições são verdadeiras.

Encontramos esse aparente conflito de interesses até na nossa biologia. Dos quatro incentivos químicos primários em nossos corpos, dois evoluíram principalmente para que pudéssemos encontrar alimentos e fazer o que precisa ser feito, e os outros dois nos ajudam a socializar e a cooperar. Os dois primeiros, endorfina e dopamina, levam-nos a fazer o que é preciso fazer como indivíduos – perseverar, encontrar alimento, construir abrigos, inventar ferramentas, seguir em frente e realizar as tarefas. Gosto de chamá-las de substâncias químicas "egoístas". As outras duas, serotonina e ocitocina, estão presentes para nos incentivar a trabalhar juntos e a desenvolver confiança e lealdade. Gosto de chamá-las de substâncias químicas "altruístas". Atuam no sentido de fortalecermos nossos vínculos sociais; com isso, aumentam as chances de trabalharmos e de cooperarmos com os demais, para que possamos sobreviver e garantir que nossa prole viverá mais do que nós.

CAPÍTULO 6

E.D.S.O.

Sem substâncias químicas "egoístas", morreríamos de fome

Todos sabem que não devemos ir ao supermercado quando estamos com fome. Acabamos comprando coisas demais ou itens de que não precisamos. Compramos demais porque queremos comer tudo o que vemos... obviamente, porque estamos com fome. Mas a pergunta mais interessante é: por que vamos ao supermercado quando não estamos com fome?

Nossos ancestrais do período Paleolítico viviam em uma época em que os recursos eram escassos ou de difícil acesso. Imagine se tivéssemos de caçar durante algumas horas sempre que estivéssemos com fome... sem a garantia de que conseguiríamos alguma coisa. É provável que nossa espécie não tivesse sobrevivido muito bem em um sistema como esse. Assim, nossos corpos, em um esforço para nos levar a repetir comportamentos de nosso interesse, criaram um modo de nos incentivar a caçar e a coletar alimentos regularmente, em vez de esperar até passar a fome.

Duas substâncias químicas – endorfina e dopamina – são a razão para querermos caçar, coletar e realizar coisas. Elas fazem com que nos sintamos bem quando encontramos alguma coisa que estávamos procurando, quando realizamos algo que precisávamos fazer ou quando cumprimos nossas metas. São as substâncias químicas do progresso.

E de endorfina: a euforia do corredor

A endorfina tem um único propósito: mascarar a dor física. Só isso. Pense na endorfina como um opiáceo pessoal. Geralmente, é liberada como resposta ao estresse ou ao medo, e mascara a dor física com a sensação de prazer. A experiência da "euforia do corredor", a excitação que muitos atletas experimentam durante ou após um esforço mais acentuado, na verdade é a endorfina percorrendo suas veias. Esta é uma das razões pelas quais os corredores e outros atletas de resistência forçam cada vez mais seus corpos. Não é simplesmente por terem se disciplinado para isso; fazem-no porque realmente se sentem bem. Adoram e às vezes anseiam pela espantosa euforia que extraem de um exercício mais intenso. Mas a razão biológica para a endorfina não tem nada que ver com exercícios, e sim com a sobrevivência.

Para o homem das cavernas, a aplicação do bem-estar químico é bem mais prática. Graças à endorfina, os humanos têm uma capacidade notável de resistência física. Excetuando os maratonistas, a maioria das pessoas não consegue se imaginar correndo quilômetros e mais quilômetros regularmente. Mas foi exatamente isso que deu a nossos ancestrais uma vantagem nas caçadas do período Paleolítico. Conseguiam seguir um animal por longas distâncias e ainda ter fôlego para voltar para casa. Se os caçadores em quem todos confiavam desistissem a qualquer momento só porque estavam exaustos, eles e os membros de sua tribo não comeriam com frequência e acabariam morrendo. Assim, a Mãe Natureza idealizou um incentivo astuto para nos estimular a seguir em frente – uma pequena dose de endorfina.

Na verdade, podemos ficar viciados em endorfina. É por isso que às vezes aqueles que têm o hábito de fazer exercícios regularmente sentem vontade de correr ou de ir à academia para conseguir relaxar, especialmente depois de um dia estressante no trabalho. Provavelmente, nossos ancestrais queriam caçar não só porque sabiam que precisavam fazê-lo, mas porque geralmente se sentiam bem. Repito: o corpo humano quer que nos sintamos bem quando procuramos alimento ou quando estamos construindo um abrigo à custa de grande esforço, pois assim será maior a probabilidade de realizarmos a tarefa. Graças aos carros e aos supermercados, porém, vivemos em um mundo com recursos prontamente disponíveis e abundantes. O corpo não procura mais a recompensa do alimento, pelo menos não com a endorfina. Na época atual, basicamente obtemos a endorfina com exercícios ou trabalhos manuais. Com uma única e notável exceção.

Stephen Colbert, humorista político e apresentador do programa *The Colbert Report*, comentou durante uma entrevista sobre a importância do riso em momentos de tensão. "Não dá para rir e ter medo ao mesmo tempo", disse. E ele tem razão. Na verdade, o riso produz endorfina. Ela é liberada para mascarar a dor que estamos causando a nós mesmos enquanto nossos órgãos estão em convulsão. Gostamos do riso pelo mesmo motivo que os corredores gostam de correr – nós nos sentimos bem. Mas todos já passaram pela experiência de rir tanto que precisamos parar, porque começamos a sentir dor. Como no caso do corredor, a dor começou antes, mas, por causa da endorfina, só a sentimos depois. A euforia que sentimos, que continua após o riso cessar, é que nos impede de ter medo enquanto rimos, como disse Colbert.

Em um momento tenso, um pouco de bom humor pode ajudar muito os que estão à nossa volta a relaxar, reduzindo a tensão para que nos concentremos em nossas tarefas. Como o presidente Ronald Reagan e sua famosa piada com o chefe da equipe cirúrgica em 30 de março de 1981, enquanto era levado para a sala de cirurgia do George Washington University Hospital após ter sido baleado por John Hinckley Jr.: "Espero que vocês sejam republicanos". (E o cirurgião, que se descrevia como liberal democrata, respondeu: "Hoje, somos todos republicanos, senhor presidente".)

D de dopamina: um incentivo ao progresso

Dopamina é a razão pela qual nos sentimos bem quando encontramos alguma coisa que estávamos procurando ou fazemos algo que precisava ser feito. Ela é responsável pela satisfação que sentimos após concluir uma tarefa ou projeto importante, atingir uma meta ou mesmo um dos marcos a caminho de uma meta maior. Sabemos como é bom ticar um item em nossa lista de pendências. Essa sensação de progresso ou de realização se deve principalmente à dopamina.

Muito antes da agricultura e dos supermercados, os humanos passavam boa parte do tempo à procura da próxima refeição. Se não conseguíssemos nos concentrar na realização de tarefas básicas como a caça e a coleta, não duraríamos muito. Por isso, a Mãe Natureza idealizou um modo inteligente de nos ajudar a manter o foco sobre a tarefa em questão. Uma maneira de obter dopamina é comer, um dos motivos pelos quais esse ato nos dá prazer. Assim, tentamos repetir os comportamentos que nos ajudam a conseguir comida.

A dopamina é que faz de nós uma espécie orientada para metas e com tendência ao progresso. Quando recebemos uma tarefa a executar, uma métrica a alcançar, desde que possamos enxergá-la ou imaginá-la com clareza com o olho da mente, receberemos uma pequena dose de dopamina para dar início à tarefa. No período Paleolítico, se alguém visse uma árvore repleta de frutas, por exemplo, receberia um pouco de dopamina para ter o incentivo de manter o foco sobre a tarefa e ir colher o alimento. Ao se aproximar da árvore, perceberia que ela estava ficando cada vez maior, uma indicação de que estava se aproximando dela. E a cada indicação de progresso, receberia mais uma dose de dopamina para prosseguir. E outra, e outra, até receber uma grande descarga quando atingisse sua meta. Eureca!

O mesmo acontece conosco. Quando nos aproximamos de nossas metas, os indicadores revelam que estamos fazendo progressos e recebemos um pouco mais para seguirmos em frente. Finalmente, quando atingimos a meta, a sensação intensa do "consegui!" é uma forte dose de dopamina, a recompensa biológica pelo esforço realizado. Cada etapa do caminho pelo qual passamos é um marco, um modo de perceber que a árvore frutífera está ficando cada vez mais próxima. Como o corredor de maratona que vai passando pelos marcadores de quilometragem rumo à linha de chegada, nossos corpos nos recompensam com dopamina para seguirmos em frente, esforçando-nos ainda mais para chegar àquele grande pote de dopamina, àquela sensação intensa de realização no final. Obviamente, quanto maior a meta, maior o esforço requerido e mais dopamina recebemos. É por isso que nos sentimos *realmente* bem quando nos esforçamos para realizar alguma coisa difícil; fazer alguma coisa rápida e fácil, porém, nos proporciona apenas uma leve satisfação, se tanto. Em outras palavras, sentimo-nos bem quando nos esforçamos muito para realizar algo. Não há incentivo biológico para ficar sem fazer nada.

Nossas metas têm de ser tangíveis

Somos animais orientados visualmente. Aparentemente, confiamos mais em nossos olhos do que em qualquer outro de nossos sentidos. Quando ouvimos um ruído à noite, queremos ver se aconteceu alguma coisa antes de relaxar e voltar para a cama. Quando alguém que conhecemos há pouco tempo faz uma promessa ou afirma que realizou algo, queremos "ver para crer".

É por isso que volta e meia nos dizem para registrar nossas metas por escrito. "Se você não passar suas metas para o papel", diz o ditado, "não vai cumpri-las". Há certa verdade nisso. Como a visão da árvore repleta de frutos à distância, se conseguirmos ver de fato nossa meta ou se a imaginarmos com clareza, a probabilidade de atingi-la será maior, graças ao poder da dopamina.

É por isso que gostamos quando nos apresentam uma meta bem definida, cuja realização proporciona um bônus, em vez de instruções soltas. Não nos motiva e nem nos ajuda muito dizerem que vamos receber um bônus por desempenho caso façamos "mais". Quanto a mais? Dê-nos valores específicos para que possamos colimar o alvo, avaliar nosso progresso rumo a ele, e será maior a probabilidade de atingi-lo. É por isso que as pessoas que mantêm sempre o saldo bancário sob controle ou fazem um orçamento mensal conseguem poupar mais ou não gastar demais. A economia não é um estado mental; é uma meta a ser cumprida.

Também é essa a razão pela qual uma visão corporativa precisa ser algo que podemos ver com os olhos da mente. É por isso que ela é chamada de "visão" – precisamos ser capazes de "vê-la". Como as instruções soltas, uma visão como "ser a empresa mais respeitada em nossa categoria" é inútil. Respeitada por quem? Pelos clientes? Pelos acionistas? Funcionários? Os pais do CEO? Se não conseguirmos medir adequadamente o progresso na direção dessa visão, como saberemos se nosso progresso está valendo a pena? Visões que falam em ser "o maior" ou "o melhor" ou quaisquer outras palavras que costumam aparecer em visões corporativas são praticamente inúteis no nível biológico, a menos que queiramos inspirar as pessoas a se esforçarem para realizar essas visões.

Uma boa visão corporativa, em contraste, explica em termos específicos como o mundo seria se tudo que fizéssemos fosse um sucesso absoluto. Certa vez, o Dr. Martin Luther King Jr. disse que tinha tido um sonho. Nesse dia, "meninos negros e meninas negras poderão unir as mãos com meninos brancos e meninas brancas como irmãs e irmãos". Podemos imaginar isso; podemos ver como seria isso. E se achássemos essa visão inspiradora e digna de nosso tempo e energia, poderíamos planejar melhor o caminho que seguiríamos para realizar essa visão. Em curto ou longo prazos, quanto mais claramente pudermos ver o que estamos planejando realizar, maior a probabilidade de termos êxito na empreitada. Graças à dopamina, isso é excitante. É por isso que as melhores visões nos oferecem algo que, para todos os fins práticos, nunca chegaríamos a realizar, mas morreríamos de bom grado tentando realizá-las. Cada ponto de nossa jornada é uma oportunidade para sentir que estamos progredindo rumo a algo que é maior do que nós.

Quando o sistema funciona tal como foi idealizado, comemos bem, fazemos o nosso trabalho e progredimos. E mais: conseguimos sustentar e prover nossos familiares e nossa tribo. A dopamina pode nos ajudar a enfrentar a faculdade, a nos tornarmos médicos ou a realizarmos uma visão imaginada do futuro.

Mas há umas letrinhas miúdas no contrato, e geralmente não prestamos muita atenção a elas. A dopamina vicia, e muito. Embora seja útil, podemos formar conexões neurais que não nos ajudam a sobreviver – na verdade, podem fazer o contrário. Os comportamentos que reforçamos podem nos fazer mal. Cocaína, nicotina, álcool e jogo liberam dopamina. E a sensação pode ser inebriante. A despeito dos efeitos químicos, o vício que essas substâncias causam (além de outros estímulos que fazem com que nos sintamos bem) é basicamente o vício da dopamina. A única variação é o tipo de comportamento reforçado que nos proporciona a próxima dose.

Há algo mais que devemos acrescentar à lista de itens que podem sequestrar o sistema de recompensas da dopamina: a mídia social. Mensagens de texto, e-mails, o número de "curtir" que recebemos, o toque, a vibração ou a luz do celular que diz "Você recebeu uma mensagem" são bárbaros. E foram feitos para isso mesmo. A emoção de receber uma mensagem de texto ou um e-mail – que libera dopamina – fica associada à sensação de "puxa, tem alguma coisa para mim". Sim, detestamos receber tantas mensagens, mas vivemos esperando o toque, a vibração ou a luzinha que diz que uma delas chegou. Alguns formaram conexões neurais que os fazem ficar com o celular na mão o tempo todo, olhando para baixo e apertando botões para saber se chegou alguma coisa. Dá-lhe dopamina!

Dizem que se você acorda de manhã e a primeira coisa que procura é uma bebida, talvez seja alcoólatra. Se acorda e a primeira coisa que faz é conferir o celular para ler e-mails ou dar uma olhada em sua rede social preferida antes mesmo de sair da cama, talvez você esteja viciado. Como ansiamos por uma dose de substâncias químicas para nos sentirmos bem, repetimos os comportamentos que sabemos que proporcionam essa dose. No caso do álcool ou do jogo, temos consciência disso. No caso de nossa paixão por aparelhos eletrônicos ou mídia social, não percebemos tão bem suas características viciantes.

Em uma organização movida pelo desempenho, na qual a dopamina é o principal meio de recompensa – atinja a meta, receba o dinheiro –, como no jogo, podemos nos viciar em "acertar os números". A única pergunta é a seguinte: nossos vícios modernos são inocentes ou têm efeitos colaterais indesejados que estão nos causando mal? Mas vou deixar essa discussão para depois.

Por causa da dopamina, hoje em dia, gostamos de fazer compras ou de colecionar coisas – apesar de não haver nenhum benefício racional na maioria de nossos passatempos, gostamos deles porque satisfazem nossos desejos pré-históricos de pilhagem. Se ficamos viciados nisso e não conseguimos parar, como ocorre com qualquer vício provocado pela dopamina, por melhor que seja o efeito, o preço é alto. Gastamos mais tempo e dinheiro do que seria prudente, chegando a sacrificar nossos relacionamentos só para obtermos outra dose.

As realizações podem ser movidas por dopamina. Mas a sensação de satisfação, os sentimentos duradouros de felicidade e de lealdade, exigem o contato com os outros. Mesmo que não nos lembremos da meta que atingimos há uma década, vamos falar dos amigos que fizemos enquanto tentávamos atingi-la.

A boa notícia é que também temos incentivos químicos que nos recompensam com sentimentos positivos quando agimos de maneira a conquistar a confiança, o amor e a lealdade dos outros. Para recebermos esses sentimentos, basta dar um pouco. E isso é bem conveniente, pois, como sabemos, podemos conseguir mais juntos, trabalhando com pessoas em quem confiamos, do que sozinhos.

A endorfina e a dopamina trabalham juntas para assegurar nossa sobrevivência no que diz respeito a comida e abrigo. Ajudam-nos a realizar tarefas para termos sempre abrigo e alimentos. Não é à toa que dizemos que precisamos de nossos empregos para "sobreviver". Nós nos sentimos assim mesmo. Sem endorfinas para nos proporcionar a força extra de que precisamos para seguir em frente, não teríamos como nos esforçar quando estamos cansados e exaustos. A dopamina nos recompensa com uma explosão química quando realizamos alguma coisa, o que faz com que queiramos repeti-la várias vezes, e é exatamente isso que nos leva a descobrir, construir e realizar. Mas é mais difícil fazer tudo isso sozinho, especialmente se são coisas grandes. É melhor fazermos juntos.

Substâncias químicas altruístas

Encontrar, construir e realizar são apenas parte de nossa história. A maneira pela qual progredimos é que é importante para nossa sobrevivência em um mundo perigoso. As substâncias químicas altruístas é que fazem com que nos sintamos valorizados quando estamos na companhia daqueles em quem confiamos, dando-nos a sensação de pertencimento e inspirando-nos a querer trabalhar pelo bem do grupo. As substâncias químicas altruístas é que mantêm forte o Círculo de Segurança.

Sem as substâncias químicas sociais seríamos insensíveis

A carcaça de uma fera selvagem flutua em um afluente do rio Zambezi, em Botsuana. A futura refeição passa por dois crocodilos famintos que chamam essa parte do rio de lar. Vendo o alimento, ambos se lançam sobre ele, mas... só um vai ganhar. O mais rápido ou o mais forte deles é que vai comer nesse dia. Agindo completamente por instinto, irá consumir a carcaça e nadar para longe com o estômago cheio e nenhuma preocupação com o outro crocodilo. E, embora o outro crocodilo tenha se afastado da cena com fome, não guardou rancor por seu adversário. No cérebro reptiliano do crocodilo, não há um setor que recompense o comportamento cooperativo. Os animais não têm sentimentos positivos quando outro oferece cooperação, e por isso não têm incentivo para cooperar. Por natureza, são solitários de coração frio. É assim que deveriam funcionar. Nada pessoal. Tudo instintivo. E, para os crocodilos, funciona bem.

Entretanto, não somos como os crocodilos. Embora compartilhemos a parte primitiva, reptiliana, do cérebro com eles, o nosso continuou a crescer e a superar suas raízes comuns. Podemos ser tudo, menos solitários. O acréscimo da camada mamífera do cérebro ajudou-nos a nos tornar animais sociais de alto desempenho. E por um bom motivo. Se não estivéssemos adaptados para viver em tribos e cooperar, teríamos desaparecido há milênios. Prescindimos de peles grossas e escamadas para nos proteger de ataques. Não temos fileiras de dentes afiados como os grandes tubarões brancos, o que os torna capazes de mastigar mesmo depois de perder alguns dentes. Não somos suficientemente fortes para sobreviver sozinhos, muito menos para prosperar. Admitamos ou não, precisamos uns dos outros. E é aí que entram em cena a serotonina e a ocitocina. São a espinha dorsal do Círculo de Segurança.

Incentivando o comportamento social, a serotonina e a ocitocina nos ajudam a formar vínculos de confiança e de amizade para cuidarmos uns dos outros. Graças a essas duas substâncias químicas, temos sociedades e culturas. E é graças a essas substâncias que nos reunimos para realizar coisas muito maiores do que as que faríamos caso enfrentássemos o mundo sozinhos.

Quando cooperamos com outras pessoas ou cuidamos delas, a serotonina e a ocitocina nos recompensam com sentimentos como segurança, realização, pertencimento, confiança e camaradagem. Quando são ativadas no momento certo e pelos motivos certos, podem ajudar a transformar qualquer um de nós em um líder inspirador, um seguidor leal, um amigo próximo, um parceiro de confiança, um crente... um Johnny Bravo. E quando isso acontece, quando nos encontramos dentro de um Círculo de Segurança, diminui o estresse, aumenta a satisfação, aumenta a vontade de servir aos demais e a certeza de que os outros vão nos proteger sobe vertiginosamente. Quando esses incentivos sociais são inibidos, porém, tornamo-nos mais egoístas e mais agressivos. A liderança não é firme. A cooperação declina. O estresse aumenta, bem como a paranoia e a desconfiança.

Quando trabalhamos em ambientes que dificultam o recebimento desses incentivos, o desejo de ajudar os colegas ou a organização diminui. Sem a noção de comprometimento, diminui qualquer desejo de nos ajudar que nossos colegas possam ter. Começa um círculo vicioso. Quanto menos nossos colegas e líderes cuidam de nós, menos cuidamos deles. Quanto menos cuidamos deles, mais egoístas ficam, e, como resultado, mais egoístas nos tornamos. E, quando isso acontece, mais cedo ou mais tarde todos perdem.

A ocitocina e a serotonina lubrificam a máquina social. E quando não estão presentes, o resultado é o atrito. Quando os líderes de uma organização criam uma cultura que inibe a liberação dessas substâncias, isso equivale a uma sabotagem – a sabotagem de nossas carreiras e felicidade, a sabotagem do sucesso da própria organização.

A força da cultura, e não seu tamanho ou seus recursos, determina a capacidade dessa organização de se adaptar aos novos tempos, superar as adversidades e demonstrar pioneirismo em suas inovações. Quando as condições são favoráveis, quando um forte Círculo de Segurança está presente e é sentido por todos, fazemos o melhor que podemos. Agimos como devemos agir. Trabalhamos juntos.

S de serotonina: a substância química da liderança

"Minha carreira não foi ortodoxa e desejei, acima de tudo, merecer o respeito de vocês", disse Sally Field no palco, segurando o Oscar que acabara de receber por seu papel no filme *Um lugar no coração*. O ano era 1985. "Da primeira vez, não senti isso", admitiu, "mas desta vez estou sentindo, e não posso negar o fato de que vocês gostam de mim, neste momento vocês gostam de mim!"

O que Sally Field estava sentindo era o fluxo de uma substância química, a serotonina, percorrer suas veias. A serotonina é responsável pela sensação de orgulho. É a sensação que temos quando percebemos que os outros gostam de nós ou nos respeitam. Faz-nos sentir mais fortes e confiantes, como se fôssemos capazes de qualquer coisa. Mais do que elevar a confiança, eleva nosso status. O respeito que Sally Field recebeu da comunidade mudou significativamente sua carreira. Quem ganha um Oscar recebe mais dinheiro para trabalhar em um filme, tem mais opções sobre os filmes em que gostaria de atuar e mais poder na indústria.

Como animais sociais, mais do que querer a aprovação dos membros de nossa tribo, precisamos dela. É importante mesmo. Todos querem se sentir valiosos em função do esforço despendido em benefício de um indivíduo do grupo ou do grupo como um todo. Se conseguíssemos obter essa sensação sozinhos, não haveria cerimônias de premiação, programas de reconhecimento nas empresas ou formaturas. E, com certeza, não haveria necessidade dos ícones de "curtir" que recebemos no Facebook, de número de espectadores no YouTube ou de seguidores no Twitter. Queremos sentir que nós (e nosso trabalho) somos valorizados pelos outros, especialmente pelos integrantes de nosso grupo.

Graças à serotonina, o graduando tem a sensação de orgulho e sente sua confiança e seu status aumentarem quando caminha pelo palco para receber seu diploma. Tecnicamente, tudo de que o estudante precisa para se formar é pagar as mensalidades, cumprir os requisitos e obter um número suficiente de créditos. Mas provavelmente a formatura não seria a mesma se só recebêssemos um e-mail com uma carta genérica de felicitações e um anexo do diploma para se baixar e imprimir.

Agora, vem a melhor parte. No instante em que esse formando sente a serotonina em suas veias ao receber seu diploma, seus pais, sentados na plateia, também recebem doses de serotonina e se sentem igualmente orgulhosos. E esse é o ponto. A serotonina está tentando reforçar o vínculo entre pai e filho, professor e aluno, técnico e jogador, chefe e funcionário, líder e seguidor.

Por isso, quando alguém recebe um prêmio, as primeiras pessoas a quem agradecem são os pais, o técnico, o chefe ou Deus – quem quer que sintam que contribuiu com o apoio e a proteção de que necessitaram para concretizar sua aspiração. E quando outros nos oferecem proteção e suporte, sentimo-nos em dívida para com eles em função da serotonina.

Lembre-se, essas substâncias controlam nossos sentimentos. É por isso que podemos sentir de fato o peso da responsabilidade quando outros dedicam tempo e energia para nos apoiar. Queremos que sintam que os sacrifícios que fizeram por nós valeram a pena. Não queremos desapontá-los. Queremos que se sintam orgulhosos. E se nós é que estamos dando apoio, sentimo-nos igualmente responsáveis. Queremos fazer o melhor pelo outro para que ele possa realizar tudo aquilo a que se propôs. Graças à serotonina, não temos a sensação de responsabilidade para com números; só nos sentimos responsáveis por pessoas.

Isso ajuda a explicar porque é diferente cruzar a linha de chegada sozinho, sem espectadores, em comparação com a presença da multidão de torcedores gritando quando rompemos a fita. Nos dois casos, o feito é o mesmo, o tempo é o mesmo, até o esforço é o mesmo. A única diferença é que em um dos casos há outras pessoas para torcer por nós e presenciar a nossa vitória.

Senti isso quando participei da Maratona de Nova York há alguns anos. Uma das coisas que me fez ir em frente foi saber que meus amigos e familiares estavam presentes na torcida para me apoiar. Gastaram seu precioso tempo e energia para enfrentar o trânsito e as multidões só para me verem passar correndo. Chegamos a planejar quando e onde eu passaria, porque se sentiriam orgulhosos de me ver fazendo uma coisa muito difícil. E isso me inspirou a prosseguir: o simples fato de saber que estavam lá. Eu não estava mais correndo por mim; não estava correndo para conseguir uma dose de endorfina e dopamina. Por causa da serotonina, eu estava correndo também por eles. E isso me ajudou.

Se tudo que eu queria era correr 42,2 quilômetros, se tudo que eu queria era a emoção da realização proporcionada pela dopamina, poderia treinar e percorrer essa distância em um final de semana qualquer. Mas não. Corri no dia em que minha família foi me apoiar. No dia em que os organizadores me ofereceram uma multidão para torcer por mim. Melhor: ganhei uma medalha, um símbolo de minha realização, que me fez sentir orgulhoso ao pendurá-la no pescoço. A serotonina faz a gente se sentir bem.

Quanto mais damos de nós mesmos para o sucesso de alguém, maior nosso valor para o grupo e maior o respeito que sentem por nós. Quanto maior o respeito e o reconhecimento recebidos, mais elevado o nosso status no grupo e mais incentivos recebemos para continuar a contribuir com o grupo. Pelo menos, é assim que deveria ser. Quer sejamos chefes, técnicos ou pais, a serotonina trabalha para nos incentivar a servir aqueles por quem somos responsáveis diretos. E se somos funcionários, jogadores ou temos alguém cuidando de nós, a serotonina nos estimula a nos esforçarmos para que se orgulhem de nós.

Aqueles que mais se esforçam para ajudar os outros a ter sucesso serão vistos pelo grupo como o líder ou o "alfa" do grupo. E ser o alfa – o mais forte, o que apoia o grupo, aquele disposto a sacrificar tempo e energia para que os demais possam ganhar – é um pré-requisito para a liderança.

O de ocitocina: Amor químico

A ocitocina é a substância química predileta da maioria das pessoas. É a sensação da amizade, do amor ou da confiança profunda. É a sensação que temos quando estamos na companhia de amigos íntimos ou de colegas de confiança. É a sensação que temos quando fazemos alguma coisa boa por alguém ou quando alguém faz algo de bom por nós. É a responsável pelo calor humano e pelo aconchego. É a sensação que temos quando todos dão as mãos e cantam "Kumbaya" juntos. Mas a ocitocina não existe apenas para fazer-nos sentir bem. Ela é vital para nossos instintos de sobrevivência.

Sem a ocitocina não teríamos vontade de ser generosos. Sem a ocitocina não haveria empatia. Sem a ocitocina não conseguiríamos formar vínculos fortes de confiança e amizade. E, sem isso tudo, não teríamos ninguém em quem pudéssemos confiar para nos proteger. Sem a ocitocina, não teríamos um parceiro ou uma parceira para criar nossos filhos; na verdade, nem amaríamos nossos filhos. Graças à ocitocina, sentimos as conexões humanas e gostamos de estar na companhia das pessoas queridas. A ocitocina torna-nos criaturas sociais.

Sendo uma espécie que consegue realizar mais em grupo do que como indivíduos, precisamos do instinto para saber em quem podemos confiar. Em um grupo, ninguém precisa manter um estado constante de vigilância para ter certeza de que está seguro. Se estamos entre pessoas de nossa confiança e que confiam em nós, essa responsabilidade pode ser compartilhada com o grupo. Em outras palavras, podemos dormir à noite com a confiança de que outros vão vigiar e nos proteger de perigos. A ocitocina é a substância química que nos ajuda a definir a vulnerabilidade que podemos ter. É uma bússola social que determina quando podemos nos abrir e confiar em alguém ou quando devemos ter reservas.

Diferente da dopamina, que proporciona a gratificação instantânea, a ocitocina dura muito. Quanto mais tempo passamos com alguém, mais nos tornamos dispostos a ficar vulneráveis perto dessa pessoa. Quanto mais confiamos nela e granjeamos sua confiança, maior o fluxo de ocitocina. Com o tempo, como que por mágica, vamos perceber que formamos um vínculo profundo com essa pessoa. A loucura, a excitação e a espontaneidade da dose de dopamina são substituídas por um relacionamento mais tranquilo, mais estável e de longo prazo, movido pela ocitocina. Um estado muito mais valioso se precisamos confiar em alguém para nos ajudar a fazer as coisas e para nos proteger quando estivermos fracos. Minha definição predileta de amor é dar a alguém o poder de nos destruir com a confiança de que essa pessoa não irá usá-lo.

Todo relacionamento novo é igual. No primeiro dia de um novo emprego, estamos empolgados, os colegas também, tudo é perfeito. Mas a confiança de que precisamos para sentir que nossos colegas vão nos proteger e nos ajudar a crescer, a sensação de que pertencemos ao grupo, são coisas que consomem tempo e energia. Pessoal ou profissionalmente, aplicam-se as mesmas regras da formação dos relacionamentos.

Dentro de um Círculo de Segurança, temos a sensação de pertencimento.

Por mais que queiramos nos destacar e considerarmo-nos indivíduos, somos, em essência, animais de manada, destinados biologicamente a encontrar conforto quando achamos que fazemos parte de um grupo. Nossos cérebros estão configurados para liberar ocitocina na presença de nossa tribo, e cortisol, a substância que produz a sensação de ansiedade, quando nos sentimos vulneráveis e sozinhos. Para nossos ancestrais pré-históricos, bem como para todos os animais sociais, a sensação de pertencimento e a confiança de que podemos enfrentar os perigos à nossa volta dependem literalmente de nos sentirmos seguros em nosso grupo. É perigoso ficar na periferia. O solitário na extremidade do grupo está bem mais suscetível a predadores do que aquele que está cercado em segurança pelos outros e é valorizado por eles.

Aquele que se sente um pouco deslocado socialmente porque gosta muito de *Guerra nas Estrelas* ou super-heróis encontra muita camaradagem quando visita a ComicCon* ou outra convenção de fãs. Ter outras pessoas como nós à nossa volta dá uma sensação de pertencimento e de segurança. Sentimo-nos aceitos como parte do grupo e deixamos de lado a ansiedade de achar que estamos na periferia dos eventos. Poucas sensações são mais importantes para os seres humanos do que o pertencimento... a sensação de que estamos dentro de um Círculo de Segurança.

Generosidade e outras formas de ganhar confiança

Estava caminhando pela rua com um amigo quando a mochila do homem que andava à nossa frente se abriu, espalhando papéis pela calçada. Sem pensar, abaixamo-nos e o ajudamos a recolher seus documentos, e disse-lhe que sua bolsa estava aberta. Esse pequeno favor, esse pequeno dispêndio de tempo e de energia, sem qualquer expectativa de receber algo em troca, deu-me uma pequena dose de ocitocina. É bom ajudar as pessoas. O sujeito que ajudamos também recebeu uma pequena dose de ocitocina, pois também sentimos prazer quando alguém faz alguma coisa boa por nós. Levantamo-nos e continuamos a andar.

Quando meu amigo e eu chegamos ao fim do quarteirão, aguardamos o semáforo mudar para atravessarmos a rua. Enquanto estávamos ali, outro homem que estava na nossa frente se virou e disse: "Vi o que vocês fizeram lá atrás. Foi muito legal". E esse é o melhor aspecto da ocitocina. Não só a pessoa que realiza um gesto mínimo de cortesia recebe uma dose de ocitocina, não só a pessoa que é alvo desse gesto ganha sua dose, como aqueles que presenciam o ato de generosidade recebem uma sensação positiva graças à química. O simples ato de ver um ato de generosidade humana ou de ouvir falar nele nos inspira a querer fazer o mesmo.

---

* Evento realizado anualmente na Califórnia que reúne fãs de histórias em quadrinhos, cinema, games e séries de TV, no qual os fãs normalmente se trajam como seus personagens preferidos (N. do T.).

Quase chego a garantir que esse sujeito que se virou para nos dizer que vira o que tínhamos feito deve ter feito alguma coisa boa por alguém nesse mesmo dia. Esta é uma das razões pelas quais nos inspiramos tanto por filmes ou notícias sobre atos de incrível altruísmo. É o poder da ocitocina. Ela realmente nos transforma em boas pessoas. Quanto mais coisas boas fazemos, mais queremos fazer coisas boas. É a ciência por trás do "café pendente".*

A ocitocina também é liberada no contato físico. A sensação calorosa que temos quando abraçamos uma pessoa querida por alguns segundos a mais é a ocitocina. Também é ela a razão pela qual nos sentimos bem ao ficar de mãos dadas com alguém e para as criancinhas sempre quererem tocar e abraçar suas mães. Na verdade, há muitas evidências a sugerir que crianças privadas de contato humano, privadas de doses suficientes de ocitocina, têm problemas para formar relacionamentos de confiança mais tarde. Ela também participa do reforço do vínculo entre atletas, por exemplo, quando batem as mãos ou punhos ou dão tapas uns nos outros. Esses gestos reforçam o vínculo entre eles e o compromisso de se esforçarem pela meta comum.

Imagine que você está prestes a fechar um negócio com alguém. Todos concordaram com os termos do contrato. Pouco antes de assinar, você estende o braço para apertar a mão daquele que será seu parceiro no negócio. "Não, não", diz ele, "não preciso apertar sua mão. Concordo com todos os termos apresentados e estou empolgado porque vou fechar este negócio com você."

"Excelente", responde, "então, vamos apertar as mãos."

"Não precisamos", repete a pessoa. "Concordo com tudo e estou pronto para assinar e começar o negócio." Em termos racionais, você colocou tudo que queria no contrato, mas a simples recusa ao contato físico, a apertar sua mão, a reforçar o vínculo social com um pouco de confiança química, significa que uma destas coisas vai acontecer: ou você vai cancelar o acordo ou vai iniciá-lo um pouco mais nervoso. Esse é o poder da ocitocina. É por isso que

* Hábito generoso inspirado em um livro, no qual um dos personagens toma um café e paga dois: o seu próprio e o da pessoa seguinte que chegar para tomar um café (N. do T.).

é tão importante o aperto de mãos entre líderes mundiais – é um sinal mútuo, para todos que o presenciam, de que eles podem fazer negócios juntos. Se nosso presidente fosse visto em um evento da ONU apertando a mão de um ditador, isso causaria um escândalo imenso. Um simples aperto de mãos. Mas não é um simples aperto de mãos: o contato físico demonstra a disposição para confiar... até mais do que os termos do acordo.

A ocitocina é realmente mágica. Não só está por trás de sentimentos como confiança e lealdade, como faz com que nos sintamos bem, inspirando-nos a fazer coisas boas pelos demais. A Mãe Natureza quer que aqueles que são generosos mantenham seus genes no fundo genético. Pode ser esta uma das razões pela qual a ocitocina nos ajuda a viver mais. As pessoas que são boas para os outros membros do grupo são boas para a espécie.

Segundo um estudo publicado em *Proceedings of the National Academy of Sciences* (Anais da Academia Nacional de Ciências) em 2011, as pessoas que se consideram felizes vivem 35% mais do que as pessoas menos felizes. Um estudo feito com 3.800 homens e mulheres com idade entre 52 e 79 anos revelou que aqueles que se consideram mais felizes têm menos chances de morrer nos cinco anos seguintes do que aqueles que são menos felizes, mesmo depois de levar em consideração fatores demográficos como riqueza, ocupação e comportamento relacionado com a saúde, como tabagismo e obesidade.

A ocitocina reforça o sistema imunológico, ajuda-nos a resolver problemas com mais facilidade e nos torna mais resistentes às características viciantes da dopamina. Diferente da dopamina, que é o principal responsável pela gratificação instantânea, a ocitocina nos proporciona sentimentos duradouros de calma e segurança. Não precisamos ficar conferindo quantos "curtir" ou seguidores temos no Facebook para nos sentirmos bem. Graças à ocitocina, o simples fato de saber que nossos amigos e familiares estão por perto, o simples ato de ver um retrato das pessoas que amamos e que nos amam, faz-nos sentir bem e não nos sentirmos sós. Quando isso acontece, queremos, acima de tudo, fazer o que estiver ao nosso alcance para ajudá-las a sentir o mesmo.

CAPÍTULO 7

O grande C

O sol brilhava e fazia calor. Um dia que seria típico daquela época do ano. Havia uma brisa suave e calma que amenizava a intensidade do sol. De todas as maneiras, era um dia perfeito.

Subitamente, no canto do olho, a calma foi quebrada. Talvez tenha sido uma agitação na relva, talvez ele tenha visto alguma coisa. Ele não tinha certeza, mas, francamente, não fez diferença. O que importa é que talvez houvesse alguma coisa ali. Alguma coisa perigosa. Alguma coisa mortal.

A mera ansiedade foi suficiente para que a gazela parasse de pastar e erguesse imediatamente a cabeça para tentar ver o que era, esperando que não fosse um leão. Outra gazela percebeu que um membro do grupo ficara alerta diante de uma possível ameaça e também parou de comer na mesma hora para olhar – dois pares de olhos são melhores do que um. Não demorou para que todo o grupo se unisse a eles. Ninguém sabia muito bem o que estavam procurando – sabiam apenas que, se um dos membros do grupo se sentisse ameaçado, todos deveriam se sentir ameaçados.

Então, em um instante, uma das gazelas que não ficara alerta com a ameaça em potencial, viu o leão prestes a dar o bote e instintivamente correu como louca na direção oposta. Se as outras também viram o leão ou não, não importa, pois todas as gazelas da manada seguiram a mesma direção, todas correndo a plena velocidade. O leão tentou persegui-las, mas não conseguiu correr por tempo suficiente para pegá-las e ficou sem forças. O ataque-surpresa fracassou e as gazelas viveram mais um dia. Este é um dos principais benefícios da vida em grupo – cada integrante pode ajudar a pedir ajuda. Se um membro pressente o perigo, todo o grupo pode ajudar a localizá-lo antes que seja tarde.

É uma cena familiar, apresentada em muitos documentários sobre a natureza. Às vezes, o leão consegue abocanhar a presa; às vezes, não. Mas a reação das gazelas é sempre a mesma. Primeiro, uma ou algumas pressentem que alguma coisa está errada. Então, tentam identificar a ameaça; se ela existe, saem correndo para se salvar. Essa sensação inicial, essa sensação de que pode haver alguma coisa perigosa ali, faz com que a cena se movimente; no final do dia, dá mais oportunidades de sobrevivência para a manada.

Essa sensação de que alguma coisa está errada é um sistema natural de avisos precoces que todos os animais sociais possuem, inclusive nós. Destina-se a nos alertar para ameaças e a afinar os sentidos para nos prepararmos para um perigo em potencial. Não fosse por essa sensação, só ficaríamos alertas para o perigo se víssemos de fato alguma coisa ou após o ataque ter começado. Do ponto de vista da sobrevivência, seria tarde demais.

Esses 22 membros das Forças de Operações Especiais no Afeganistão pelos quais Johnny Bravo arriscou a vida são um ótimo exemplo. Eles sentiram que alguma coisa estava errada naquela noite. Esse incômodo na "boca do estômago" que eles, as gazelas e todos nós sentimos e que avisa que algum perigo está nos rondando é causado por uma substância chamada de cortisol. O cortisol é responsável pelo estresse e pela ansiedade por que passamos quando alguma coisa nos perturba à noite. É o primeiro nível de nossa reação lutar-ou-fugir. Como um sistema de alarme de alta segurança que chama automaticamente a polícia, o cortisol procura nos alertar para possíveis perigos, preparando-nos para tomar medidas extras para nos protegermos e aumentarmos as chances de sobrevivência.

Aplique a mesma cena das gazelas ao cenário de um escritório. Uma pessoa ouve um rumor de que haverá demissões. Ela conta isso para um colega. Não tarda para que, como a manada de gazelas, uma por uma, a notícia se espalhe e o escritório todo comece a tagarelar e a se preocupar, todos ansiosos sobre as possíveis demissões. Os colaboradores demonstraram um senso aguçado de alerta motivado pelo cortisol que circulou por suas veias. O estresse sentido vai distraí-los, impedindo-os de fazer qualquer outra coisa até sentirem que a ameaça passou.

Na eventualidade de uma ameaça real, como a polícia respondendo a um alarme, a adrenalina é liberada na corrente sanguínea, dando-nos mais energia para nos afastar ou aumentando nossa força para enfrentarmos o inimigo. (Se você já ouviu falar em histórias de mães que subitamente exibem força sobre-humana para salvar os filhos, saiba que elas se devem à adrenalina.) Mas se não há uma ameaça, respiramos fundo, esperamos que o cortisol saia da corrente sanguínea, deixamos o ritmo cardíaco voltar ao normal e relaxamos novamente.

O cortisol não deve permanecer no sistema; vamos imaginar que seja acionado quando percebemos uma ameaça e que saia depois que a ameaça passou. Mas há um bom motivo para isso. O estresse físico é um problema sério. A maneira como reconfigura os sistemas internos pode causar danos permanentes se precisarmos conviver com uma sensação perpétua de medo ou de ansiedade.

Sabemos a sensação causada pelo cortisol quando receamos por nosso bem-estar. Mas ele também está por trás da ansiedade, do desconforto ou do estresse que sentimos no trabalho. Diferente das gazelas, os humanos têm um neocórtex sofisticado, a parte de nosso cérebro responsável pela linguagem e pelo pensamento racional, analítico e abstrato. Enquanto a gazela reage ao cortisol em seu corpo, nós, humanos, queremos conhecer a causa do estresse, compreender ou racionalizar nossos sentimentos. Geralmente, tentamos descobrir a fonte daquilo que imaginamos que esteja nos ameaçando, seja real, seja imaginado, para explicar nossa inquietude. Podemos culpar um chefe que está mentindo para nós. Podemos culpar um colega que achamos que pode nos atacar pelas costas para progredir na carreira. Podemos nos culpar por falarmos fora de hora em uma reunião. Analisamos um monte de coisas que fizemos (ou não) para compreender por que estamos ansiosos. A paranoia criada pelo cortisol está cumprindo seu papel. Está tentando nos ajudar a descobrir a ameaça e a nos preparar para ela. Lute, corra ou se esconda.

Seja o perigo real ou imaginário, o estresse que sentimos é bem real. Diferentemente da mente racional, o corpo não procura avaliar a causa do perigo. Reagimos simplesmente às substâncias químicas que fluem pela corrente sanguínea para nos prepararmos para aquilo que possa estar nos rondando. O cérebro paleolítico não se preocupa em compreender a ameaça. Quer apenas aumentar nossa chance de sobrevivência. E mais: nossos corpos não entendem que trabalhamos em um escritório e não na savana aberta. Nosso sistema de aviso antecipado não entende que o "perigo" que enfrentamos não ameaça a vida. Por isso, em um esforço para nos ajudar a proteger nossos interesses, esse sistema nos leva a reagir como se estivéssemos lá.

Um amigo que trabalha na Columbia University foi a um escritório para preencher uma papelada administrativa. Foi educado e amistoso com a jovem sentada ao balcão, mas ela não retribuiu a polidez ou a simpatia. Embora não tivesse dito nada de forma rude ou errada, percebeu que ela não estava preocupada com ele ou com suas necessidades. A moça respondeu às suas perguntas de maneira monossilábica e não forneceu qualquer ajuda ou informações além do estritamente necessário, mesmo quando lhe foi pedido. Ao lidar com outro funcionário, ele sentiu novamente que estava incomodando simplesmente por pedir que fizesse seu trabalho. Apesar de ser interesse de todos ajudá-lo, como colaboradores da mesma organização, a equipe parecia hesitante em – ou mesmo resistente a – cooperar.

Em um escritório como esse que meu amigo visitou, as pessoas preferem se manter reservadas, reagindo apenas se necessário, fazer seu trabalho e voltar para casa no fim do dia. Não existe a sensação de que qualquer um se arriscaria ou se esforçaria para oferecer proteção aos demais. E por isso, mesmo sem a ameaça de demissões ou com um nível baixo de estresse, sente-se uma ansiedade constante, de baixo nível. Como animais sociais, sentimo-nos estressados quando não temos apoio. Essa inquietude subconsciente, a sensação de que somos responsáveis por nós mesmos e de que ninguém vai nos ajudar, de que a maioria das pessoas com quem trabalhamos só se preocupa com seus umbigos, é, para nosso cérebro primitivo, muito assustadora. E o problema não está nas pessoas, mas no ambiente.

Quando a gazela pressente o perigo, alerta o restante da manada, aumentando as chances de sobrevivência de todos. Infelizmente, a maioria de nós trabalha em ambientes nos quais os membros do grupo não ligam muito para o destino dos demais. Isso significa que informações valiosas, como perigos imediatos, geralmente são mantidas em sigilo. Assim, os vínculos de confiança entre os funcionários ou entre os líderes e os colaboradores são fracos, se é que existem. Ficamos com poucas opções exceto colocarmo-nos em primeiro lugar. Se achamos que o chefe não gosta de nós; se nos preocupamos achando que, se cometermos um erro, estaremos encrencados; se achamos que alguém com quem trabalhamos vai tentar obter o crédito por algo que fizemos ou vai nos atacar pelas costas para progredir; se prestamos atenção demais aos exageros da mídia; se receamos que a empresa não vai conseguir atingir os resultados esperados e que pode haver demissões; se as pessoas se mostram desinteressadas; se não sentimos a presença do Círculo de Segurança, o cortisol começa a correr por nossas veias. Gota após gota.

Este é um problema sério, pois o cortisol inibe a liberação da ocitocina, a substância química responsável pela empatia. Isso significa que quando o Círculo de Segurança é fraco e as pessoas precisam investir tempo e energia para se proteger das políticas e de outros perigos dentro da empresa, isso nos torna ainda mais egoístas e menos preocupados com os demais ou com a organização.

Trabalhar em uma cultura insalubre e desequilibrada é parecido com escalar o Monte Everest – adaptamo-nos ao ambiente. Embora as condições sejam perigosas, os alpinistas sabem que precisam passar um tempo no acampamento da base para se adaptar. Com o tempo, seus corpos vão se acostumar às condições para que possam obter sucesso. Fazemos a mesma coisa em uma cultura insalubre. Se as condições fossem violentas ou chocantes, com a ameaça diária de demissões, não conseguiríamos ficar lá. Mas quando as condições são mais sutis, adaptamo-nos a coisas como políticas do escritório, oportunismo, rodadas ocasionais de demissões e falta generalizada de confiança entre colegas.

Se estamos no acampamento na base do Everest, acreditamos que estamos bem e que podemos enfrentar a situação. Mas isso não afasta o fato de que o animal humano não foi feito para essas condições. Apesar de achar que estamos confortáveis, os efeitos do ambiente terão consequências. Só porque nos acostumamos, só porque tudo se tornou normal, não significa que seja aceitável. No Everest, mesmo depois de nos adaptarmos, nossos órgãos internos vão começar a falhar se ficarmos por muito tempo na montanha. Em uma cultura insalubre acontece a mesma coisa. Apesar de podermos nos acostumar a conviver com o estresse e com níveis baixos e constantes de cortisol no corpo, isso não significa que devamos fazê-lo.

Fluxos constantes de cortisol não são prejudiciais apenas para as organizações. Podem causar sérios danos à saúde. Como as outras substâncias químicas egoístas, o cortisol pode nos ajudar a sobreviver, mas não deve estar sempre em nosso sistema. Ele provoca o caos no metabolismo da glicose. Aumenta a pressão arterial e as reações inflamatórias, prejudicando a capacidade cognitiva. (É mais difícil concentrarmo-nos em coisas fora da organização quando aquilo que acontece fora dela causa estresse.) O cortisol aumenta a agressividade, reprime o impulso sexual e, de modo geral, faz-nos sentir estressados. E agora vem o que mata – literalmente. O cortisol prepara o corpo para reagir repentinamente – lutar ou correr, conforme as circunstâncias. Como isso consome muita energia, quando nos sentimos ameaçados o corpo desativa as funções que não são essenciais, como a digestão e o crescimento. Passado o estresse, esses sistemas se ativam novamente. Infelizmente, o sistema imunológico é uma das funções que o corpo não considera essencial; por isso, ele o desativa com doses de cortisol. Em outras palavras, quando trabalhamos em ambientes nos quais a confiança é baixa, os relacionamentos são fracos ou transacionais e o estresse e a ansiedade são a regra, ficamos mais vulneráveis às doenças.

Enquanto a ocitocina reforça nosso sistema imunológico, o cortisol o debilita. Talvez não seja uma coincidência o fato de o mundo moderno ter alta incidência de câncer, diabetes, problemas cardíacos e outras doenças que podem ser prevenidas. Hoje, temos mais probabilidade de morrer devido a essas condições do que por crimes violentos ou terrorismo. O Centro Nacional Antiterrorista estima que mais de 12.500 pessoas foram mortas por terroristas no mundo em 2011. Segundo estatísticas do FBI, cerca de 165 mil pessoas foram assassinadas nos Estados Unidos entre 2000 e 2010, mais de dois terços com arma de fogo (as estatísticas do FBI não incluem a Flórida). Compare esses números com as 600 mil pessoas que morrem *todo ano* nos Estados Unidos de doenças cardíacas e as quase 600 mil que morreram de câncer em 2012, e as evidências ficam claras. Pense nisso: morreram sete vezes mais pessoas por ano de doenças cardíacas e de câncer do que todas as pessoas assassinadas em uma década!

Evidentemente, o estresse não é o único responsável por essas mortes, mas os números são tão expressivos e crescentes que parece que os líderes das organizações deveriam demonstrar alguma responsabilidade e levar em conta de que forma podem estar contribuindo para esses números. É assustador ver que coisas tão simples quanto um sistema de incentivos corporativos ou a cultura corporativa podem estar contribuindo para essas estatísticas. Nossos empregos estão nos matando, literalmente.

Uma cultura organizacional forte, por sua vez, faz bem para a saúde. O ambiente em que trabalhamos, e a maneira como interagimos com os demais, é *realmente* importante. Um bom ambiente de trabalho facilita a formação dos vínculos de confiança necessários para uma cooperação eficiente. Como os antigos sistemas que herdamos não conseguem distinguir entre as ameaças que enfrentamos nas planícies do período Paleolítico e as ameaças potenciais do moderno ambiente de trabalho, a reação é a mesma. O corpo libera cortisol para nos ajudar a permanecer vivos. Se trabalhamos em um ambiente no qual a liderança fala a verdade, onde as demissões não são a regra em tempos difíceis e no qual as estruturas de incentivos não nos lançam uns contra os outros, o resultado, graças aos níveis mais elevados de ocitocina e serotonina, é a confiança e a cooperação.

É isto que significa o equilíbrio entre trabalho e vida pessoal. Não tem nada a ver com o horário de trabalho ou com o estresse que enfrentamos. Tem a ver com o local onde nos sentimos seguros. Se nos sentimos seguros em casa mas não no trabalho, então vamos sofrer um desequilíbrio entre trabalho e vida pessoal. Se os relacionamentos em casa e no trabalho são fortes, se temos a sensação de pertencimento, se nos sentimos protegidos nos dois lugares, então a força poderosa de uma substância química mágica como a ocitocina pode reduzir o efeito do estresse e do cortisol. Com a confiança, fazemos coisas pelos outros, cuidamos dos outros e nos sacrificamos pelos outros. Tudo isso aumenta nosso senso de proteção dentro de um Círculo de Segurança. Sentimo-nos confortáveis e confiantes no trabalho, o que reduz o estresse geral, pois não imaginamos que nosso bem-estar esteja sendo ameaçado.

Demita seus filhos

Charlie Kim podia sentir a tensão. Como se fosse um relógio, quando o ano fiscal chegava ao fim, o ambiente no escritório mudava. Era o medo. Medo de que, se a empresa não atingisse suas metas, talvez alguns funcionários não estivessem lá no ano seguinte. Kim, que fundou a Next Jump há quase 20 anos, atravessou muitos altos e baixos com a empresa e sabe muito bem os efeitos paralisantes que o medo ou a paranoia podem causar aos negócios. Assim, ele tomou uma decisão ousada, que fortaleceu drasticamente o Círculo de Segurança na Next Jump.

"Queremos que a Next Jump seja uma empresa que orgulhe nossos pais e mães por a termos construído", diz Kim. E boa parte do orgulho de nossos pais deve-se a sermos boas pessoas, que fazem o que é certo. Assim, ele implementou a política de Emprego Vitalício. Provavelmente, a Next Jump é a única empresa de tecnologia do país com essa política. Ninguém será despedido só para melhorar o balanço. E nem erros onerosos ou desempenho individual fraco são base para demissão. Na pior hipótese, a empresa passa algum tempo descobrindo o problema e ajudando seu pessoal a superá-lo. Como um atleta que passa por um período ruim, os funcionários da Next Jump não são despedidos, eles recebem aconselhamento. A única situação na qual se pedirá que o funcionário saia é se ele não respeitar os elevados valores morais da empresa ou se trabalhar ativamente para prejudicar seus colegas.

Não é algo tão maluco quanto parece. Como é quase impossível ser despedido depois que se é admitido na empresa, a Next Jump dedica muito mais tempo e discernimento antes de contratar alguém do que muitas outras companhias desse segmento. Não levam em conta apenas talento e experiência: dedicam um bom tempo avaliando o caráter dos candidatos que desejam trabalhar lá. De cada cem candidatos, apenas um consegue entrar. "Se dissessem a um líder que daquele momento em diante ele não pode despedir ninguém", explica Kim, "mas ainda assim você precisa manter um crescimento consistente de receitas e lucros, apesar das condições do mercado, ele não teria escolha senão recorrer a outras variáveis sob seu controle, como contratações, treinamento e desenvolvimento." Depois que alguém é contratado, os líderes da Next Jump fazem do crescimento desse funcionário sua prioridade.

Se estão oferecendo a oportunidade de um emprego vitalício para aqueles que desejam isso, então os líderes da companhia precisam se esforçar para contratar as pessoas certas. "Despedir alguém é uma opção fácil", diz Kim. "Disciplina, aconselhamento, até um programa para ajudar a pessoa a encontrar emprego em outro lugar, caso decida que nossa empresa não é para ela, são medidas muito mais eficientes, mas exigem muito mais tempo e atenção."

Para Kim, educar os filhos traz muitas lições para quem administra uma empresa. Ambas as atividades exigem o equilíbrio entre necessidades de curto prazo e metas de longo prazo. "Acima de tudo, nos dois casos seu compromisso é vitalício", diz Kim. "Em última análise, você quer que se tornem pessoas melhores." Kim pensa exatamente dessa maneira em relação a seus colaboradores. Ele sabe que a maioria das pessoas nunca se livraria de seus filhos nos momentos mais difíceis; assim, "como podemos demitir nosso pessoal nessas mesmas condições?", pergunta. "Por mais que briguemos com nossos irmãos, não podemos nos livrar da família. Temos de fazer a relação funcionar." Mesmo não sendo um chefe perfeito ou um pai perfeito – ninguém é –, poucos podem negar que Kim se preocupa e se esforça em fazer o que é certo. Mesmo que às vezes isso signifique admitir que errou.

Um engenheiro da empresa disse que no começo achou que a política de Emprego Vitalício era uma ideia interessante para alguns dos funcionários de baixo desempenho, mas sem muitas consequências para ele, que era dos que tinha melhor desempenho; ele não temia perder o emprego. O que não imaginava, porém, é que essa política iria ajudá-lo como líder de grupo. Após sua implementação, a equipe começou a se comunicar muito mais abertamente. Erros e problemas passaram a ser apontados mais rapidamente, muito antes de se agravarem. A troca de informações e a cooperação também cresceu. Só porque a equipe não temia mais perder o emprego, esse líder de grupo viu o desempenho de sua equipe aumentar muito. Com isso, o desempenho da empresa toda melhorou.

Nos anos anteriores à nova política, o crescimento médio da receita da Next Jump era de 25%. Sem quaisquer outras mudanças importantes desde a implementação do Emprego Vitalício, o crescimento da receita subiu para 60% e não dá sinais de desaceleração. Apesar de muitos dos engenheiros da Next Jump receberem ofertas do Google, do Facebook e de outras grandes empresas de tecnologia, eles não saem de lá. Antigamente, a rotatividade dos engenheiros da Next Jump era de 40%, um número semelhante ao da média do setor. Com o foco na formação de seu pessoal, hoje a rotatividade da Next Jump é de apenas 1%. O que acontece é que, mesmo quando recebem ofertas como títulos importantes e salários maiores, as pessoas preferem trabalhar em um lugar onde se sentem acolhidos. As pessoas preferem se sentir seguras entre colegas, ter a oportunidade de crescer e de se sentir parte de algo maior do que elas a trabalhar em um lugar que simplesmente as torna ricas.

É isso que acontece quando seres humanos, inclusive engenheiros, são postos no ambiente para o qual fomos criados. Nós ficamos.

Somos leais. Ajudamo-nos mutuamente e fazemos nosso trabalho com orgulho e paixão.

Quando se reserva um tempo para construir bons relacionamentos e quando os líderes decidem valorizar mais as pessoas do que os números, quando sentimos confiança nos outros, a ocitocina liberada em nossos corpos pode reverter muitos dos efeitos negativos de um ambiente profissional estressante, encharcado de cortisol. Em outras palavras, não é a natureza do trabalho que realizamos ou o número de horas no escritório que vão nos ajudar a reduzir o estresse e a encontrar um equilíbrio entre vida e trabalho; são quantidades maiores de ocitocina e serotonina. A serotonina aumenta a autoconfiança, inspira-nos a ajudar aqueles que trabalham para nós e inspirar aqueles para quem nos reportamos. A ocitocina alivia o estresse, aumenta o interesse pelo trabalho e melhora nossa capacidade cognitiva, tornando-nos mais capazes de resolver problemas complexos. Ela melhora o sistema imunológico, reduz a pressão arterial, aumenta a libido e até diminui nossos anseios e vícios. E, o melhor de tudo: inspira-nos a fazer tudo em conjunto.

É por isso que as pessoas que "adoram seu trabalho" (uma frase típica da ocitocina) recusam facilmente ofertas de emprego com salários maiores e preferem ficar com aquilo que adoram fazer. Em comparação com uma cultura na qual os líderes incentivam decisões reacionárias ou atividades que se concentram na gratificação imediata, uma cultura na qual as substâncias químicas altruístas podem fluir mais livremente acarreta maior estabilidade organizacional e melhor desempenho em longo prazo. E quando isso acontece, nossos vínculos se fortalecem, nossa lealdade se aprofunda e a organização ganha longevidade. E o melhor de tudo: voltamos para casa mais contentes e vivemos mais tempo e com mais saúde por isso.

Este tipo de cultura é possível em qualquer empresa, de qualquer setor, de qualquer porte. Onde quer que encontremos seres humanos reunidos por uma causa comum, os líderes podem decidir implementar qualquer tipo de cultura. Isso não exige comoção e nem demissões. Os talentos não precisam ser substituídos. Aqueles que não concordam com os valores que definem a cultura podem sentir o cortisol em seus corpos dizendo-lhes que seu lugar não é ali. Sentindo-se ansiosos como estranhos no grupo, podem decidir sair para encontrar um lugar onde se ajustem melhor. Os outros, por sua vez, vão se sentir seguros entre seus colegas. Vão sentir que encontraram um lar.

Para que isso aconteça, basta que os líderes da companhia tomem a decisão de fazê-lo. Eles têm o poder de criar um ambiente no qual as pessoas vão prosperar naturalmente, promovendo o bem da própria organização. Com uma cultura e valores definidos com clareza, será responsabilidade de todos que participarem dela, quer estejam em uma posição formal de liderança, quer não, atuar como líderes, esforçando-se para promover os valores e manter o Círculo de Segurança sempre forte.

CAPÍTULO 8

Por que temos líderes

Os caçadores retornaram vitoriosos. Após um longo dia seguindo rastros, em uma jornada que os afastou quilômetros de casa, conseguiram matar um veado com tamanho suficiente para alimentar a todos. Quando chegaram, muitos membros da tribo correram para felicitá-los e para preparar a carne para o festim que seria servido depois. Mas havia um problema. Todos estavam com fome e ansiosos para comer. Vivendo em grupos com 100 a 150 pessoas, como nossos ancestrais, naturalmente a tribo não podia simplesmente sair correndo para pegar o alimento; seria o caos. Quem comeria primeiro? Felizmente, as substâncias químicas sociais de nossos organismos orientam nosso comportamento para podermos resolver este problema.

As empresas e as organizações são as tribos modernas. Como qualquer tribo, têm tradições, símbolos e linguagem. A cultura de uma companhia é como a cultura de qualquer tribo. Algumas têm culturas fortes e outras, culturas fracas. Sentimos que pertencemos a algumas mais do que a outras, que "afinamos" mais facilmente com as pessoas de uma cultura do que as de outra. E, como em todas as tribos, algumas têm líderes fortes e outras têm líderes fracos. Mas todas têm líderes.

Quase tudo que nos cerca visa nos ajudar a termos mais chances de sobrevivência e de sucesso, e a necessidade de líderes não é uma exceção. Uma análise antropológica da história da liderança – porque temos líderes – revela alguns padrões objetivos quanto àquilo que constitui um bom líder... e o que constitui um mau líder. E, como alguns dos outros sistemas corporais que influenciam nosso comportamento, a necessidade de hierarquias está associada à alimentação e à proteção.

Por mais que gostemos da ideia de que todos são iguais, a verdade é que não somos e nunca seremos... e por um bom motivo. Sem algumas regras organizadoras, quando os caçadores levavam a presa recém-abatida para a tribo, todos iriam sair correndo para comer. Todos iriam se empurrar e se debater. Invariavelmente, os que tivessem a sorte de ter um físico como o de um lutador de jiu-jítsu conseguiriam comer primeiro, enquanto "o artista da família" sempre seria posto de lado ou ficaria ferido. Não é um sistema muito bom se a Mãe Natureza está tentando manter vivas as espécies. Provavelmente, aqueles que fossem sempre empurrados sentiriam menos confiança naqueles que os tivessem agredido um pouco antes, e não teriam vontade de trabalhar com eles. Para resolver o problema, a evolução nos tornou animais hierárquicos.

Quando achávamos que alguém ocupava uma posição dominante com relação à nossa própria, em vez de lutar com essa pessoa pela comida, nós nos afastávamos voluntariamente e deixávamos que ela comesse primeiro. Graças à serotonina, aqueles pelos quais mostramos deferência sentiam seu status no grupo crescer, mostrando que eram os alfas. É assim que funciona a hierarquia.

Entre outras vantagens, como ser o primeiro a escolher uma companheira, os alfas também eram os primeiros a escolher a carne. Depois que comiam, o resto da tribo podia comer. E, embora os demais não recebessem os melhores cortes, acabavam comendo e não tinham de levar cotoveladas ao fazê-lo. Era um sistema que propiciava a cooperação.

Até hoje, sentimo-nos muito à vontade quando os alfas na sociedade (avaliados em termos relativos às comunidades modernas e não apenas de força física) recebem certas vantagens. Não temos problemas com alguém que tem um cargo mais elevado e ganha mais do que nós no trabalho, trabalha em um escritório maior ou tem a vaga mais próxima do elevador. Não nos incomodamos se celebridades conseguem uma mesa nos restaurantes da moda. Não nos aborrecemos se os ricos e famosos estão sempre com a mulher ou com o homem mais atraente do lado. Na verdade, ficamos tão à vontade com o tratamento preferencial recebido pelos alfas que, em certas ocasiões, ficaríamos até incomodados ou ofendidos se isso não acontecesse.

A maioria acharia estranho, ou até desrespeitoso, se o presidente dos Estados Unidos tivesse de levar sua própria mala. Qualquer que seja o nosso partido, isso nos incomodaria porque ele é um líder de nossa hierarquia política. Afinal, ele é o presidente; não precisa fazer isso. Alguns chegariam a se oferecer para levar a mala. Na sociedade, é uma honra fazer alguma coisa por um líder. Quem sabe, em outra ocasião, caso se lembre de nós ou nos reconheça, jogue-nos um osso quando os outros estiverem olhando. Se isso acontecer, sentiremos o fluxo da serotonina, e nosso status e confiança aumentarão.

Devido às vantagens que os alfas recebem na sociedade, estamos sempre tentando melhorar nossa posição na hierarquia. Empertigamo-nos e nos arrumamos quando vamos a um bar na esperança de que nos vejam como pessoas saudáveis e atraentes. Dignas de manter nossos genes no banco genético da humanidade. Gostamos de falar sobre nossas realizações, penduramos diplomas na parede e apresentamos nossos troféus em uma prateleira para que todos vejam o que fizemos. Nossa meta é sermos vistos como pessoas inteligentes, fortes e dignas das vantagens de um alfa. Dignas do respeito dos demais. Tudo para elevar nosso status na comunidade. Essa é a ideia por trás dos símbolos de status (que, graças à serotonina, aumentam mesmo nossa sensação de status). Há uma razão para os logotipos ficarem à vista nos produtos mais caros. Queremos que as pessoas vejam a tira vermelha do lado dos óculos de sol Prada, o "C" duplo da bolsa Chanel ou o reluzente emblema da Mercedes na frente do carro. Em nossa sociedade capitalista, exibições claras de riqueza podem indicar aos outros que estamos indo bem. Como símbolos de força e capacidade, podem granjear-nos respeito e elevar nossa posição na hierarquia. Não é à toa que alguns tentam falsificar seu status. Infelizmente, isso não funciona. Apesar de uma boa falsificação poder enganar as pessoas, levando-as a pensar que temos mais sucesso do que realmente temos, a biologia não permite que nos enganemos.

Um estudo realizado em 2010 por três cientistas da psicologia – Francesca Gino, da Chapel Hill, Michael Norton, da Harvard Business School, e Dan Ariely, da Duke University – revelou que as pessoas que usam roupas de grife falsificadas não sentem o mesmo orgulho ou status que aquelas que usam as verdadeiras. Usar algo falso, pelo que se descobriu, faz-nos sentir uma fraude. O status é biológico, é preciso merecê-lo para senti-lo. O mesmo estudo revelou que aqueles que tentam enganar sua biologia tendem a fazer o mesmo em outras áreas da vida.

Apesar de podermos elevar nosso status com bens materiais, a sensação não é duradoura. Não existe relacionamento social associado àquela dose de serotonina. As substâncias químicas altruístas estão tentando nos ajudar a fortalecer nossos vínculos sociais e comunitários. Para termos a sensação duradoura de orgulho, é preciso haver um relacionamento com um mentor/progenitor/chefe/técnico/líder para apoiá-la.

O status de liderança não é reservado apenas para as pessoas; também é oferecido para as próprias tribos. Assim como nos esforçamos para elevar nosso status individual dentro de nossas tribos, as empresas estão sempre tentando elevar seu status em seus respectivos setores. Elas nos informam quantos prêmios J. D. Power ganharam; contam qual a sua posição na lista da *Fortune 1000*. As empresas menores compartilham rapidamente se fazem parte da lista da *Inc. 5000*, que relaciona as pequenas empresas que tiveram crescimento mais rápido. A razão pela qual gostamos de ranqueamentos é que somos animais hierárquicos e obtemos vantagens quando nos posicionamos melhor na escala.

Entretanto, as vantagens da liderança não saem de graça. Na verdade, seu preço é elevado. E geralmente esta parte da equação é esquecida em muitas organizações. É verdade que o alfa pode ser mesmo "mais forte" do que os demais. Sabemos que nosso respeito e nossa adoração melhoram sua autoconfiança. Isso é bom, pois quando o grupo enfrenta uma ameaça de fora, esperamos que o líder, que é realmente mais forte, alimente-se melhor, transpire confiança por causa da serotonina em seu corpo e seja o primeiro a correr na direção do perigo para proteger os demais. "O preço da liderança", explica o tenente-general George Flynn, do Corpo de Fuzileiros Navais dos Estados Unidos, "é o interesse pessoal". É por esse mesmo motivo que deixamos os alfas escolherem uma companheira primeiro. Se morrerem cedo tentando nos defender, queremos nos assegurar de que esses genes fortes irão se manter em nosso banco genético. O grupo não é tolo. Não concederíamos todos esses benefícios a troco de nada. Não seria justo.

É por isso que ficamos tão ofendidos diante da remuneração exorbitante e desproporcional de alguns líderes de bancos de investimentos. Não tem nada a ver com os números. Tem a ver com esse contrato social profundamente arraigado na natureza humana. Se nossos líderes querem desfrutar dos confortos de sua posição na hierarquia, em troca devem nos oferecer proteção. O problema é que sabemos que muitos líderes com salários exagerados receberam o dinheiro e os benefícios e não ofereceram proteção ao seu pessoal. Em alguns casos, chegaram a sacrificá-lo para proteger seus interesses ou melhorá-los. Foi isso que nos ofendeu visceralmente. Só os acusamos de cobiça e de excessos quando sentimos que violaram a própria definição de líder.

Poucos se sentiriam ofendidos se decidíssemos dar a Nelson Mandela um bônus de US$ 150 milhões. Se dissessem que Madre Teresa recebeu US$ 250 milhões no final do exercício, poucos – se é que alguém – questionariam isso. Sabemos que eles fizeram sua parte no contrato social. Estavam dispostos a se sacrificar pelo bem daqueles que decidiram segui-los. Levaram em conta o bem-estar dos outros antes de si mesmos, e às vezes sofreram por isso. Nesses casos, ficamos contentes pelo fato de nossos líderes receberem todos os benefícios que mereceram, no nosso entender. O mesmo se aplica a empresas. Conquistaram suas reputações mostrando-se dispostas a fazer o que é certo por seu pessoal, seus clientes ou consumidores. Essa reputação sofre quando elas rompem o contrato social da liderança.

Se analisarmos como tratamos as celebridades ou os ricos em nossa sociedade materialista, saturada de *reality shows* da TV, essa ciência parece fazer sentido. Algumas pessoas que herdam dinheiro, forçam o sistema ou ganham fama por causa do moderno sistema de mídia recebem certos benefícios simplesmente porque aparentam ter mais status do que nós. Mas imagina-se que a fama seja um subproduto do status alfa, e não um modo de conquistá-lo. O mesmo se aplica à riqueza financeira. Supõe-se que seja um subproduto de realizações, e não um padrão isolado para o status de líder.

A menos que alguém esteja disposto a fazer sacrifícios pessoais pelo bem dos outros para conquistar seu lugar na hierarquia, não será de fato "material alfa". Não será suficiente a mera representação do papel. Assim como aqueles que usam roupas falsas de grife, sentem-se inseguros quanto à sua posição ou trabalham dobrado para compensar ou para tentar provar ao público (e a eles mesmos) que merecem todas as vantagens que receberam.

Esta é uma das razões pelas quais um publicitário pode recomendar a um cliente famoso que se envolva com obras de caridade. No mundo moderno, o jogo é esse. É importante manter a aparência de que o contrato social está sendo respeitado, pois nossos alfas devem nos servir. E embora haja benefícios claros para a celebridade que usa seus púlpitos para chamar a atenção para uma causa ou pleito, se realmente se interessassem não precisariam fazer alarde todas as vezes que fazem uma boa ação. Talvez devessem fazer o sacrifício de sair da frente dos holofotes.

O mesmo se aplica aos políticos na época das eleições. É divertido observar os políticos que anunciam que, se eleitos, farão um monte de coisas boas, porque se preocupam conosco. E se perderem a eleição, muitos não farão nada disso. Não é o cargo que torna alguém um líder. Liderança é a opção de servir aos outros, com ou sem um título formal. Há pessoas com autoridade que não são líderes, e há pessoas nos escalões mais baixos de uma organização que certamente são líderes. Não há mal algum se os líderes desfrutam de todos os benefícios que lhes são estendidos. Contudo, eles precisam estar dispostos a abrir mão deles quando isso for importante.

Líderes são aqueles dispostos a cuidar dos que estão à sua esquerda e dos que estão à sua direita. Normalmente, estão dispostos a sacrificar seu próprio conforto pelo nosso, mesmo que discordem de nós. A confiança não é uma mera questão de opiniões compartilhadas. A confiança é uma reação biológica diante da crença de que alguém tem nosso bem-estar em seu coração. Líderes são aqueles dispostos a abrir mão de algo pessoal por nós. Seu tempo, sua energia, seu dinheiro, talvez a comida em seu prato. Quando é preciso, os líderes escolhem comer por último.

Segundo os padrões objetivos de liderança, aqueles que procuram elevar seu próprio status só para desfrutarem dos benefícios e sem cumprir com suas responsabilidades como líderes são, pura e simplesmente, líderes fracos. Mesmo que possam atingir o status alfa e ascender os escalões, mesmo que possuam talentos e virtudes que poderiam indicá-los para o status alfa, só se tornarão líderes quando aceitarem a responsabilidade de proteger aqueles sob seus cuidados. Entretanto, se decidirem sacrificar os membros de sua tribo em nome do lucro pessoal, terão de lutar para manter sua posição depois que a conquistarem. Repito, o grupo não é tolo. As pessoas sempre têm o poder.

Os líderes de organizações que ascendem os escalões não porque querem, mas porque a tribo continua a oferecer um status mais elevado como gratidão por sua disposição para o sacrifício pessoal, são os verdadeiros líderes, dignos de nossa confiança e lealdade. Contudo, todos os líderes, até os bons, às vezes podem se perder pelo caminho e se tornar egoístas e sequiosos pelo poder. Intoxicados pelas substâncias químicas, podem se esquecer de que, como líderes, são responsáveis por seu pessoal. Às vezes, esses líderes conseguem retomar a posição; se não conseguem, teremos poucas opções exceto deixá-los de lado, lamentar aquilo que se tornaram, esperar que sigam em frente e buscar outra pessoa para nos liderar.

Uma das características do bom líder é que ele abre mão dos holofotes em prol do tempo e da energia gastos fazendo o que for necessário para apoiar e proteger seu pessoal. E quando sentimos o Círculo de Segurança ao nosso redor, oferecemos sangue, suor e lágrimas e fazemos tudo que estiver ao nosso alcance para ver a visão de nosso líder ganhando forma. A única coisa que nossos líderes precisam fazer é lembrar-se daqueles a quem servem; será nossa honra e prazer retribuí-los com nossos serviços.

A xícara de cerâmica

Ouvi uma história sobre um antigo subsecretário de Defesa que fez um discurso diante de uma plateia considerável. Ele ocupou seu lugar no palco e começou a falar, compartilhando os comentários que tinha preparado com o público. Fez uma pausa para dar um gole de café na xícara de isopor que levara ao palco. Deu mais um gole, olhou para a xícara e sorriu.

"Sabem de uma coisa", disse, interrompendo seu próprio discurso, "apresentei-me aqui no ano passado. Estive nesta mesma conferência, no mesmo palco. No ano passado, porém, eu ainda era subsecretário", disse. "Voei de classe executiva e, quando o avião pousou, havia alguém esperando por mim no aeroporto para me levar ao hotel. Ao chegar no hotel", prosseguiu, "tinha alguém esperando por mim. Já haviam me registrado no hotel, deram-me a minha chave e me acompanharam até meu quarto. Na manhã seguinte, ao descer, havia novamente alguém me esperando no saguão para me trazer a este mesmo local em que estamos agora. Fui conduzido por uma porta reservada até a sala de espera e recebi café em uma bela xícara de porcelana."

"Mas neste ano, aqui em pé diante de vocês, não sou mais o subsecretário", prosseguiu. "Voei até aqui de classe econômica e, quando cheguei ontem no aeroporto, não havia ninguém à minha espera. Tomei um táxi até o hotel e, quando cheguei lá, registrei-me e subi sozinho até o quarto. Nesta manhã, fui até o saguão e tomei outro táxi para vir até aqui. Entrei pela porta da frente e fui até os bastidores. Chegando lá, perguntei a um dos técnicos se havia café. Ele apontou para a máquina sobre a mesa encostada na parede. Fui até ela e despejei um pouco de café neste copo de isopor", disse, erguendo o copo para mostrar à plateia.

"Ocorreu-me", continuou, "que a xícara de cerâmica que me deram no ano passado... nunca foi entregue a mim. Foi entregue ao cargo que eu ocupava. Eu mereço uma xícara de isopor."

"E esta é a lição mais importante que posso dar a vocês", disse. "Todos os benefícios, vantagens e mimos que possam receber em função do cargo que ocupam não são para vocês. São para o papel que representam. E quando deixarem esse papel, o que acontecerá mais cedo ou mais tarde, eles darão a xícara de porcelana à pessoa que substituir vocês. Porque vocês só mereciam o copo de isopor."

Servir-se por último tem suas recompensas: lealdade e dedicação

Quando o mercado de ações caiu em 2008, tal como ocorreu em tantas outras empresas, a Barry-Wehmiller foi duramente atingida. A antiquada empresa manufatureira norte-americana que Chapman estava transformando se viu diante de uma queda quase imediata de 30% nas encomendas de máquinas. A companhia produz máquinas industriais de porte, o tipo de máquina que uma grande companhia de bens de consumo compra para fazer as caixas de papelão para seus produtos. As máquinas produzidas pela Barry-Wehmiller estão entre as primeiras coisas a serem cortadas quando uma companhia reduz o orçamento de gastos de capital em épocas difíceis, preferindo manter suas máquinas mais antigas.

Chapman e sua equipe estavam diante de uma verdade contundente: eles não podiam mais manter todos os seus funcionários. Não tinham trabalho para todos e muito menos receita que justificasse preservar a equipe toda. Por isso, pela primeira vez em muitos anos, o assunto das demissões foi suscitado.

Para muitas companhias, a opção pareceria óbvia, embora desagradável. Mas Chapman recusou-se a demitir funcionários só porque a companhia estava passando por um momento difícil. Ele via a empresa cada vez mais como uma família, pessoas a quem ele devia servir e manter seguras, e não uma mera força de trabalho que devia ser usada para servir à empresa. "Nunca sonharíamos em livrar-nos de um de nossos filhos em tempos difíceis", diz. No mínimo, a família ficaria unida, talvez sofrendo, mas em última análise passaria unida pelos momentos difíceis.

Assim, em vez de demissões, a empresa implementou um programa de licenças obrigatórias. Todos os funcionários, desde o CEO até as secretárias, teriam quatro semanas de licença não remunerada. Podiam passar essas semanas onde bem entendessem, de uma só vez ou alternadamente. Mas a maneira como Chapman anunciou o programa é que mostrou a boa-fé de sua liderança. "É melhor que todos soframos um pouco", disse ao seu pessoal, "para que nenhum de nós sofra muito."

A proteção que Chapman ofereceu a seu pessoal teve um impacto colossal. Diferente das empresas que anunciam cortes, deixando todos no modo de autopreservação, na Barry-Wehmiller as pessoas se dispuseram espontaneamente, e por iniciativa própria, a fazer mais pelos colegas. Aqueles que podiam passar mais tempo fora da empresa trocaram com aqueles que não podiam fazê-lo. Embora não tivessem obrigação alguma de fazê-lo, ficaram mais tempo sem receber só para ajudar algum colega. A sensação por toda a empresa foi de gratidão pela segurança que tinham recebido. Desconfio que em outras empresas que enfrentam períodos difíceis, a maioria das pessoas também preferiria perder um mês de salário a perder o emprego.

Assim que as coisas começaram a melhorar, o programa de licenças foi suspenso e as contribuições para a aposentadoria que a empresa deixara de depositar nos tempos difíceis não só foram retomadas como pagas retroativamente até o momento em que a empresa as interrompera. O resultado foi surpreendente. Os líderes cumpriram a obrigação antropológica dos alfas, proteger a tribo; em troca, as pessoas pagaram por essa proteção com uma lealdade inabalável, desejosas de fazer o que fosse preciso para ajudar a companhia. Hoje, poucos funcionários saem da Barry-Wehmiller só para ganhar mais.

Para os seres humanos, a segurança proporcionada por uma tribo forte a seus membros torna a tribo ainda mais forte e melhor preparada para lidar com os perigos e as incertezas do mundo exterior. A razão pela qual bons líderes se saem bem em épocas mais desafiadoras é óbvia. Seu pessoal dedica de bom grado sangue, suor e lágrimas para ver a tribo, a companhia, progredir e ficar mais forte. Fazem-no não porque precisam, mas porque querem fazê-lo. Como resultado, a tribo mais forte e a companhia mais forte conseguem assegurar mais segurança e proteção para mais pessoas e por mais tempo. O medo, por sua vez, prejudica a própria inovação e o progresso que tantos líderes de companhias alegam que estão tentando implementar a cada reorganização da empresa.

Revisando o E.D.S.O.

Cada uma das substâncias químicas que fazem com que nos sintamos bem é essencial para nossa sobrevivência como indivíduos e como populações. Representam um papel baseado em nossas necessidades e nos ambientes em que trabalhamos. Nossa capacidade de trabalhar bastante e de realizar tarefas pesadas se deve à endorfina. Nossa capacidade de estabelecer metas, ter foco e fazer as coisas vem do poder de incentivo da dopamina. Sentimo-nos bem quando progredimos, e por isso nos esforçamos.

A serotonina é responsável pelo orgulho que sentimos quando algum ente querido consegue uma grande realização ou quando orgulhamos as pessoas que cuidam de nós. A serotonina ajuda a garantir que cuidaremos daqueles que nos seguem e que faremos o que é certo para aqueles que nos lideram. E o misterioso poder da ocitocina ajuda-nos a formar vínculos de amor e de confiança. Ajuda-nos a formar relacionamentos tão fortes que podemos tomar decisões confiando plenamente em que as pessoas de que gostamos ficarão do nosso lado. Sabemos que se precisarmos de ajuda ou de suporte, em qualquer circunstância, as pessoas que se preocupam conosco estarão por perto. A ocitocina nos mantém saudáveis. Abre a mente. Graças a um processo biológico, ajuda-nos a resolver problemas. Sem a ocitocina, seríamos apenas capazes de progressos limitados. Saltos grandiosos exigem a capacidade conjunta de solução de problemas de pessoas que confiam umas nas outras.

Como em tudo o que diz respeito ao ser humano, não é um sistema perfeito. As substâncias químicas são liberadas em quantidades desiguais e em lotes restritos. Às vezes, são liberadas juntas e em quantidades variadas. E mais: podemos provocar um curto-circuito no sistema e liberar essas substâncias pelos motivos errados. As substâncias químicas egoístas, a endorfina e a dopamina, dão-nos recompensas em curto prazo, e, sob as condições apropriadas, podemos ficar viciados nelas. As substâncias químicas altruístas, serotonina e ocitocina, demoram para se acumular em nossos sistemas antes que possamos desfrutar plenamente de seus benefícios. Embora eu fique alegre por atingir uma meta ou vencer uma corrida, essa sensação não perdura. Para obter mais sensações como aquela, preciso vencer outra corrida ou atingir uma meta mais distante. Demora até que os vínculos de amor, de confiança e de amizade se façam sentir.

Não podemos motivar os outros por si mesmos. Nossa motivação é determinada pelos incentivos químicos que temos em nosso organismo. Qualquer motivação que venhamos a ter é função do desejo de repetirmos comportamentos que nos dão satisfação ou de evitar o estresse ou a dor. A única coisa que podemos fazer é criar ambientes nos quais as substâncias químicas adequadas são liberadas pelos motivos certos. E, se criarmos o ambiente certo, se criarmos culturas organizacionais harmoniosas com as tendências naturais do animal humano, o resultado será um grupo de pessoas automotivadas.

Para qualquer líder de qualquer organização, a meta é encontrar o equilíbrio. Quando o principal motor é a dopamina, podemos fazer muita coisa, mas nos sentiremos solitários e insatisfeitos, por mais que nos tornemos ricos ou poderosos. Vivemos de realizações rápidas, à procura da próxima dose. A dopamina não ajuda a criar coisas feitas para durar. Se vivemos em uma comunidade hippie, a ocitocina jorra, mas, sem metas ou ambições mensuráveis e específicas, estaremos negando a nós mesmos a sensação intensa da realização. Por mais que nos sintamos amados, ainda teremos a sensação de que somos fracassados. A meta, mais uma vez, é o equilíbrio.

Porém, quando o sistema está em equilíbrio, temos a sensação de que conquistamos uma habilidade quase sobrenatural. Coragem, inspiração, antevisão, criatividade e empatia são apenas algumas de nossas virtudes. Quando elas dão frutos, os resultados e as sensações que os acompanham são simplesmente notáveis.

PARTE
3

REALIDADE

CAPÍTULO 9

A coragem de fazer o que é certo

Saiba quando quebrar as regras

"Quantas almas a bordo?", perguntou o controlador de tráfego aéreo. Como se ainda estivéssemos cruzando o globo em navios de madeira com mastros altos, a terminologia arcaica referente ao número de pessoas a bordo da aeronave é uma pergunta rotineiramente feita quando um avião declara uma emergência a bordo.

"Cento e vinte e seis almas", respondeu o piloto.

O voo com destino à Flórida estava sobrevoando Maryland a uma altitude de 12 mil metros, viajando a cerca de 900 quilômetros por hora, quando uma fumaça começou a invadir a cabine. A fumaça a bordo de uma aeronave é uma das emergências mais assustadoras que um piloto pode enfrentar. Eles nem sempre sabem o que a causou. Não sabem se há algum incêndio. Não sabem se a emergência está contida ou se vai se espalhar... ou se vai se descontrolar rapidamente. A fumaça pode dificultar a visibilidade ou prejudicar a respiração, e certamente causa pânico entre os passageiros. Sob qualquer ponto de vista, é ruim.

"Centro, KH209", disse o piloto pelo rádio ao perceber o problema.

"KH209, prossiga", respondeu o controlador que monitorava o espaço aéreo.

"KH209, preciso descer imediatamente. Não posso manter a altitude", foi o apelo repentino do piloto.

Mas havia um problema. Havia outro voo, também com destino à Flórida, posicionado a 600 metros abaixo da aeronave com problemas. As regras da Federal Aviation Agency (FAA, a Agência Federal de Aviação dos Estados Unidos) são muito simples: duas aeronaves voando na mesma rota não podem se aproximar mais do que 300 metros na vertical ou do que oito quilômetros na horizontal. As regras existem por um bom motivo. Voando a três quartos da velocidade do som, fica muito difícil manobrar uma aeronave sem provocar um sério risco de colisão.

Para piorar as coisas, os dois aviões estavam voando em uma rota muito apertada rumo a seu destino. Em virtude de exercícios militares em andamento na região, o espaço aéreo estava restrito a um espaço estreito, como se fosse uma das faixas de uma estrada. E, embora a estrada tivesse outras faixas, continham tráfego naquele momento.

O controlador de tráfego aéreo respondeu ao pedido de descida imediata feito pelo piloto. "KH209, vire 15 graus para a direita e desça."

Não só o controlador de voo tinha dado uma ordem para a aeronave com problemas entrar em um espaço aéreo restrito, como essa ordem implicaria que a aeronave invadisse o limite de oito quilômetros do avião que voava abaixo dela. Os aviões modernos são equipados com alarmes de colisão que alertam um piloto quando outra aeronave ultrapassa esses limites. Quando o alarme soa, sabendo que dispõem de tempo limitado, os pilotos são treinados para reagir a algo que pode ser um desastre iminente. A proximidade com que os dois aviões passariam um pelo outro – exatamente 3.200 metros – certamente faria disparar o alarme de colisão do voo que ia a 10.200 metros. E isso criaria outro problema.

Mas, naquele dia, o controlador de tráfego aéreo sentado diante do console era muito experiente. Ele estava alerta para todas as aeronaves da área. E mais, conhecia muito bem as regras e restrições. Ele se comunicou pelo rádio com o piloto da outra aeronave e falou em um inglês claro e simples. "AG1446, há outro avião voando sobre você. O piloto declarou uma emergência. Ele vai descer e atravessar sua altitude a cerca de três quilômetros, à direita e à frente. Ele precisa descer imediatamente."

A mesma mensagem foi repetida quando a aeronave com problemas passou pelo espaço aéreo de três outras aeronaves enquanto descia. Naquele dia de céu claro sobre Maryland, 126 almas foram salvas porque um controlador de tráfego aéreo muito experiente resolveu quebrar as regras. Manter as pessoas vivas era mais importante do que preservar os limites.

Em 2012, mais de 9,8 milhões de voos foram programados e executados por companhias aéreas norte-americanas. São quase 26.800 voos por dia. Embora sejam impressionantes, os números não incluem voos não programados, de carga e de companhias estrangeiras que cruzam o céu dos Estados Unidos todos os anos.

A cada ano, mais de 815 milhões de passageiros confiam suas vidas aos pilotos que os transportam, aos mecânicos que garantem a confiabilidade das aeronaves e à FAA, que desenvolve os regulamentos para garantir que tudo corra da maneira mais segura possível.

E há os controladores de tráfego aéreo. Confiamos que essas pessoas, que são relativamente poucas, vão obedecer as regras para que todas essas aeronaves movimentem-se em segurança pelo céu. No caso do voo KH209, porém, o controlador quebrou as regras. Desobedeceu diretrizes claramente estabelecidas para garantir a segurança.

E confiança é isso. Não confiamos apenas que as pessoas vão obedecer às regras; também confiamos que sabem quando devem quebrá-las. As regras existem para operações normais. As regras destinam-se a evitar perigos e a garantir que tudo correrá sem percalços. E, apesar de haver parâmetros sobre como lidar com emergências, no frigir dos ovos confiamos na experiência de algumas pessoas especiais que sabem quando devem quebrar as regras.

Organizações que oferecem às pessoas a oportunidade de uma dedicação plena trabalham incansavelmente para treinar seu pessoal. Isso vai além das aulas em Power Point ou das apresentações; essas organizações proporcionam inúmeras oportunidades de autoaperfeiçoamento. Quanto mais treinamentos nos oferecem, mais aprendemos. Quanto mais experientes e confiantes nos tornamos, mais a organização está disposta a nos dar mais responsabilidades. Em última análise, a organização – nossa gestão e nossos colegas – está disposta a confiar em nós, cientes de que saberemos quando quebrar as regras.

Não podemos "confiar" nas regras ou na tecnologia. Podemos segui-las, lógico, mas confiar nelas? Não. A confiança é uma experiência humana muito especial, produzida pela substância química ocitocina em resposta a atos realizados em nosso benefício, visando nossa segurança e proteção. A verdadeira confiança só pode existir entre pessoas. E só podemos confiar nos outros quando sabemos que estão ativa e conscientemente preocupados conosco. Uma tecnologia, por mais sofisticada que seja, não liga a mínima para nós – ela só reage a um conjunto de variáveis. E o livro de regras, por mais abrangente que seja, não pode levar em conta todas as eventualidades.

Imagine se todas as vezes que discutíssemos com a pessoa amada ela reagisse segundo um conjunto de variáveis ou consultasse o livro de regras em busca de um conselho. Quanto tempo você acha que o relacionamento duraria? Esta é a razão pela qual os burocratas ficam furiosos. Eles simplesmente aplicam as regras como padrão, sem levar em conta as pessoas para quem foram escritas, aquelas que eles deveriam ajudar ou proteger. Em outras palavras, não dão a mínima. Não existe um algoritmo para um relacionamento de sucesso – entre pessoas ou companhias.

O verdadeiro benefício social da confiança precisa ser recíproco. A confiança unilateral não beneficia nem o indivíduo, nem o grupo. De que vale uma empresa na qual a administração confia nos funcionários, mas os funcionários não confiam na empresa? Certamente o casamento não será forte se a esposa confia no marido mas este não confia na esposa. É bom que o líder espere que seu pessoal confie nele, mas se o líder não confia no pessoal, o sistema vai fracassar. Para a confiança servir aos indivíduos e ao grupo, ela deve ser compartilhada.

A responsabilidade dos líderes é ensinar as regras às pessoas, treiná-las para que ganhem competência e se tornem confiantes. Nesse ponto, a liderança deve relaxar e confiar que seu pessoal saberá o que está fazendo e o que precisa ser feito. Em organizações fracas, sem supervisão, muita gente quebra as regras para obter vantagens pessoais. É isso que torna fraca uma organização. Nas organizações fortes, as pessoas quebram as regras porque é isso que precisam fazer pelos outros.

Pense nisso. Você se sentiria à vontade vendo sua família embarcar em um avião sabendo que o piloto ou o controlador farão tudo segundo o manual, independentemente do que possa acontecer? Você deixaria sua família embarcar em um avião sabendo que o piloto ou o controlador de tráfego aéreo só se importam com o que precisam fazer para receber seu próximo bônus? Ou você preferiria ver sua família entrar em um avião sabendo que encontraria pilotos e controladores confiantes, com muita experiência, que saberão quais regras quebrar caso alguma coisa dê errado, possivelmente colocando em risco seus bônus? A resposta é óbvia. Não confiamos em regras, confiamos em pessoas.

A responsabilidade de um líder é proporcionar cobertura do alto da hierarquia para o pessoal que está trabalhando lá embaixo. Quando as pessoas sentem que têm controle para fazer o que é certo, mesmo que isso implique em uma quebra ocasional das regras, provavelmente elas farão o que é certo. A coragem vem de cima. A confiança para fazer o que é certo é determinada pela confiança que nossos líderes depositam em nós.

Se pedirem a pessoas boas para trabalhar em uma cultura ruim, na qual os líderes não abrem mão do controle, as chances de que aconteça alguma coisa ruim tendem a aumentar. As pessoas ficarão mais preocupadas em seguir as regras por medo de terem problemas ou de perder seus empregos do que em fazer o que precisa ser feito. E, quando isso acontece, almas se perdem.

CAPÍTULO 10

Snowmobile no deserto

Vamos encarar os fatos: somos bons. Somos bons mesmo. Ora, somos os melhores que já existiram. Não se trata da divagação de um ególatra: veja o mundo à nossa volta. Outros animais vivem seus dias à procura de alimento, procriando e agindo por instinto. Nós não. Fazemos muito mais do que agir pela sobrevivência ou aumentar a população (embora também façamos isso bem feito também).

Inventamos, construímos e realizamos coisas inatingíveis para outras espécies do planeta. Gazelas não construíram pirâmides, nós sim. Gorilas não inventaram o motor a combustão, nós sim. Tudo em função de nosso notável neocórtex – a parte do cérebro que nos separa de todos os outros mamíferos. O neocórtex é que nos dá a capacidade de pensar racional e criticamente sobre o mundo e de solucionar problemas complexos. Graças ao neocórtex, podemos falar e nos comunicar de modo muito mais sofisticado do que qualquer outra espécie do planeta. Esta habilidade é que nos permite, entre muitas outras coisas, transmitir nossas lições para outras pessoas, para que elas não precisem tornar a aprender tudo aquilo que já aprendemos. Cada geração consegue aproveitar as lições das gerações anteriores para que possamos progredir de verdade. É isso que significa ser humano. Somos máquinas de realização.

Todavia, por melhor que seja o neocórtex na realização de tarefas, é o cérebro límbico primitivo que controla nossos sentimentos. A capacidade de confiar. A capacidade de cooperar. A capacidade de socializar e de formar comunidades fortes. É nosso cérebro límbico que alimenta as reações viscerais e as decisões viscerais que provocam nosso comportamento. Ele nos dá a capacidade de formar vínculos sociais fortes com os demais. E esses vínculos sociais fortes permitem-nos trabalhar juntos para realizar todas as coisas que nossos neocórtex de *Homo sapiens* possam imaginar. Se não fôssemos capazes de confiar uns nos outros e de trabalhar juntos, por mais que fôssemos inteligentes, morreríamos jovens e sozinhos. Nunca sentiríamos a alegria de construir relacionamentos, nunca teríamos a sensação de participar de um círculo de pessoas com quem compartilhamos os mesmos valores e crenças ou a sensação intensa e boa que temos quando fazemos alguma coisa pelos outros.

Embora gostemos de pensar que nossa sagacidade é que nos leva adiante, ela não é tudo. Nossa inteligência nos dá ideias e instruções. Mas é nossa capacidade de cooperar que realmente nos ajuda a realizar as coisas. Nada de real valor neste planeta foi feito por uma só pessoa, sem a ajuda de terceiros. Poucas realizações, empresas ou tecnologias foram desenvolvidas por uma única pessoa, sem a ajuda ou o apoio de outros. Fica claro que quanto mais os outros querem nos ajudar, mais conseguimos realizar.

E foi nossa capacidade de realizar coisas em conjunto que produziu um dos maiores paradoxos da era moderna. Em nosso afã de progredir, construímos, sem pretender fazê-lo, um mundo que está tornando a cooperação cada vez mais difícil. Os sintomas dessa ironia cruel podem ser sentidos facilmente no mundo desenvolvido. A sensação de isolamento e o estresse elevado fomentaram indústrias que estão lucrando com nossa busca pela felicidade. Livros de autoajuda, cursos e uma série de medicamentos alimentam indústrias multibilionárias destinadas a nos ajudar a descobrir aquela felicidade tão fugaz, ou, no mínimo, a reduzir nosso estresse. Em poucas décadas, a indústria da autoajuda passou a representar uma movimentação de US$ 11 bilhões. Parece que o maior beneficiário da indústria de autoajuda foi ela mesma.

Nossa busca por felicidade e conexão também nos levou a buscar orientação profissional. Na década de 1950, poucos frequentavam um terapeuta semanalmente. Hoje, nos EUA, segundo o Instituto Hoover, há 77 mil psicólogos clínicos, 192 mil assistentes sociais clínicos, 105 mil conselheiros de saúde mental, 50 mil terapeutas matrimoniais e familiares, 17 mil enfermeiras psicoterapeutas e 30 mil motivadores ou *life coaches*. A única razão pela qual o campo continua a crescer é que a demanda tem aumentado. Quanto mais tentamos nos sentir melhor, pior parece que ficamos.

A culpa pelo fato de apenas uma minoria de colaboradores se sentir realizada e verdadeiramente contente no trabalho é nossa. Construímos sistemas e organizações que forçam o animal humano a trabalhar em ambientes nos quais ele não funciona tão bem. Com o excesso de dopamina a nos mover e o cortisol fluindo quando não precisamos dele, colocamos nosso sistema em curto-circuito e agora ele faz o oposto: incentiva-nos a cuidar primeiro de nós mesmos e a desconfiar dos outros.

É como se o ser humano fosse um veículo para a neve, um *snowmobile*, ou seja, fomos idealizados para operar segundo condições muito específicas. Pegue essa máquina destinada a determinadas condições – neve – e leve-a para outro ambiente – o deserto, por exemplo – e ela não vai funcionar tão bem. Claro, o *snowmobile* vai andar. Só não vai se movimentar tão facilmente ou tão bem como se estivesse nas condições apropriadas. Foi o que aconteceu em muitas organizações modernas. E quando o progresso é lento e falta inovação, os líderes mexem na máquina. Contratam e demitem na esperança de obter a mistura mais adequada. Desenvolvem novos tipos de incentivos para estimular a máquina a trabalhar mais.

Confiança é como lubrificação. Reduz o atrito e cria condições muito mais favoráveis ao desempenho.

Com um coquetel de dopamina a incentivá-las, as máquinas vão, com efeito, trabalhar mais e talvez correr um pouco mais no deserto. Mas o atrito é grande. O que muitos líderes de organizações não percebem é que o problema não está nas pessoas. As pessoas estão bem. O problema está no ambiente em que elas atuam. Corrijam isso e tudo vai correr bem.

Para um animal social, a confiança é como a lubrificação. Reduz o atrito e cria condições muito mais favoráveis ao desempenho, como se puséssemos o *snowmobile* novamente na neve. Faça isso e até um *snowmobile* básico vai dar voltas ao redor do veículo mais poderoso sob as condições erradas. A questão não está na inteligência das pessoas da organização; a maneira como trabalham juntas é o verdadeiro indicador de futuros sucessos ou da capacidade de enfrentar conflitos.

Confiança e dedicação são sentimentos obtidos graças à liberação de incentivos químicos no fundo de nosso cérebro límbico. Portanto, são naturalmente difíceis de medir. Assim como não podemos simplesmente dizer para alguém ficar feliz e esperar que a pessoa fique feliz, não podemos dizer a alguém para confiar em nós ou para se comprometer com alguma coisa e esperar que isso aconteça. Há muitas coisas que precisamos fazer antes de alguém *sentir* alguma lealdade ou devoção.

Há alguns fundamentos básicos que todos os líderes de organizações precisam obedecer para gerar confiança profunda e dedicação nas pessoas que trabalham para eles. E, de maneira pouco "dopamínica", será preciso tempo, energia e a vontade das pessoas para que essas coisas funcionem.

Isso suscita uma pergunta: como fomos parar no deserto?

O CAMINHO QUE ESCOLHEMOS

PARTE 4

COMO CHEGAMOS AQUI

CAPÍTULO 11

A expansão antes da queda

Eram bons tempos. Bons mesmo. Todos estavam ganhando dinheiro... e todos estavam gastando. O resultado foi um crescimento sem precedentes. Na verdade, a riqueza total do país mais do que dobrou em menos de dez anos. Havia novas tecnologias e um novo tipo de mídia que permitia a difusão de notícias e de ideias como nunca ocorrera antes. Eram, de fato, tempos sem precedentes. Não estamos falando da década de 1980 ou de 1990. Estamos falando da década de 1920. Os Loucos Anos 20.

O período após a Primeira Guerra Mundial foi a época em que os Estados Unidos se tornaram uma sociedade de consumo. Pela primeira vez em anos, os norte-americanos estavam razoavelmente ricos, e com a riqueza veio a bonança. Com toda aquela renda disponível, eles puderam comprar artigos de luxo e novas tecnologias – todas as invenções que melhoravam a qualidade de vida. Geladeiras elétricas, telefones, carros e cinemas foram introduzidos na década de 1920, e imediatamente ganharam popularidade. E não nos esqueçamos das novas formas de mídia que foram introduzidas. Em 1920, havia uma estação comercial de rádio nos Estados Unidos – a KDKA, transmitindo de Pittsburgh. Três anos depois, havia mais de 500 estações pelo país. No final da década, havia mais de 12 milhões de domicílios com rádios.

Essa nova mídia nacional permitiu a transmissão de notícias como nunca ocorrera antes. Além disso, permitiu a divulgação de propagandas nacionais de um modo que antes era impossível. Combinada com a introdução de redes de lojas, a popularidade do rádio fez com que as pessoas em um extremo do país pudessem comprar as mesmas coisas que as pessoas do outro extremo. E, com a chegada dos filmes, aumentou o foco sobre a vida de artistas de cinema e de heróis dos esportes. Sonhávamos que nossas vidas eram glamorosas como as deles. Com a atenção nacional, a celebridade não era mais um subproduto do sucesso, tornara-se algo a se almejar. A fama se tornou a nova maneira de se atingir o status alfa. Era uma época de aspirações.

Graças a todas essas novas tecnologias e conveniências modernas, o período também deu origem a setores produtivos totalmente novos. Assim como a Internet criou a necessidade de consultores de TI, o automóvel criou a necessidade de postos de gasolina, por exemplo. Estranhamente, tudo isso lembra os tempos modernos – novas tecnologias, novas mídias, novas indústrias, uma obsessão pela vida das celebridades, o aumento da riqueza e do consumismo, e, mais significativo, graças a todos esses excessos, muito desperdício.

Então, aconteceu uma coisa. Subitamente, tudo cessou. Por mais que as pessoas tentem vencer as leis da natureza, há sempre uma correção. A natureza abomina o desequilíbrio. Nada pode crescer para sempre. Assim, malgrado a expectativa de bons tempos sem fim, em 29 de outubro de 1929, tudo cessou súbita e bruscamente.

A quebra da Bolsa de Valores de Nova York foi uma enorme "correção" no mercado de ações. O peso do desequilíbrio e da supervalorização tinha de se fazer sentir, aprumar-se e encontrar novamente o equilíbrio. Apesar das correções não serem incomuns, neste caso o desequilíbrio foi tão extremo que a correção foi importante, a ponto de dar início à Grande Depressão – um período marcado pela perda de quase 90% do valor do mercado de ações e de níveis de desemprego que deixaram praticamente um quarto do país desempregado.

Ao contrário de seus pais, as pessoas nascidas na década de 1920 eram jovens demais para desfrutar desse período. Foram educados em uma das épocas mais austeras da história norte-americana. E, como quer nossa antropologia, com recursos escassos, essa geração aprendeu a trabalhar em conjunto, ajudando-se mutuamente para conseguir pagar as contas. Desperdício e excesso não eram mais opções. A Depressão durou mais de uma década e só terminou nas vésperas de 1942. Foi o ataque a Pearl Harbor em 7 de dezembro de 1941 que forçou os Estados Unidos a entrar na Segunda Guerra Mundial, o que os tirou da Depressão.

A geração que cresceu em um dos piores períodos econômicos do país entrou na vida adulta bem na hora de ser convocada e embarcada para combater os exércitos de Hitler. O país todo foi diretamente da Grande Depressão para uma grande guerra.

Quando os Estados Unidos entraram na Segunda Guerra Mundial, a população do país era aproximadamente de 133 milhões, dos quais cerca de 16 milhões marcharam para a guerra. Isso equivale a 12% da população dos EUA, que hoje é de mais de 315 milhões, e menos de 1% está no serviço militar. Isso inclui pessoal da ativa, civis, guardas e reserva. (Naturalmente, estamos em uma época diferente e não estamos envolvidos numa guerra mundial – uma guerra na qual suportaríamos qualquer ônus ou pagaríamos qualquer preço para proteger aquilo em que acreditássemos.) Durante a Segunda Guerra, tendo em vista o grande número de pessoas que vestiu um uniforme, quase todos conheciam alguém que era militar. Muitos pais viram seus filhos rumando para o combate. Hoje, como a maioria não conhece ninguém nas Forças Armadas, temos dificuldade para entender como as pessoas conseguem manter esse senso altruísta de serviço.

Ao contrário dos conflitos atuais, a Segunda Guerra Mundial não aconteceu à distância. Não era vista na televisão ou em uma tela de computador. Era uma guerra que afetava a vida da maioria da população. Segundo *The War*, um documentário seminal sobre a Segunda Guerra Mundial produzido por Ken Burns e Lynn Novick, 24 milhões de pessoas foram deslocadas para trabalhar na defesa. E milhões de mulheres, afro-americanos e latinos encontraram oportunidades sem precedentes no mercado de trabalho. Muitos outros compraram bônus para ajudar a financiar a guerra. O ato de comprar um bônus de guerra dava a sensação de que também ajudavam, se não podiam oferecer apoio físico. E para quem não podia pagar pelos bônus de guerra, a contribuição vinha do plantio de jardins da vitória e hortas com frutas e verduras para ajudar a enfrentar as vicissitudes do racionamento. Esta é uma das razões pelas quais chamamos esta geração de *Greatest Generation* (a grande geração). Não foi definida pelo excesso ou pelo consumismo, mas pelo esforço e pelo serviço.

Não foi um período em que o país ficou sentado reclamando, apontando culpados e discutindo se devíamos ir ou não à guerra. Foi um período em que todo o país se uniu. Segundo uma pesquisa publicada na edição de novembro de 1942 da revista *Life*, mais de 90% do país acreditou que os Estados Unidos deveriam continuar a lutar na guerra. Era uma população que apoiava maciçamente o serviço militar antes da guerra e que acreditava que o treinamento militar deveria ser obrigatório após a guerra. Como nação, acreditamos na ideia de servir. E quase todos, de algum modo, sacrificaram-se e serviram pelo bem dos demais. Quase todos os norte-americanos sentiram-se parte de algo maior do que eles mesmos.

Quando a Guerra acabou, os homens que sobreviveram às batalhas voltaram para casa e participaram de desfiles e festas. Mas a comemoração não foi apenas para aqueles que arriscaram a vida nas linhas de combate; foi para todos que tinham participado e se sacrificado à sua própria maneira. Quase todos compartilharam a sensação de realização e de alívio pela vitória aliada. E tinham de fazê-lo. Esforçaram-se muito por essa sensação. Eles mereceram.

Com a guerra para trás e a economia prosperando, os homens e mulheres da *Greatest Generation*, que cresceram durante a Depressão e depois foram à guerra, acharam que tinham desperdiçado a juventude e muitos se tornaram amargos. Sentiam que tinham passado uma parte grande demais da vida se sacrificando e quiseram recuperar parte do que tinham perdido. Assim, foram trabalhar.

A importância do trabalho árduo, a necessidade de cooperação e o valor da lealdade – era o que sabiam fazer – definiu como as empresas funcionaram quando essa geração passou a administrá-las. A década de 1950 foi definida como a era em que alguém dedicava a vida toda a uma única empresa, e em que as empresas esperavam que seu pessoal trabalhasse lá pelo resto da vida. Ao cabo de uma longa carreira, o funcionário ganhava o proverbial relógio de ouro, símbolo supremo de gratidão por uma vida dedicada à empresa. E isso funcionou... durante algum tempo.

O *baby boomer* de 360 quilos na sala

Toda geração parece querer derrubar a geração precedente ou rebelar-se contra ela. Cada geração incorpora um conjunto de valores e crenças moldado pelas experiências, tecnologias e eventos de sua juventude... que costuma ser um pouco diferente dos vivenciados por seus pais. E quando a população cresce em um ritmo constante, o cabo de guerra entre as gerações, o impulso de mudar tudo da nova geração e o desejo de manter tudo do mesmo jeito da geração anterior funcionam como um sistema de freios e contrapesos. Ele proporciona uma tensão natural que ajuda a garantir que não vamos quebrar tudo e, ao mesmo tempo, permite-nos progredir e mudar com o tempo. Um ponto de vista ou um poder único e incontestável raramente são bons. Como o visionário e o operador dentro de uma empresa, democratas e republicanos no Congresso, os soviéticos e o Tio Sam na geopolítica, até mamãe e papai em casa, o valor de duas forças opostas, ou melhor, a tensão entre quem puxa e quem empurra mantém as coisas mais estáveis. Tudo se resume ao equilíbrio.

Mas, após a Segunda Guerra Mundial, aconteceu uma coisa que perturbou o sistema normal de freios e contrapesos. Uma ruptura na ordem natural que, literal e acidentalmente, lançou os Estados Unidos em um rumo totalmente novo. Quando voltaram da guerra, as pessoas comemoraram. E comemoraram. E comemoraram. E, nove meses depois, começou um período de crescimento da população sem precedentes nos Estados Unidos: o *baby boom*, a explosão demográfica pós-guerra.

NASCIMENTOS NOS EUA PARA CADA GRUPO DE MIL HABITANTES

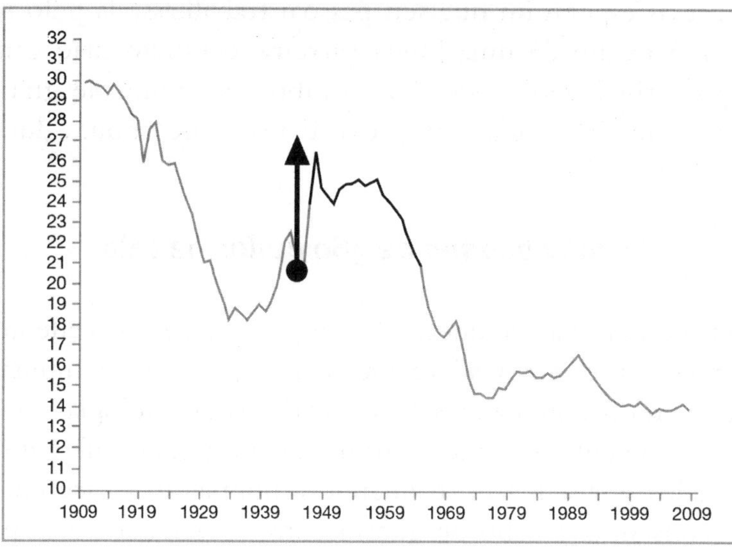

Em 1940, nasceram 2,6 milhões de bebês. Em 1946, foram 3,4 milhões de nascimentos. Houve uma pequena explosão demográfica no final da Primeira Guerra Mundial, mas foi o surto maciço de nascimentos iniciado após a Segunda Guerra que alterou a balança. Uma disparidade que foi agravada pela taxa de nascimentos relativamente baixa na Depressão e durante a guerra.

Geralmente, o ano de 1964 é considerado o último da geração *boomer*, o ano em que o número de nascimentos ficou abaixo de 4 milhões pela primeira vez em mais de uma década. Em suma, os *boomers* somaram 76 milhões de indivíduos à população, uma taxa de crescimento de quase 40% (compare-a com o aumento de menos de 25% entre 1964 e 1984).

E a mudança dramática não para por aí. Ao contrário de seus pais, criados em uma época de depressão econômica e de racionamento, os *boomers* cresceram em um período de riqueza e prosperidade crescentes. A partir do fim da guerra, a riqueza e o PIB dos Estados Unidos nada fizeram exceto crescer em um ritmo forte. Foi bom para os *boomers*. Os pais que tinham combatido ou se sacrificado podiam dar a seus filhos uma vida completamente oposta à que tinham tido. Enquanto a *Greatest Generation* se definiu pela necessidade de servir aos outros, a geração *boomer* deu início a um caminho de pegar tudo para si. Conforme a nossa riqueza e as nossas atitudes mudaram, começamos a nos transformar, passando de um país que lutou para proteger um modo de vida para um país que lutaria para proteger a maneira pela qual preferimos viver.

Crescendo sob a proteção de seus pais, recém-enriquecidos, o primeiro grupo de *boomers* se tornou adolescente na década de 1960. E, como bons adolescentes, revoltaram-se contra a postura de seus pais, que queriam que trabalhassem muito, dedicando-se a um emprego ou a uma empresa até receber o relógio de ouro. Eles rejeitaram a vida pacata nos subúrbios e o foco de seus pais na riqueza material. O seriado *Papai Sabe Tudo* não era sua ideia de "vida boa"; individualismo, amor livre e narcisismo, sim.

Nos Estados Unidos da década de 1960, porém, os *hippies* que decidiram viver com menos do que aquilo de que precisavam fizeram-no pelo simples fato de que, como país, tínhamos mais do que o necessário. Não me leve a mal, não estou dizendo que a *Greatest*

Generation foi perfeita. Na verdade, tiveram alguns problemas sérios. Ao mesmo tempo em que os norte-americanos estavam salvando o mundo da tirania do nazismo, enfrentavam questões como racismo e desigualdade. O Sonho Americano era o retrato da harmonia desde que você fosse branco, cristão e homem. Nos EUA, as mulheres ainda eram consideradas inaptas para a vida pública ou para o alto escalão da política. Os afro-americanos só foram recebidos como cidadãos plenos após a Lei dos Direitos Civis de 1964, quase vinte anos depois do fim da guerra. Mesmo assim, a lei foi aprovada com quase 30% de votos contrários pelo Senado.

Quando os *boomers* eram jovens, foram eles que empurraram os direitos civis sobre uma geração determinada a manter um *status quo* insalubre e injusto. Com efeito, foram os jovens *boomers* que exigiram melhores salários para as mulheres e que se recusaram a aceitar cegamente as injustiças de nossa sociedade. Eles poderiam ter se tornado a segunda *Greatest Generation* caso tivessem seguido esse caminho. Mas não foi o que aconteceu.

Quando a geração desproporcionalmente numerosa de *boomers* começou a envelhecer, mudou de rumo. E foi aí que os problemas da era moderna começaram a aflorar. Os *boomers* maduros, como geração, começaram a agir de maneira diferente... de maneira mais egoísta. Puseram-se a proteger o mundo com o qual estavam mais familiarizados – um mundo de riqueza e poder aquisitivo crescentes.

Na década de 1970, os *boomers* mais velhos estavam se formando na faculdade e começando a entrar no mercado de trabalho. Em uma década marcada por uma guerra impopular e pelo escândalo de Watergate, Richard Nixon parece ter lançado uma sombra ameaçadora sobre a geração à qual ele serviu. Suas próprias ambições egoístas motivaram decisões que, na melhor hipótese, eram antiéticas e, na pior, ilegais.

Os *boomers* testemunharam eventos que só reforçaram suas crenças, tais como "o governo não é digno de confiança", "temos de cuidar de nós mesmos" e "precisamos mudar a maneira de fazer as coisas". Esqueça o *status quo* – os *boomers* aspiravam à autorrealização. Ter um guru espiritual era como frequentar a academia hoje em dia. Aprenderam a dançar nas discotecas. Usavam roupas de poliéster. E selaram sua reputação como a geração que definiu, como Thomas Wolfe descreveu em uma edição da revista *New York* de 1976, a década do "eu". Tornaram-se um grupo que parecia mais preocupado com sua própria felicidade e bem-estar do que a felicidade ou bem-estar daqueles que os rodeavam.

Quando os *boomers* ficaram mais velhos e começaram a trabalhar, dando sua contribuição pessoal para a economia, levaram consigo seu egocentrismo e seu cinismo. Só que, neste caso, havia um número muito menor de membros da geração anterior para equilibrar os ideais dessa nova geração do eu-antes-do-nós.

O final da década de 1970 também viu a introdução de novas teorias sobre a gestão de empresas. Abaladas por eventos como a Guerra do Vietnã, o escândalo presidencial de Watergate, a crise do petróleo, o aumento da globalização e, perto do final da década, uma revolução no Irã que ceifou a vida de norte-americanos, as teorias econômicas adquiriram uma natureza mais protecionista. O foco passou a ser como resguardar a riqueza crescente do país, em vez de compartilhá-la ou de usá-la para apoiar causas de importância nacional, como os Bônus de Guerra das gerações anteriores. O serviço aos demais, como parte da identidade nacional, foi substituído lentamente pelo serviço a nós mesmos como prioridade nacional.

PIB DOS EUA EM BILHÕES DE DÓLARES

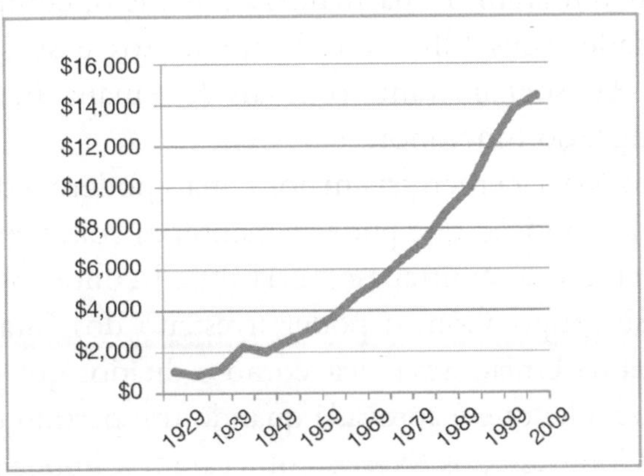

Nessa época, o poder aquisitivo familiar continuou crescendo muito. O produto interno bruto passou de US$ 3,87 trilhões em 1965 a US$ 4,7 trilhões em 1970 e a US$ 6,52 trilhões em 1980, um crescimento de 68% em 15 anos. Foi uma ascensão acentuada, praticamente sem nenhum percalço no caminho. Estávamos ficando cada vez mais ricos, como indivíduos e como país. Apesar de os norte-americanos mais ricos estarem aumentando suas fortunas em uma taxa desproporcionalmente mais alta do que o resto do país, até os mais pobres permaneceram no mesmo patamar, no mínimo, ou melhoraram um pouco. O que quero dizer é que nenhum segmento da população ficou significativamente mais pobre.

Com o fim da década de 1970 se aproximando, os americanos começaram a trocar os jeans boca de sino por paletós de grife e a arrancar o tapete roto do chão. Finalmente, os *baby boomers* estavam amadurecendo. Estavam trabalhando nos mais altos escalões das empresas e do governo. Os *boomers* mimados, aqueles que não tiveram de sofrer muito, aqueles que cresceram em uma sociedade que pôde se dar ao luxo de colocá-los na frente, agora começavam a assumir cargos nos quais poderiam afetar a política, os negócios e a teoria econômica em grande escala. Vale a pena ressaltar que foi com a chegada dos *boomers* que as relações no Congresso começaram a sofrer. Até o início da década de 1990, os membros dos partidos de oposição, embora ainda habituados à mesma teatralidade de hoje, conseguiam se sentar juntos tendo como meta chegar a um acordo. Talvez não tenham concordado sempre, mas tentaram. E, na maioria dos casos, comportando-se com civilidade. Seus filhos estudaram juntos e suas famílias se conheciam. Até socializavam nos finais de semana. E, como resultado, o Congresso funcionou.

A geração *boomer* emergiria maior e mais poderosa do que qualquer força de oposição que pudesse manter as coisas em equilíbrio. Sem uma tensão de contrapeso, seria difícil conter os impulsos e desejos desse grupo. Com o poder irrestrito dos Estados Unidos após a queda da União Soviética, como o ditador que derruba seu antecessor ou a lei que é aprovada quando um partido tem maioria maciça no Congresso, os *boomers* começaram a impor sua vontade sobre o mundo à sua volta, cercados apenas por vozes minoritárias dizendo que não podiam fazer isso. Nas décadas de 1980 e 1990, essa "onda de choque", essa "curva de sino"*, como a geração boomer costuma ser descrita em virtude de seu tamanho e força, esse bolsão demográfico capaz de remodelar a sociedade ao passar por ela, assumiu pleno comando.

"*Bell curve*", um gráfico da estatística que se parece com um sino. No original, a expressão "*pig in the python*" – usada para designar a geração *boomer* – significa "porco na barriga da cobra", imagem que evoca o mesmo gráfico (N. do T.).

CAPÍTULO 12

A geração do *baby-boom* já cresceu

A década de 1980 chegou e não éramos mais um país tentando descobrir como unir a população para ganhar uma guerra; agora, estávamos tentando descobrir como capitalizar o incrível período de prosperidade em que vivíamos – os Loucos Anos 80.

Nesse período, novas teorias econômicas estavam sendo propostas para proteger a riqueza que os *boomers* estavam acumulando – um sintoma clássico do excesso. Enquanto o rádio, o automóvel e a geladeira elétrica eram os itens que todos "precisavam ter" na década de 1920, uma nova tecnologia se tornou o furor da década de 1980. Palavras como IBM PC, MS-DOS, Apple Macintosh e Microsoft Windows contribuíram para a disseminação do computador pessoal. "Um PC em cada escrivaninha" era a visão de Bill Gates, jovem fundador da Microsoft. Não precisávamos mais ir trabalhar para termos poder – podíamos ter poder até sozinhos em casa. O indivíduo podia concorrer com a corporação. Até as novas tecnologias da época apoiavam o desejo de mais individualismo.

Também estávamos ficando mais acostumados com produtos de menor vida útil. Entre outras invenções da década de 1980, tínhamos câmera fotográfica e lentes de contato descartáveis. A descartabilidade, outro sintoma de nossos excessos, agora era uma indústria a ser desbravada. Na verdade, estávamos procurando outras coisas que podiam ser descartadas. E havia um item que começamos a considerar descartável: as pessoas.

O dia em que abraçamos as demissões

O dia foi 5 de agosto de 1981. Foi a data em que isso se tornou oficial.

É raro podermos identificar a data exata em que determinada ideia ou teoria empresarial se torna uma prática aceita. No caso das demissões em massa, isso é possível. No dia 5 de agosto de 1981, o presidente Ronald Reagan demitiu mais de 11 mil controladores de tráfego aéreo.

Exigindo maiores salários e uma semana de trabalho mais curta, o Patco (Port Authority Transport Corporation), sindicato dos controladores de tráfego aéreo naquela ocasião, viu-se envolvido em uma complicada questão trabalhista com a Federal Agency of Aviation (FAA). Quando as negociações foram interrompidas, o Patco ameaçou uma greve, fechando ostensivamente alguns aeroportos e causando o cancelamento de milhares de voos em um dos períodos mais intensos de viagens aéreas do ano.

Segundo a Lei Taft-Harley, de 1947, que alguns consideram controversa, a greve foi ilegal. Basicamente, a lei proíbe qualquer greve trabalhista que cause danos injustos a quem não está envolvido no conflito ou que cause prejuízo a algum negócio e afete negativamente o bem-estar da coletividade. É por isso que policiais e enfermeiros de prontos-socorros não podem entrar em greve. Acredita-se que os danos causados por greves como essas superam quaisquer queixas sobre salários ou horários.

Sem uma negociação aceitável, e pior, sem poderem encontrar uma base comum, os associados do Patco se recusaram a ir trabalhar no dia 3 de agosto. Tendo em vista o impacto dessa greve sobre o país, o presidente Reagan envolveu-se pessoalmente, ordenando a volta ao trabalho dos controladores de tráfego aéreo. Enquanto isso, foram postos em prática planos de contingência, convocando supervisores (que não eram sindicalizados), um pequeno grupo de controladores que preferira não entrar em greve e controladores de tráfego aéreo militares para cobrir os faltosos. Embora a solução não fosse perfeita, esses trabalhadores temporários conseguiram manter a maioria dos voos no ar. O efeito das greves não foi tão severo quanto se imaginava, e assim, em 5 de agosto de 1981, o presidente Reagan demitiu 11.359 controladores de tráfego aéreo, quase todos funcionários da FAA na época. E não ficou só nisso.

Reagan proibiu cada um dos grevistas de voltarem a trabalhar para a FAA pelo resto de suas vidas, uma proibição que só foi revogada em 1993 pelo presidente Clinton. Muitos desses profissionais demitidos naquele dia eram veteranos de guerra (que foi onde aprenderam o ofício) ou funcionários públicos que tinham dado duro para conquistar sua renda de classe média. Em virtude da proibição e do fato de suas habilidades não terem muita aplicação em outros setores (não existe uma grande demanda por controladores de tráfego aéreo fora da FAA), muitos viram-se na pobreza.

O ponto aqui não é saber se Reagan fez bem em demitir os controladores de tráfego aéreo ou não. Não estamos falando de questões trabalhistas ou do direito dos sindicatos se oporem a um governo. Trata-se de algo bem diabólico. Estamos falando das repercussões em longo prazo do posicionamento de um líder sobre o que é um comportamento aceitável ou inaceitável dentro de uma organização.

Na tentativa de aliviar um problema nacional de curto prazo, sem querer o presidente Reagan criou outro, novo e duradouro. Ao despedir todos os controladores de tráfego aéreo, mandou uma mensagem para empresários e executivos de toda a nação. Sem querer, abençoou a decisão ágil e até agressiva de usar demissões em massa como proteção contra uma crise econômica de curto prazo. Embora eu tenha certeza de que Reagan nunca teve essa intenção, alguns CEOs ansiosos interpretaram suas ações como uma licença para fazerem o mesmo. Agora, havia um precedente para proteger os negócios acima das pessoas. Assim, pela primeira vez na história, desapareceram instantaneamente as convenções sociais que impediam muitos CEOs de fazer algo que muitos devem ter desejado fazer no passado.

Com a aprovação tácita vinda de cima, as demissões em massa para equilibrar os balanços começaram a ser praticadas com mais frequência. As demissões existiam bem antes da década de 1980, mas geralmente como último recurso e não como uma das primeiras opções. Agora, estávamos entrando em uma época em que até a meritocracia importava menos. O esforço despendido por um funcionário, seu sacrifício ou sua contribuição para a companhia não se traduziam mais em estabilidade no emprego. Agora, qualquer um podia ser cortado simplesmente para ajudar a equilibrar o orçamento daquele ano. As carreiras acabavam para que os números funcionassem. Proteger o dinheiro e a teoria econômica substituíram a proteção das pessoas. Nessas circunstâncias, como podemos nos sentir seguros no emprego? Como podemos nos comprometer com nosso trabalho se os líderes de nossas empresas não têm compromisso conosco?

A ideia de valorizar mais um número ou um recurso do que uma pessoa desafia frontalmente a proteção que, segundo a antropologia, nossos líderes deveriam nos dar. É como os pais priorizarem mais os cuidados com o carro do que os cuidados com os filhos. Isso pode solapar a própria estrutura da família. Essa redefinição de líder moderno provoca o mesmo tipo de caos sobre os relacionamentos nas empresas (ou na sociedade) que provoca em nossas famílias.

A partir da década de 1980, instituições públicas e setores produtivos sucumbiram a essa nova perspectiva econômica. A indústria de bens de consumo, a indústria de alimentos, a mídia, os bancos, Wall Street, até o Congresso dos Estados Unidos, em grau maior ou menor, abandonaram as pessoas pelas quais existem para atender prioridades mais egoístas. Pessoas em posições de autoridade e responsabilidade permitiram prontamente que elementos externos – às vezes, sem qualquer conexão com os fatos – influenciassem suas decisões e ações. Ao concordar em proporcionar uma oferta para atender às demandas de estranhos, esses líderes que agem como seguidores podem lucrar como imaginam, prejudicando as pessoas a quem alegam estar servindo. O pensamento de longo prazo cede lugar ao pensamento de curto prazo, e o egoísmo substitui o altruísmo, às vezes até em nome do serviço. Mas serviço aqui é apenas uma palavra.

A nova prioridade da liderança abala os fundamentos sobre os quais são construídas a confiança e a cooperação. Não tem nada a ver com restrições à economia de livre mercado. Tem a ver com esquecermo-nos de que as pessoas – pessoas vivas, que respiram, que terão um papel maior em nossa capacidade de inovar, de progredir e de vencer a concorrência – não são mais vistas como nosso ativo mais valioso quando os números não vão bem. No mínimo, dar mais prioridade ao desempenho do que às pessoas prejudica a economia de livre mercado.

Quanto melhores os produtos, serviços e experiências que uma empresa pode oferecer a seus clientes, mais ela pode impelir a demanda por esses produtos, serviços e experiências. E não há maneira melhor de competir em uma economia de mercado do que criando mais demanda e tendo maior controle sobre a oferta – e tudo isso se resume à vontade daqueles que trabalham para nós. Geralmente, melhores produtos, experiências e serviços são resultado do trabalho dos funcionários que os inventaram, inovaram ou forneceram. Assim que as pessoas são postas em segundo lugar na lista de prioridades, a diferenciação dá lugar à coisificação. E, quando isso acontece, a inovação diminui e a pressão para competir em itens como preços e outras estratégias de curto prazo aumenta.

Com efeito, quanto maior o número de analistas financeiros trabalhando em uma empresa, menos inovadora ela é. Segundo um estudo de 2013, publicado no *Journal of Financial Economics*, empresas com um grande número de analistas financeiros solicitam menos patentes do que empresas com menos analistas. E as patentes geradas por essas empresas costumam ter um impacto menor. A evidência apoia a ideia de que "os analistas exercem pressão excessiva sobre a gestão para o cumprimento de metas de curto prazo, impedindo o investimento das empresas em projetos inovadores de longo prazo".

Em termos simples, quanto maior a pressão sentida pelos líderes de uma companhia de capital aberto para atender às expectativas de um público externo, maior a probabilidade de que reduzam sua capacidade de criar melhores produtos e serviços.

Quando os líderes comem primeiro

Desde que os *boomers* assumiram o comando de empresas e do governo, passamos por três quedas importantes do mercado de títulos e ações. Em 1987, a queda corrigiu um período de especulação excessiva, e, segundo alguns, o excesso de confiança em programas de computador que faziam negócios em bolsa no lugar das pessoas. Outra em 2000, após a explosão da bolha das ponto.com. E uma em 2008, após o colapso do mercado imobiliário sobrevalorizado. Antes de 1987, não houve nenhuma queda no mercado desde a Grande Depressão, esta mesma uma consequência dos excessos e sobrevalorizações da década de 1920. Se não encontramos sozinhos formas de corrigir o desequilíbrio, as leis da natureza vão sempre fazê-lo por nós.

Muitos dos ambientes em que trabalhamos hoje frustram nossa propensão natural para a confiança e a cooperação.

Para uma espécie nascida em uma época em que os recursos eram limitados e os perigos eram grandes, nossa tendência natural a compartilhar e a cooperar complica-se quando os recursos são abundantes e os perigos externos, escassos. Quando temos menos, a tendência é sermos mais abertos a compartilhar o que temos. Uma tribo beduína ou uma família nômade da Mongólia não possuem muita coisa, mas compartilham alegremente o que têm porque é do interesse deles. Se você encontrar uma delas em suas viagens, verá que abrem suas casas e lhe oferecem comida e hospitalidade. Não é só porque são gentis; é porque sua sobrevivência depende de compartilhar, pois sabem que amanhã podem ser eles os viajantes à procura de alimento e de abrigo. Ironicamente, quanto mais temos, mais altas nossas cercas, mais sofisticado nosso sistema de alarme para afastar as pessoas e menos nós queremos compartilhar. Nosso desejo por mais, combinado com a menor interação física com as "pessoas comuns", começa a criar uma cegueira ou uma desconexão da realidade.

Infelizmente, muitos dos ambientes em que trabalhamos hoje colaboram mais para frustrar do que para fomentar nossa propensão natural para a confiança e a cooperação. Foi estabelecido um novo conjunto de valores e normas para nossas empresas e sociedades – um sistema de desempenho movido a dopamina que nos recompensa pelas realizações individuais às custas do efeito equilibrador da serotonina e da ocitocina, que nos recompensam por trabalharmos juntos e por formarmos vínculos de confiança e de lealdade. É esse desequilíbrio que causa a queda dos mercados de títulos. É esse desequilíbrio nas culturas corporativas que afeta a estabilidade das grandes organizações. (Enron, Tyco, WorldCom e Lehman Brothers são apenas alguns exemplos de organizações grandes e "estáveis" que entraram em colapso devido a desequilíbrios em suas culturas.) A aparente falta de esforços para querer mudar esse sistema aumenta mais o desequilíbrio das substâncias químicas. E assim, o círculo vicioso continua. Nossa saúde está em risco. Nossa economia está em risco. A estabilidade de nossas empresas está em risco. E sabe-se lá mais quem.

A grande geração *boomer* criou, por acidente, um mundo bem desequilibrado. E o desequilíbrio, como a história provou várias e várias vezes, corrige-se sozinho, súbita e agressivamente, a menos que sejamos suficientemente espertos para corrigi-lo nós mesmos, lenta e metodicamente. Tendo em vista nossa tendência para a gratificação instantânea e para Círculos de Segurança fracos em nossas organizações, porém, nossos líderes talvez não tenham a confiança ou a paciência para fazer o que precisa ser feito.

Obviamente, não podemos simplesmente culpar uma geração inteira pelos males que enfrentamos hoje. Tampouco podemos culpar um setor econômico, um CEO específico ou "as corporações". Não são arqui-inimigos ao estilo de histórias em quadrinhos administrando empresas ou tentando dominar o mundo, que podemos simplesmente expulsar para corrigir tudo que está errado. Mas faltam empatia e humanidade na maneira como fazemos negócios hoje. Há executivos sagazes administrando companhias e gerenciando sistemas, mas parece estar claro que faltam líderes fortes para guiar as pessoas.

Como Bob Chapman, CEO da Barry-Wehmiller, gosta de dizer, "Ninguém acorda de manhã para ir trabalhar na esperança de que alguém vá nos gerenciar. Acordamos de manhã e vamos trabalhar com a esperança de que alguém vá nos liderar". O problema é que, para sermos liderados, é preciso haver líderes a quem queremos seguir.

Desumanização

Nossa fiação interna, embora seja complicada e caótica na prática, é bem objetiva na intenção. Desenhada em uma época em que vivíamos em pequenos grupos, com recursos limitados e grandes perigos à nossa volta, nosso sistema de incentivos químicos foi construído para nos ajudar a enfrentar um mundo bem tangível e a prosperar nele. Conhecíamos todas as pessoas com quem convivíamos e trabalhávamos. Víamos as coisas de que precisávamos e trabalhávamos juntos para consegui-las. Víamos as coisas que nos ameaçavam e trabalhávamos juntos para nos proteger delas.

Agora, o problema é que temos produzido em abundância quase tudo que queremos ou de que precisamos. E não lidamos muito bem com a abundância. Ela pode causar um curto-circuito em nossos sistemas, além de danos a nós mesmos e a nossas organizações. A abundância pode ser destrutiva não porque faz mal em si. Pode ser destrutiva porque abstrai o valor das coisas. Quanto mais temos, menos valorizamos aquilo que temos. E se a abstração das coisas fazem com que as valorizemos menos, imagine o que faz com nossos relacionamentos.

A escala em que somos capazes de operar hoje em dia chega a ser grande demais para conseguirmos aquilatar. Por sua própria natureza, a escala cria distância, e com a distância os conceitos humanos começam a perder seu significado. Um consumidor é apenas isso: a abstração de uma pessoa que, esperamos, vai consumir o que quer que tenhamos a oferecer. Tentamos adivinhar o que este "consumidor" quer para que ele consuma mais daquilo que produzimos. E se ele consumir, vamos acompanhar um monte de métricas para podermos gerenciar melhor o processo. E à medida que nossos processos, métricas e escala continuarem a crescer, vamos empregar tecnologias para ajudar-nos a operar com maior velocidade e escala. Em outras palavras, os seres humanos, os usuários finais de tudo isso, ficam tão distantes das pessoas que desejam servi-las que se tornam simplesmente outra métrica a ser monitorada. Quanto maior a distância entre as coisas ou quanto mais coisas fazemos para ampliar a abstração, mais difícil ver o outro como humano. Não é a abundância que precisamos administrar ou restringir, é a abstração.

Não nos vemos mais como pessoas; agora, somos clientes, acionistas, colaboradores, avatares, perfis *online*, nomes de usuário, endereços de e-mail e despesas a se acompanhar. O ser humano se tornou realmente virtual. Mais do que nunca, estamos tentando trabalhar e viver, ser produtivos e felizes, em um mundo em que somos estranhos para aqueles que nos rodeiam. O problema é que a abstração pode ser mais do que ruim para a economia... pode ser até letal.

PARTE 5

O DESAFIO ABSTRATO

CAPÍTULO 13

A abstração mata

"Tirem-me daqui!", gritou. "Quero sair! Quero sair!" Mantido em um pequeno recinto sem janelas, ele começou a esmurrar a parede para chamar a atenção dos outros. "Vocês não têm o direito de me manter aqui!", gritou.

O sujeito escalado para ajudar naquele dia estava sentado diante do console de controle. Ele começou a ficar nervoso. Podia ouvir os apelos abafados que vinham do outro recinto. Olhou para o encarregado e, como se dissesse algo que já não estava terrivelmente claro, afirmou: "Ele está sofrendo".

Mas o encarregado não demonstrou emoção alguma. Nada. Disse apenas: "O experimento exige que você continue". Assim, o homem escalado para ajudar naquele dia voltou ao painel de controle, murmurando sozinho: "Isso tem de continuar. Isso tem de continuar". Ele apertou o botão e provocou outro choque elétrico no estranho do recinto ao lado.

"Vocês não têm o direito de me manter aqui!", gritou novamente o homem no recinto ao lado. Mas ninguém respondeu e o experimento prosseguiu. "Deixem-me sair!", gritou histericamente. "Meu coração está me incomodando! Deixem-me sair!" Subitamente, os gritos cessaram e o experimento terminou.

Com a proximidade do final da Segunda Guerra Mundial, os principais arquitetos do movimento nazista – Adolf Hitler, Heinrich Himmler e Joseph Goebbels – conseguiram evitar sua captura cometendo suicídio. Outros não escaparam da Justiça. Foram detidos e julgados por sua participação no genocídio sistemático cometido durante a guerra. Crime contra a humanidade foi uma das acusações lançadas contra os 24 oficiais nazistas de alto escalão que foram capturados, e a maioria deles foi condenada por suas respectivas participações. Mas um homem ficou evidentemente de fora do Julgamento de Nuremberg.

O Nazi SS-Obersturmbannfuhrer, ou tenente-coronel, Adolf Eichmann teve um papel significativo na organização do Holocausto. Foi responsável pelo gerenciamento logístico de reunir e deportar um grande número de judeus e de outros grupos indesejados para os guetos e campos de concentração da Europa Oriental. Foi ele que supervisionou o processo que mandou homens, mulheres e crianças inocentes, jovens e velhos, para os campos de extermínio. Depois da guerra, porém, usando documentos falsificados, ele conseguiu escapar da Alemanha e foi parar na Argentina. Durante 15 anos, Eichmann viveu uma vida relativamente normal e suburbana sob o nome Ricardo Klement até ser capturado por agentes israelenses em 1960 e levado a Jerusalém para ser julgado.

A captura de Eichmann tornou a acender a discussão sobre o modo como o Holocausto ocorreu. Não era possível que apenas algumas mentes distorcidas tivessem cometido genocídio com tamanha eficiência e em uma escala tão notável. O planejamento, a organização e a logística dessa ordem exigiu a ajuda de milhares ou mesmo de milhões de pessoas. Exigiu o envolvimento de soldados de todos os escalões, perpetrando os crimes em si, e milhões de alemães comuns fechando voluntariamente os olhos.

Alguns acreditam que houve uma intenção coletiva, que uma população inteira abandonou toda sua humanidade e moralidade. Outros viram a coisa de outra forma. A defesa mais comum entre nazistas e alemães após a guerra foi menos dramática. "Não tivemos escolha", diziam, "estávamos apenas cumprindo ordens." Esse foi o mantra. Fossem oficiais superiores responsáveis por seus papéis, fossem soldados rasos e civis que tentavam reconstruir um senso de normalidade após o turbilhão da guerra, conseguiram racionalizar suas ações, evitando assumir uma responsabilidade pessoal por considerar seus superiores responsáveis. Diriam isso a seus netos. "Estávamos apenas cumprindo ordens."

Stanley Milgram, psicólogo da Yale University, quis entender isso melhor. Será que nós, humanos, fomos como lemingues? Se alguém em uma posição mais elevada do que a nossa, em uma posição de autoridade, ordenasse que devíamos fazer algo totalmente contrário a nosso código moral, a nossa noção de certo e errado, iríamos simplesmente obedecer? Em uma escala pequena, isso é possível, mas em uma escala tão grande?

Foi assim que, em 1961, apenas alguns meses após o início do julgamento de Adolf Eichmann em Israel, Milgram idealizou um experimento para entender nossa obediência à autoridade. O experimento era relativamente simples. A cada repetição, haveria dois voluntários. Um faria o papel do professor e o outro, do aluno. A pessoa que faria o papel de aluno era, na verdade, outro cientista envolvido no experimento. (Para a atribuição dos papéis, o verdadeiro voluntário devia pegar um pedaço de papel que indicaria se ele seria o professor ou o aluno. Na verdade, os dois papéis dobrados continham a palavra professor, dando ao voluntário a ilusão de que seu papel foi escolhido por acaso.)

Os voluntários que fariam o papel dos professores – recrutados através de um anúncio de jornal, a quem disseram que participariam de uma pesquisa sobre memória e aprendizado – ficariam sentados diante de um console com uma série de interruptores. Diriam a cada um que seria feita uma série de perguntas ao estudante. Se o estudante desse a resposta errada ou se ele se recusasse a responder à pergunta, o professor acionaria um interruptor no console e o estudante receberia um choque elétrico. Na verdade, os únicos choques elétricos aplicados durante o experimento foram choques suaves de 15 volts nos professores, só para que tivessem uma ideia da sensação.

Havia 30 interruptores no console, com indicações que iam de 15 a 450 volts. Como os interruptores estavam rotulados com incrementos de 15 volts, o professor sabia perfeitamente bem que os interruptores poderiam aplicar choques cada vez mais severos. Para ter certeza de que o professor entendera as implicações da gravidade crescente dos choques, também havia rótulos sobre certas faixas. A faixa de voltagem entre 15 e 75, por exemplo, estava rotulada como "Choque Leve". A faixa entre 135 e 180 volts dizia "Choque Forte". As faixas seguintes tinham rótulos como "Choque Muito Forte", "Choque Intenso" e "Choque de Intensidade Extrema", até o rótulo escrito "Perigo: Choque Grave" sobre os interruptores de 375 a 420 volts. A faixa final, entre 435 e 450 volts, estava pintada de vermelho e marcada simplesmente "XXX". Não existia a possibilidade de confundir o significado dos interruptores.

Os 160 voluntários passaram pelo experimento com quatro variações, com 40 voluntários por bateria. Em uma variação, o cientista no papel de estudante ficou sentado do lado do professor e o professor teve de colocar fisicamente a mão do estudante sobre a placa de choque. Em outra variação, o estudante ficou no recinto com o professor. O professor viu e ouviu as reações do estudante após a aplicação de cada choque. Não houve dúvidas sobre o impacto de cada decisão sucessiva de acionar um interruptor.

Em outra variação, o estudante ficou em um recinto separado. Embora o professor não pudesse ver os efeitos dos choques, conseguia ouvir claramente os protestos e gritos do estudante através das paredes. Em todas essas variações, o professor podia ouvir o cientista fazendo o papel de estudante fingindo desconforto, no início, e depois gritando e implorando para que o experimento cessasse. "Pare!", gritavam. "Está doendo!" Mas, em outra variação, porém, o estudante foi mantido em um recinto separado, e, exceto por pancadas nas paredes, o professor não conseguia ver e nem ouvir as reações do estudante aos choques.

Como era de se esperar, todos os voluntários demonstraram preocupação. Quando percebiam que estavam causando dor ao estudante, ou acreditavam nisso, olhavam para o cientista que estava em pé ao lado deles de jaleco branco com uma prancheta na mão, e lhe perguntavam se deveriam continuar apesar da dor que sabiam que estavam causando. Na primeira vez em que o voluntário manifestava o desejo de parar o experimento ou não participar mais dele, o cientista dizia "Por favor, continue". Se o voluntário manifestasse pela segunda vez o desejo de parar, o cientista sempre dizia: "O experimento exige que você continue".

À medida que avançavam pela linha de interruptores, alguns voluntários começavam a ficar nervosos. Muito nervosos. Começavam a suar e a tremer. Mesmo se sentindo extremamente desconfortável, a maioria prosseguiu. Ao terceiro pedido para parar, o cientistas respondia friamente: "É absolutamente essencial que você continue". Com o quarto protesto, o cientista dizia apenas: "Você não tem outra opção, precisa continuar". Se mais um protesto fosse manifestado, o experimento cessava imediatamente.

Até que ponto você imagina que eles foram? Quanta dor você causaria a alguém antes de parar? A maioria diria que não iria muito longe e que teria parado bem antes de poder causar algum dano grave a alguém. Foi isso que os cientistas imaginaram. Antes do experimento, previram que 2% a 3% iria até o final, e que seriam pessoas com tendências psicopatas. Mas os resultados reais foram aterrorizantes.

Quando os voluntários tiveram de colocar fisicamente a mão do estudante na placa de choque, 70% abandonaram o experimento sem ir muito longe. Quando os voluntários estavam no mesmo recinto mas não tinham de encostar fisicamente no estudante, o número baixou um pouco, com 60% recusando-se a continuar. Mas quando não viam os estudantes sofrendo e nem ouviam seus gritos, apenas 35% recusaram-se a continuar. Isso significa que 65% dos voluntários foram capazes de seguir o experimento até o final, chegando ao último interruptor e, para todos os fins, matando alguém.

O experimento foi criticado por ser antiético, e por um bom motivo. Quase 80 indivíduos que acordaram naquela manhã achando que eram boas pessoas voltaram para casa com a noção de que podiam ter matado alguém. Mesmo expressando sua preocupação, mesmo nervosos, mesmo tendo a sensação de que aquilo que estavam fazendo podia ter um impacto negativo, ou até um impacto seriamente negativo, ainda assim a maioria foi até o final.

Ao cabo do experimento, apesar de acreditarem que o estudante poderia estar ferido ou coisa pior, os voluntários mostraram-se preocupados com sua culpabilidade, afirmando que não deveriam ser considerados responsáveis. Nenhum voluntário mostrou qualquer preocupação pelo bem-estar do estudante. Nenhum pediu para dar uma olhada no outro recinto. Estavam mais preocupados com sua própria pele.

Mais tarde, revelou-se aos voluntários que o estudante, papel representado por um cientista, estava bem e sem qualquer ferimento. Garantiram-lhes que nenhum choque foi dado e que em nenhum momento eles causaram dor. Alguns daqueles que obedeceram, que foram até o final, demonstraram remorso pelo que tinham feito. Sentiam-se pessoalmente responsáveis. Outros que tinham ido até o final, em contraste, justificaram suas ações culpando os cientistas. Se houvesse alguma repercussão, argumentaram, os responsáveis deviam ser os organizadores, e não eles. Afinal, estavam simplesmente fazendo o que lhes ordenavam. Alguns chegaram a transferir a culpa para o estudante. "Ele foi tão estúpido e teimoso", disse um voluntário que estava tentando justificar suas ações, "que mereceu levar os choques."

É interessante que quase todos os voluntários que se recusaram a continuar no experimento após perceberem que estavam causando dor a alguém sentiram que deviam satisfações a um imperativo moral maior. Alguns eram religiosos, mas todos acharam que estavam sob a orientação de uma autoridade maior que a dos cientistas da sala.

A realidade é que o experimento de Milgram está sendo realizado todos os dias em escritórios do país e do mundo. O ciclo de abstração endêmica em nossa modalidade de capitalismo pode ser visto facilmente quando analisamos as conclusões de Milgram com mais amplitude. A abstração não se restringe mais ao espaço físico; inclui também a natureza abstrata dos números. Quanto maiores ficam nossas companhias, maior a distância física criada entre nós e as pessoas que trabalham para nós ou que compram nossos produtos. Nessa escala, não podemos simplesmente caminhar nos corredores do supermercado e contar as latas de sopa nas prateleiras. Agora, baseamo-nos em documentos que mostram os números das vendas e do faturamento. Quando nos divorciamos da humanidade através da abstração numérica, somos, como os voluntários de Milgram, capazes de comportamentos desumanos. Tal como as condições estabelecidas por Milgram em seu experimento, a separação física entre nós e aqueles que recebem nossas decisões pode ter um impacto dramático sobre vidas... as vidas de pessoas que não podem ser vistas ou ouvidas. Quanto mais as pessoas ficam abstratas, mais somos capazes de lhes fazer mal.

CAPÍTULO 14

Abstração moderna

As descobertas de Milgram ganham vida

Em 2009, o jornal *The New York Times* e quase todos os veículos noticiosos publicaram uma história sobre um surto de salmonela que matou nove pessoas e adoentou mais de 700. O surto provocou o maior *recall* de alimentos da história norte-americana. A contaminação foi localizada em produtos feitos por mais de 300 empresas usando amendoins e pó de amendoim fornecidos pela Peanut Corporation of America (PCA) de Lynchburg, Virgínia. O CEO da empresa fez tudo que podia para se assegurar de que as pessoas que confiavam nele e em sua companhia estavam bem? Infelizmente, não.

Os fiscais da Federal Drug Administration (FDA), agência reguladora dos medicamentos e alimentos nos Estados Unidos, concluíram que a PCA despachava produtos que sabia estarem contaminados (acusação que a empresa nega). E as amplas evidências de que os executivos da empresa exerceram enorme pressão sobre os funcionários para cumprirem as metas são difíceis de ignorar. Stewart Parnell, presidente da Peanut Corporation of America, enviou um e-mail a um dos gerentes de fábrica reclamando que os testes de salmonela estavam "custando muito dinheiro, obviamente causando um grande atraso desde o momento em que colhemos os amendoins até o momento em que podemos faturar", segundo documentos apresentados no tribunal. (Quatro anos depois, quando a edição original deste livro estava indo para a gráfica, os procuradores federais acusaram criminalmente o Sr. Parnell e sua equipe. A empresa fechou as portas em 2009.) Quando nosso relacionamento com clientes ou funcionários se resume a conceitos abstratos, buscamos naturalmente o aspecto mais tangível que podemos enxergar – as métricas. Os líderes que privilegiam os números às vidas estão, em geral, fisicamente separados das pessoas a quem servem.

Deixando de lado o Sr. Parnell, o que dizer das pessoas que trabalhavam na companhia e que fizeram o que lhes mandaram fazer? Em uma cultura fraca, os funcionários veem seu empregador tal como os sujeitos de Milgram viram o cientista – como a figura de autoridade suprema. Um líder que preside uma cultura fraca não investe em programas para aumentar a confiança de seu pessoal para que com isso façam o que é certo. Em vez disso, comando e controle perpetuam um sistema no qual as pessoas provavelmente farão o que é certo para elas. Incerteza, panelinhas e política – essas coisas vicejam em uma cultura de comando e controle e trabalham contra o conceito do Círculo de Segurança – aumentam o estresse e prejudicam nossa capacidade de formar relacionamentos a tal ponto que a autopreservação se torna o foco principal.

Tudo aquilo que nos separa do impacto que nossas palavras e ações exercem sobre os outros tem o potencial de nos levar por um caminho perigoso. Como Milgram nos mostrou, quando não conseguimos ver o impacto de nossas decisões, quando a vida das pessoas vira uma abstração, 65% das pessoas têm a capacidade de matar alguém. Quando não podemos ver ou ouvir as pessoas que estamos ferindo, o medo de ter problemas, de perder o emprego ou de abalar nossa posição na hierarquia passam a ser os principais motivadores das decisões. E assim como os soldados alemães que defenderam suas ações alegaram que estavam "apenas cumprindo ordens", ou os sujeitos de Milgram murmuravam para si mesmos que "o experimento precisa continuar", temos nossos próprios mantras modernos para nos defendermos ou para transferir a responsabilidade se nossas decisões prejudicarem os demais. Trabalhamos "para criar valor para o acionista" ou para "cumprir nosso dever fiduciário", ao mesmo tempo em que defendemos nossas ações dizendo que estão "dentro da lei" ou alegando que foram tomadas acima de nosso nível hierárquico.

No período em que realizava a pesquisa para este livro, tive uma discussão com um banqueiro de investimentos em um jantar a que compareci. Com meus novos conhecimentos à mão, pressionei-o com relação à sua responsabilidade para com as pessoas que são afetadas por suas decisões. Fiquei espantado pelo modo como ele repetiu o que disseram os voluntários de Milgram. "Não tenho autoridade para tomar decisões desse tipo", disse-me. "Não é meu papel. Meu papel é encontrar as melhores ofertas para meus clientes", defendeu-se. Quando não nos sentimos seguros junto aos colegas no ambiente em que trabalhamos, nossos instintos nos levam a nos proteger a todo custo em vez de compartilhar a responsabilidade por nossas ações.

Diante da realidade do que o setor financeiro fez com a economia, alguns banqueiros foram além de simplesmente culpar as companhias de crédito hipotecário. Assim como os participantes do experimento de Milgram tentaram se distanciar de qualquer participação pessoal no dano causado, chegando a culpar o estudante, alguns executivos de grandes bancos chegaram a culpar o proprietário norte-americano de imóveis por seus problemas. Jamie Dimon, CEO do banco JPMorgan Chase, disse a seus acionistas em 2010: "Não estamos despejando pessoas que mereçam ficar com suas casas".

A responsabilidade dos negócios

"Os negócios têm uma e apenas uma responsabilidade social", disse Milton Friedman em 1970, seis anos antes de receber o Prêmio Nobel de Economia, "usar seus recursos e dedicar-se a atividades destinadas a aumentar seus lucros, conquanto permaneçam sob as regras do jogo". Ao dizer "regras", creio que Friedman estava se referindo à lei, um conjunto de parâmetros bem intencionados mas imperfeitos, repletos de brechas acidentais ou às vezes políticas, criadas por pessoas bem-intencionadas ou às vezes políticas.

As palavras de Friedman parecem ter se tornado o padrão do capitalismo americano atual. Muitas vezes, as companhias demonstram preferência por aderir à letra da lei em sua meta de elevar o lucro acima de qualquer responsabilidade moral que possam ter para com as pessoas a quem servem ou ao país ou economia em que operam. Traduzindo isso para o experimento de Milgram, um número muito grande de companhias prefere obedecer ao cientista em vez de a uma autoridade moral superior. Podem alegar que suas ações ocorreram dentro da lei, ignorando a intenção das leis que afirmam respeitar.

A Apple conseguiu deixar de pagar dezenas de bilhões de dólares em impostos criando subsidiárias na Irlanda, onde as companhias são tributadas com base no local em que foram constituídas (a Apple foi constituída nos Estados Unidos). A legislação tributária dos EUA, por sua vez, calcula os tributos de uma companhia com base no local em que mantém ou ganha dinheiro (a Apple estava guardando na Irlanda todo o dinheiro recebido na Ásia e na Europa). Essa distinção permitiu à Apple se colocar nas fissuras da legislação tributária dos dois países, e, ao fazê-lo, entre 2009 e 2012, manteve US$ 74 bilhões fora do alcance do fisco ou de qualquer autoridade tributária. É um fato que a Apple não nega. Como uma das maiores inovadoras de nossa época, a técnica inaugurada pela Apple de canalizar os lucros por meio de subsidiárias irlandesas e holandesas e depois para o Caribe para evitar a tributação norte-americana foi copiada por muitas outras empresas desde então. Mas a Apple, segundo o pensamento de Friedman, não infringiu qualquer regra.

Temos a necessidade absoluta de formar vínculos de confiança. Nossa sobrevivência depende disso. Para tanto, nosso cérebro primitivo está constantemente avaliando as palavras e o comportamento das companhias, exatamente como avalia as palavras e o comportamento dos indivíduos. No nível biológico, confiança é confiança, não importa com quem seja estabelecida. Se alguém diz ou faz alguma coisa que nos sugere que não poderíamos confiar nossa vida a essa pessoa, mantemos distância. O mero ato de respeitar a lei significa que devemos confiar em namorados ou namoradas que traem porque não desrespeitaram as leis conjugais. Como animais sociais, a moralidade também é importante. Nossa noção (ou a de uma empresa) de certo e errado, malgrado o texto legal, é importante no âmbito social. Esta é a base da sociedade civil.

Timothy Cook, CEO da Apple, falou sobre a questão da responsabilidade em uma audiência sobre o assunto no Congresso. "Infelizmente, a legislação tributária não se atualizou na era digital", disse. Será que é responsabilidade da autoridade governante fechar todas as brechas? Ou as empresas também têm alguma responsabilidade? Seria um ato de desobediência civil da Apple para forçar o governo a se esforçar mais? A Apple é uma boa empresa e faz coisas boas, como doações para a educação, mas como a maioria das pessoas não tem noção disso, quando ouve falar nos impostos que a Apple conseguiu evadir, a confiança na empresa pode ser afetada. Mas o problema é maior do que a Apple. Parece ser a regra para se fazer negócios hoje – explorar as brechas até as regras serem atualizadas (e, às vezes, fazer lobby contra mudanças nas regras). E se é assim, ninguém deveria ter problemas com as decisões tomadas pela Oceanic Steam Navigation Company.

Dentro da lei

Basicamente, os maiores navios antes do início do século 20 eram as balsas. Transportavam um grande número de pessoas de um lugar para outro costeando o litoral. Logicamente, os regulamentos que norteavam a responsabilidade dos armadores se baseavam na maneira como os navios eram usados na época – como balsas. Quando o Titanic zarpou em 1912, porém, os regulamentos ainda não tinham sido atualizados para refletir esse novo tipo de embarcação oceânica (equivalente à "era digital" de Timothy Cook). O Titanic tinha o número de botes salva-vidas exigido pela lei, ou seja, 16. O problema é que o Titanic era quatro vezes maior do que a maior classificação legal de navios de sua época.

A proprietária do Titanic, a Oceanic Steam Navigation Company, respeitou a regulamentação ultrapassada (na verdade, adicionaram quatro botes infláveis). Infelizmente, como todos sabem, em 14 de abril de 1912, apenas quatro dias após zarpar em sua viagem inaugural, o Titanic colidiu com um iceberg bem longe de qualquer litoral. Não havia botes salva-vidas suficientes para todos, e mais de 1.500 dos 2.224 passageiros e tripulantes a bordo morreram por causa disso. Um navio quatro vezes maior do que a maior classificação da época levava apenas um quarto dos botes salva-vidas de que precisava. Não surpreende que só pouco mais de um quarto dos passageiros e tripulantes tenha sobrevivido naquele dia.

A indústria naval tinha plena consciência de que a regulamentação ultrapassada seria atualizada em breve. Com efeito, até foi acrescentado um espaço no convés do Titanic na expectativa da exigência de "botes salva-vidas para todos". Mas botes salva-vidas são caros. Exigem manutenção e podem afetar a estabilidade de um navio, por isso os executivos da Oceanic Steam Navigation Company decidiram que só iriam acrescentar os botes salva-vidas quando a lei assim o exigisse. Mesmo não havendo botes salva-vidas suficientes para todos os passageiros a bordo do Titanic, a empresa estava obedecendo plenamente as regras aplicáveis.

A perturbadora correlação entre os argumentos da Apple contra o pagamento de impostos e a decisão dos proprietários do Titanic de não colocar mais botes salva-vidas não para por aqui. Assim como a indústria naval fez lobby contra a mudança na legislação no início do século 20, argumentando que a presença de tantos botes salva-vidas visíveis no convés poderia prejudicar os negócios porque as pessoas iriam pensar que seus navios eram inseguros, a Apple e outras empresas alegam que o pagamento do valor integral dos impostos prejudicaria sua capacidade de competir. (A propósito, foi este o argumento usado pelos fabricantes de automóveis na década de 1950, quando se pensava em obrigar o uso de cintos de segurança. Os fabricantes temiam que a existência do cinto de segurança levasse as pessoas a pensar que seus carros eram inseguros.)

Pode ser interessante comentar que, segundo o Congressional Business Office, órgão do Congresso norte-americano responsável pela avaliação do orçamento do país, em 2011 os contribuintes norte-americanos entregaram US$ 1,1 trilhões ao governo, enquanto os impostos corporativos somaram apenas US$ 181 bilhões. Embora possa não haver vidas em perigo nesse jogo ilusionista de esconder a bolinha praticado por muitas companhias, esse comportamento, em um nível estritamente biológico, faz com que seja muito difícil para nós acreditarmos de fato nelas. Ser uma companhia de elevada reputação moral é o mesmo que ser uma pessoa de elevado caráter moral – um padrão que não é facilmente determinado pela lei, mas percebido facilmente por qualquer um.

Tendo em vista a escala em que tantas companhias operam hoje em dia, parece justo que os líderes de grandes empresas não tenham escolha senão conduzir seus negócios com base em planilhas e telas, geralmente bem distantes das pessoas que suas decisões irão afetar. Mas se os números de Milgram são confiáveis, isso significa que 650 dos líderes das empresas relacionadas na lista *Fortune 1000*, as maiores companhias dos Estados Unidos, são capazes de tomar decisões sem levar em conta seu impacto nas vidas dos seres humanos.

Isso tem origem nas condições em que nós, animais humanos, operamos melhor. Se quisermos reduzir os efeitos daninhos da abstração sobre nossas decisões, com base no experimento de Milgram, a noção de uma autoridade superior – Deus, uma causa nobre, uma visão convincente de futuro ou algum outro código moral e não um acionista, cliente ou a demanda do mercado – é essencial. Quando nossos líderes nos dão a oportunidade de participar de algo nobre, oferecem-nos um propósito ou razão convincente para irmos trabalhar, algo que irá durar mais do que nós, parecem dar-nos o poder de fazer o que é certo quando formos chamados, mesmo que tenhamos de fazer sacrifícios para nosso conforto no curto prazo. E quando um líder incorpora a responsabilidade de cuidar das pessoas em vez de cuidar dos números, as pessoas irão segui-lo, resolver problemas e garantir que a visão do líder ganhará vida da maneira certa, uma maneira estável e não a maneira conveniente.

Não estamos falando de pessoas boas ou más. Como os voluntários de Milgram, muitos de nós trabalhamos fora da vista das pessoas afetadas por nossas decisões. Isso significa que trabalhamos com uma desvantagem significativa caso queiramos fazer o que é certo (o que é diferente de fazer o que é legal). Não podemos deixar de lembrar de Johnny Bravo, que, acima das nuvens e incapaz de manter contato visual com as Forças de Operações Especiais lá embaixo, achou necessário descer para ver aqueles que deveria proteger. Quando optamos por ficar acima das nuvens, confiando apenas nas informações que nos são passadas em vez de constatarmos os fatos pessoalmente, não só fica mais difícil tomar decisões moralmente corretas, como é ainda mais difícil assumir a responsabilidade no caso de nossas decisões não serem as melhores. A boa notícia é que há coisas que podemos fazer para controlar a abstração e manter fortes os nossos Círculos.

CAPÍTULO 15

Gerenciando a abstração

Número de pessoas não são pessoas, são números

"A morte de um homem é uma tragédia", teria dito Joseph Stálin. "A morte de um milhão é uma estatística." Stálin era um homem que conhecia bem as estatísticas. Como Secretário Geral do Partido Comunista da União Soviética entre 1922 e 1952, foi responsável, segundo se diz, pela morte de milhões de pessoas, na maioria cidadãos soviéticos. Como tantas figuras ditatoriais, tinha um culto à personalidade, agia com extrema brutalidade, confiava em muito pouca gente e era muito, muito paranoico. Mas tinha toda razão sobre a maneira como encaramos uma tragédia individual e a de centenas, milhares ou até milhões de pessoas.

Eis duas histórias que mostram o que quero dizer. As duas histórias são totalmente reais.

História 1

Enquanto escrevia este livro, a Síria estava sendo devastada por uma guerra civil. Inspirada na Primavera Árabe que varrera a região, os sírios revoltaram-se contra o ditador Bashar al-Assad, que assumiu o controle do país em 2000 quando seu pai, Hafez al-Assad, morreu após 29 anos de regime igualmente brutal. Em mais de 40 anos de domínio dos Assad, duas gerações de homens e mulheres da Síria não conheceram outra maneira de viver. Mas estamos no mundo da mídia moderna, e, por mais que o governo sírio tenha tentado eliminar notícias de rebeliões em países vizinhos, as informações acabaram chegando aos sírios. Contudo, em forte contraste com a rebelião pacífica da Tunísia, a rebelião síria foi recebida com extrema e intensa brutalidade pelo governo Assad.

A opinião mundial não afetou em nada o regime local, que continuou a atacar rebeldes desorganizados e mal equipados com todo o seu exército. A ONU estimou, na época deste livro, que mais de cem mil sírios tinham sido mortos pelos militares do país, inclusive quase 1.500 em um único ataque com armas químicas. Muitos deles eram civis inocentes.

História 2

Uma jovem de 18 anos estava estendida no meio da rua em San Clemente, na Califórnia. Fora atropelada por um carro dirigido por uma moça de 17 anos. Inconsciente, com uma das pernas quebradas e virada de lado em um ângulo incomum, ela não estava nada bem. Cami Yoder, reservista do exército que estava passando pelo local, parou o carro para ver se podia ajudar. Ajoelhando-se do lado da jovem ferida, Cami analisou seus sinais vitais. A jovem não estava respirando e seu pulso estava fraco. Imediatamente, Cami começou a fazer reanimação cardiorrespiratória (RCP) e ressuscitação boca a boca para tentar manter a jovem viva. Não demorou até que uma ambulância chegasse e os paramédicos assumissem a emergência. Estabilizaram a moça e levaram-na para o hospital.

Alguns dias após o incidente, Cami pensou na jovem e em como estaria. Ela conseguiu encontrar a informação no noticiário da Internet e soube que a moça tinha morrido. Esta jovem, com toda a vida pela frente, falecera.

Que história despertou um sentimento mais forte, a primeira ou a segunda? Uma história sobre dezenas de milhares de pessoas mortas por seu próprio exército enquanto lutavam por uma causa nobre não causa o mesmo impacto emocional do que a história de um indivíduo. Lamentamos a morte de uma jovem com uma empatia que aparentemente não conseguimos demonstrar por milhares de jovens, crianças e adultos mortos de maneira tão insensata e até mais brutal.

Este é um dos problemas de se usar números para representar pessoas. Em algum momento, os números perdem a conexão com as pessoas e se tornam apenas números, desprovidos de sentido. Somos animais de orientação visual. Vamos atrás de coisas que conseguimos ver. Se é uma pessoa que precisa de ajuda, podemos correr em seu auxílio. Se tivermos a visão clara de um estado futuro, melhor do que o mundo atual, podemos trabalhar para construí-lo. E se é para fazer uma métrica passar de um número para outro, também somos capazes disso. Mas quando os números são a única coisa que podemos ver, nossa capacidade de perceber o impacto distante que nossas decisões podem ter se frustra.

Uma coisa é a representação de dinheiro ou de produtos em números grandes. Mas quando as cifras grandes começam a representar seres humanos, como disse Stálin, nossa capacidade de empatia começa a falhar. Se a sua irmã, a principal fonte de renda da família, perder o emprego, isso causará um impacto significativo sobre a vida de seus sobrinhos. E essa perda seria um profundo fardo emocional sobre sua irmã, sua família e provavelmente sobre você também. Mas a decisão de dispensar 4 mil pessoas em uma grande corporação, tomada com base em uma planilha, perde a tangibilidade e se torna uma coisa que precisa ser feita para se atingir certas metas. Os números não representam mais pessoas que sustentam suas famílias, apenas abstrações a serem calculadas.

Seja um político, seja alguém que trabalha em uma companhia, talvez a coisa mais valiosa que podemos fazer para servir realmente a nossos representados é conhecê-los pessoalmente. Seria impossível conhecer todos, mas saber o nome e detalhes da vida de alguém que estamos tentando ajudar com nossos produtos, serviços ou políticas faz uma grande diferença. O momento em que conseguimos tornar tangível aquilo que antes era um estudo ou um gráfico, o momento em que uma estatística ou uma pesquisa se torna uma pessoa real e viva, o momento em que se percebe que conceitos abstratos podem ter consequências humanas, é o momento em que nossa capacidade de resolver problemas e inovar passa a ser notável.

Regra 1. Que tudo permaneça no campo do real – junte as pessoas

Como se as qualidades abstratas dos números e das escalas não fossem suficientes para nos ocupar quando tentamos administrar uma organização, atualmente temos a complicação adicional do mundo virtual. A Internet é realmente inspiradora, espantosa. Dá a qualquer um o poder de agir em escala ou de difundir ideias, seja uma pequena empresa ou um movimento social. Dá-nos a capacidade de encontrar pessoas com facilidade e de nos conectarmos mais facilmente com elas. E é incrível como isso acelera o ritmo das transações comerciais. Tudo isso é muito bom. Mas, assim como o dinheiro foi desenvolvido para ajudar a acelerar e a simplificar as transações, permitindo que os pagamentos fossem feitos sem escambo, costumamos usar a Internet como meio de acelerar e simplificar as comunicações e os relacionamentos que formamos. E, assim como o dinheiro não compra o amor, a Internet não compra relacionamentos profundos e de confiança. E o que torna uma declaração como essa complicada ou controvertida é que os relacionamentos que formamos *online* parecem reais.

Podemos, de fato, receber doses de serotonina quando as pessoas "curtem" nossas fotos, páginas ou publicações, ou quando nos vemos subindo em um ranqueamento (você sabe que a serotonina adora um ranqueamento). A sensação de admiração que recebemos graças aos "curtir" virtuais ou ao número de seguidores que temos não é nada comparável com o sentimento de admiração que recebemos de nossos filhos ou que um técnico recebe de seus jogadores. É simplesmente uma exibição pública de "curtir" sem a necessidade de sacrifícios – uma nova espécie de símbolo de status, por assim dizer. Em termos simples, embora o amor possa parecer real, o relacionamento ainda é virtual. Com certeza, os relacionamentos podem começar *online*, mas só se tornam reais quando nos encontramos frente a frente.

Pense no impacto que o Facebook e outras ferramentas de comunicação *online* têm tido sobre as provocações entre adolescentes. Um quarto de todos os adolescentes nos EUA dizem que já sofreram *cyberbullying*. O que aprendemos é que as abstrações podem levar as pessoas a se comportar de maneira abjeta, a agir como se não tivessem responsabilidade alguma. Uma comunidade *online* dá aos tímidos a chance de serem ouvidos, mas o outro lado disso é que também permite que outros se comportem de um modo que provavelmente nunca fariam na vida real. As pessoas dizem coisas horríveis para as outras *online*, coisas que provavelmente nunca diriam em pessoa. A possibilidade de manter distância, até o mais completo anonimato, tornou mais fácil parar de agir como deveríamos – com humanidade. E apesar dos sentimentos positivos que podemos ter quando conhecemos pessoas no mundo virtual, ao contrário das amizades reais, baseadas em amor e confiança, esses sentimentos não duram muito tempo depois que saímos do site, e raramente passam pelo teste do tempo, se é que chegam a fazê-lo.

Acho que provoco controvérsia quando falo sobre o fato de que, por melhor que seja a mídia social, ela não é tão eficiente para construir vínculos fortes de confiança quanto o contato humano real. Os fãs da mídia social vão dizer que fizeram ótimas amizades *online*. Mas, se a mídia social é o máximo dos máximos, por que mais de 30 mil blogueiros e podcasters se reúnem todos os anos em Las Vegas para uma enorme conferência chamada BlogWorld? Por que não se reúnem *online*? Porque para animais sociais como nós, nada pode substituir encontros cara a cara. O concerto ao vivo é melhor do que o DVD, e ir ao estádio provoca uma reação diferente daquela proporcionada pelo jogo na TV, muito embora a visão seja melhor na televisão. Gostamos de estar perto de pessoas que são como nós. Temos a sensação de que fazemos parte de algo. Além disso, é também o motivo pelo qual as videoconferências nunca irão substituir uma viagem de negócios. A confiança não se forma através de uma tela, forma-se sobre uma mesa. É preciso um aperto de mãos para unir os seres humanos... e nenhuma tecnologia pode substituir isso. Não existe confiança virtual.

No site da NMX (nome oficial do evento BlogWorld), há um vídeo promocional no qual as pessoas contam porque é tão interessante ir ao evento. "Trocar ideias" é uma vantagem muito comentada. "Conhecer muita gente diferente", "reunir as pessoas", "conhecer gente que faz o que faço, que está na mesma viagem". Estes temas também são frequentes. E, naturalmente, meu favorito, dito por alguém que acompanha muitos dos blogueiros que vão à conferência: "Apertei as mãos deles, isso foi incrível!". Até os blogueiros reconhecem que é irônico reunir pessoalmente os defensores da blogosfera para trocarem ideias sobre a supremacia da blogosfera.

Só com a interação humana real e viva é que nos sentimos parte de um todo, desenvolvemos a confiança e temos a capacidade de sentir os outros. É como inovamos. É por isso que quem trabalha em casa nunca chega a se sentir tão parte da equipe quanto aqueles que se deslocam para o trabalho todos os dias. Não importa quantos e-mails mandem ou recebam, não importa se estão absolutamente alertas – estão deixando de experimentar o convívio social, as falhas, as sutilezas... a humanidade de se estar perto de outros seres humanos. Mas, o que fazemos em épocas mais difíceis, quando mais temos necessidade de boas ideias? Cortamos conferências e viagens de negócios porque videoconferências e *webinars* são mais baratos. Pode ser. Mas só no curto prazo. Tendo em vista a relativa novidade da mídia social, o impacto em longo prazo de toda essa desumanização ainda precisa ser avaliado. Assim como estamos sentindo hoje o impacto de políticas e de práticas implementadas nas décadas de 1980 e 1990, que priorizavam os lucros mais do que as pessoas, temos de esperar uma geração antes de sentir os efeitos plenos da tendência moderna a substituir as interações reais pelas virtuais.

Regra 2. Que tudo continue dentro do manejável – obedeça ao Número de Dunbar

Em 1958, Bill Gore pediu demissão de seu emprego na DuPont para se dedicar à sua confiança em um polímero, o politetrafluoretileno, ou PTFE, conhecido comumente como Teflon. Nesse mesmo ano, ele e sua esposa, Vieve, fundaram a W. L. Gore & Associates no porão de casa. Era um lugar amigável, e todos se conheciam. Contudo, a descoberta de um novo polímero, o politetrafluoretileno expandido (ePTFE), feita por seu filho Bob, mudou para sempre o curso da empresa de Bill e Vieve. O ePTFE, ou GORE-TEX, como é mais conhecido, teve aplicações quase infinitas na medicina, na indústria em geral e na têxtil em particular. Não demorou para que a companhia humilde e de orientação familiar saísse de sua sede no porão e se tornasse uma fábrica. Os negócios estavam indo de vento em popa e, com o aumento da demanda, a fábrica e o número de funcionários também aumentou.

Segundo dizem, um dia Bill Gore foi andar pela fábrica e percebeu que não reconhecia a maioria dos funcionários. A empresa crescera tanto que ele simplesmente não sabia mais quem trabalhava para ele. Alguma coisa lhe disse que isso não seria bom nem para ele, nem para seus funcionários ou para a empresa. Depois de fazer algumas contas, Gore concluiu que, para manter o sentido de camaradagem e de trabalho em equipe que, para ele, era essencial para que a fábrica fosse administrada tranquilamente, deveria ter apenas 150 pessoas. Era o número mágico.

Em vez de tentar extrair mais eficiência aumentando o porte da fábrica atual, Gore simplesmente construiu uma fábrica inteiramente nova, do lado da antiga. Cada fábrica tem no máximo 150 pessoas. Como se viu, Bill Gore tinha descoberto algo interessante. Os negócios continuaram a prosperar sob esse modelo e, também muito importante, os relacionamentos entre os funcionários se mantiveram fortes e cooperativos. Hoje, a companhia – que ainda é privada – tem vendas anuais de US$ 3,2 bilhões e emprega mais de 10 mil pessoas no mundo todo, e ainda procura organizar suas unidades fabris e escritórios em grupos funcionais de 150 pessoas.

Apesar de Bill Gore estar confiando em sua intuição e baseando-se em suas observações, não foi por coincidência que ele chegou ao limite de 150 pessoas. O inglês Robin Dunbar, antropólogo e professor do Departamento de Psicologia Experimental da University of Oxford, chegou à mesma conclusão.

O professor Dunbar descobriu que as pessoas simplesmente não conseguem manter mais do que 150 relacionamentos próximos.

"Dito de outro modo", como gosta de dizer, "é o número de pessoas às quais você não se sentiria envergonhado de se juntar caso as encontrasse sem querer em um bar".

Os grupos mais antigos de *Homo sapiens* viviam em tribos de caçadores/coletores que reuniam entre 100 e 150 pessoas. As comunidades amish e huteritas reúnem cerca de 150 pessoas. Os bosquímanos da África do Sul e os nativos norte-americanos também vivem em grupos de 150 pessoas, no máximo. Até uma companhia de fuzileiros navais tem 150 pessoas. Esse número mágico é o número de relacionamentos próximos que conseguimos manter naturalmente. Números maiores começam a causar uma ruptura se não forem implementados sistemas sociais rígidos ou uma hierarquia e uma burocracia eficientes para ajudar a lidar com a escala. É por isso que os líderes seniores precisam confiar nos líderes de escalão intermediário, pois ninguém consegue administrar com eficiência grandes números de pessoas mantendo um forte sentimento de confiança e de cooperação.

Analisadas de perto, as razões para que os grupos funcionem melhor quando não têm mais de 150 pessoas fazem muito sentido. A primeira é o tempo. O tempo é uma constante – o dia tem apenas 24 horas. Se reservássemos dois minutos para cada pessoa que conhecemos, não conseguiríamos conhecê-las direito e, provavelmente, nunca formaríamos vínculos profundos de confiança. A outra é a capacidade cerebral. E é por isso que o Número de Dunbar é 150, embora alguns se lembrem de mais gente e outros, de menos. Além disso, como Dunbar percebeu em sua pesquisa, em grupos maiores do que 150, as pessoas tendem a não se esforçar tanto no trabalho e a não se ajudarem tanto. É uma descoberta muito importante, uma vez que tantas empresas trabalham para crescer focalizando a eficiência de seus custos mas ignoram a eficiência dos relacionamentos humanos. Em última análise, é a força desses relacionamentos humanos que pode ajudar uma organização a controlar a escala.

Muita gente achou que com a Internet o Número de Dunbar ficaria obsoleto. A capacidade de nos comunicarmos com um grande número de pessoas ficaria mais eficiente, permitindo-nos manter mais relacionamentos. Mas não foi o caso. A antropologia venceu novamente. Mesmo que você tenha 800 amigos no Facebook, é bem provável que não conheça todos pessoalmente e que eles também não o conheçam pessoalmente. Se você fosse se sentar e tentar entrar em contato direto com todos eles, como escreveu o jornalista Rick Lax na *wired.com*, você descobriria bem depressa que o Número de Dunbar vence. Lax ficou surpreso ao perceber que entre seus 2 mil "amigos", conhecia poucos e poucos o conheciam na vida real.

Em organizações pequenas, nas quais conseguimos conhecer todo mundo, é muito mais fácil fazer o trabalho necessário para cuidar das pessoas. Por motivos óbvios, é mais provável cuidarmos de pessoas que conhecemos do que daquelas que não conhecemos. Se uma pessoa na fábrica sabe quem é o contador e o contador conhece os operadores de máquinas, é maior a probabilidade de se ajudarem mutuamente.

Quando um líder consegue conhecer pessoalmente todos os membros do grupo, a responsabilidade sobre eles se torna pessoal. O líder começa a considerar as pessoas por quem é responsável como membros de sua família. Do mesmo modo, os membros do grupo começam a se sentir donos de seu líder. Em um pelotão de fuzileiros navais com cerca de 40 pessoas, por exemplo, geralmente eles se referem a seu oficial como "nosso" tenente; o oficial sênior, mais distante e menos visto, é simplesmente "o" coronel. Quando esse sentimento mútuo de propriedade entre líder e liderados começa a se perder, quando a informalidade é substituída pela formalidade, temos um sinal claro de que o grupo deve estar ficando grande demais para ser liderado com eficiência.

Em organizações maiores, a única maneira de administrar a escala e manter forte o Círculo de Segurança é confiar nas hierarquias. Um CEO pode "cuidar" de seu pessoal abstratamente, mas o cuidado só pode ser real quando essa abstração for mitigada. A única maneira de administrar bem em escala é fortalecer os níveis gerenciais. Eles não podem mais ser vistos como gerentes que controlam pessoas. Os gerentes também precisam se tornar líderes, o que significa que precisam assumir a responsabilidade

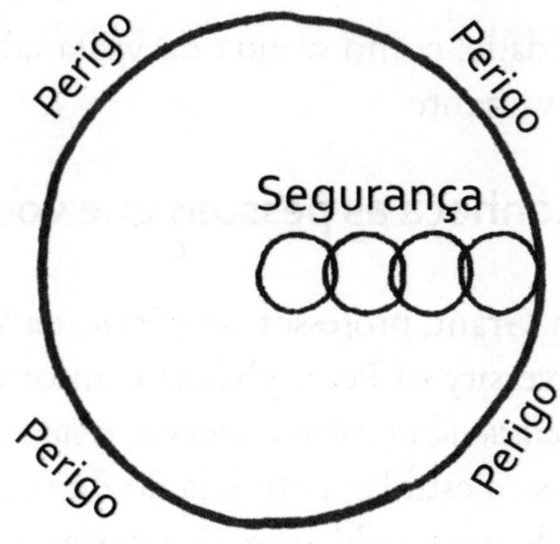

pelo cuidado e proteção daqueles sob seus cuidados, sabendo que seus líderes cuidarão deles.

O professor Dunbar descobriu que nas empresas maiores, aqueles com muitas centenas ou milhares de colaboradores que não estão distribuídos em grupos com menos de 150, os funcionários tendem a ter mais amigos fora do trabalho do que nele. Quanto maior o grupo de pessoas com quem trabalhamos, menor a probabilidade de desenvolvermos relacionamentos de confiança com eles.

Tive a oportunidade de percorrer os antigos escritórios de uma grande companhia de mídia social no norte da Califórnia. (Não posso dizer qual é porque a companhia exige que cada visitante assine um acordo restritivo de sigilo antes de ser admitido no prédio.) O escritório era um grande espaço aberto, no estilo de um *loft*, com fileiras de pessoas trabalhando juntas. A meta do espaço aberto era encorajar a comunicação aberta e a troca de ideias. O gerente que conduzia os visitantes fez um comentário que achei interessante, tendo em vista as descobertas de Dunbar.

Em parte, essa companhia cresceu por conta de uma cultura espantosa de cooperação, compartilhamento e comunicação aberta, segundo me contou. A companhia achava que era por causa do *layout* em plano aberto. Assim, com o crescimento da companhia, eles mantiveram o mesmo *layout* – aquele que eu estava vendo. Mas, por motivos que eles não conseguiram explicar, a cooperação e a comunicação aberta não melhoraram com o crescimento da companhia. Na verdade, como o guia da visita admitiu, pioraram. Dunbar venceu novamente.

Regra 3. Conheça as pessoas que você ajuda

Em 2010, Adam Grant, professor de gestão da Wharton School of Business da University of Pennsylvania e autor de *Dar e Receber: Uma abordagem revolucionária sobre o sucesso, generosidade e influência* (Ed. Sextante), pôs-se a estudar a eficácia do departamento de arrecadação de fundos de sua faculdade e a entender o que dava certo e o que não dava. A tarefa era objetiva: os funcionários chamavam os estudantes e tentavam convencê-los a doar dinheiro para um fundo de bolsas para estudantes excepcionais cujas famílias não podiam pagar a faculdade. Os promotores foram orientados a descrever a triste situação financeira da universidade e as impressionantes realizações dos estudantes que poderiam receber as bolsas. Os alunos ficariam sabendo que a universidade precisava aumentar seu investimento em ciência da computação, por exemplo, ou em gestão de negócios, para ajudar a criar a próxima geração de líderes. Esta seria, afinal, a futura força de trabalho da nova economia, como os promotores a estavam apelidando. Sob qualquer perspectiva, o discurso era bem inspirador.

Mas, por mais que tentassem, os promotores da campanha não estavam tendo muito sucesso. Os números não melhoraram nem com um arsenal de pesquisas sobre o efeito da recessão sobre o orçamento das universidades. Além disso, o trabalho tinha todas as características de qualquer atividade mundana – era repetitivo, exigia que a pessoa ficasse um bom tempo sentada no mesmo lugar e ainda tinha de enfrentar clientes que às vezes eram rudes. Nem é preciso dizer que a rotatividade no departamento de arrecadação de fundos era muito elevada, o que piorava ainda mais o moral. Foi então que Grant teve uma ideia para melhorar a eficiência dos promotores do departamento... que tomou apenas cinco minutos.

O professor Grant pediu que alguns estudantes que tinham recebido bolsas de estudos fossem até o escritório e passassem cinco minutos descrevendo para os promotores como a bolsa que receberam tinha mudado suas vidas. Os estudantes contaram como eram gratos aos esforços do departamento de arrecadação de fundos. Apesar de as pessoas impactadas pelo trabalho dos promotores terem falado muito pouco, os resultados foram surpreendentes. No mês seguinte, os promotores aumentaram a receita semanal média em mais de 400%. Em um estudo similar e separado, os promotores que faziam contato com possíveis doadores por telefone tiveram um aumento médio de 142% no tempo passado ao telefone e um aumento médio de 171% nos fundos levantados.

Como animais sociais, é imperativo que vejamos o impacto real e tangível de nosso tempo e esforço para que nosso trabalho faça sentido e para que nos sintamos motivados a fazê-lo ainda melhor. A lógica parece seguir as descobertas de Milgram, só que, neste caso, é positiva. Quando conseguimos ver fisicamente o impacto positivo das decisões que tomamos ou do trabalho que realizamos, sentimos não só que o trabalho valeu a pena, como nos sentimos inspirados a trabalhar mais e a nos esforçarmos mais.

Um grupo de controle que não tinha recebido a visita de um estudante não mostrou melhorias nas vendas ou no tempo passado ao telefone. Um terceiro grupo que simplesmente ouviu um gerente descrever como a bolsa era importante para os alunos não mostrou melhoras no desempenho. Em outras palavras, o fato de um chefe dizer que nosso trabalho é importante não tem, nem de longe, a força da constatação pessoal.

O departamento de empréstimos do Wells Fargo Bank passou por uma experiência semelhante. Quando convidaram um cliente para ir até o banco e descrever como o empréstimo mudara sua vida – comprando uma casa ou pagando dívidas –, isso teve um efeito dramático sobre a motivação dos funcionários do banco, que ajudaram mais pessoas a fazer a mesma coisa. Puderam ver por si mesmos o impacto de seu trabalho sobre a vida de alguém. Foi uma mudança significativa na forma como os colaboradores viam seu trabalho e é essencial na formação de um sentido de propósito no trabalho realizado. Sem que percebessem, muitos dos colaboradores pararam de ir trabalhar para vender empréstimos e começaram a ir trabalhar para ajudar as pessoas. Uma prova adicional de que a qualidade de nosso trabalho melhora quando associamos um ser humano aos resultados foi vista em um estudo que concluiu que o simples fato de mostrar aos radiologistas a foto do paciente levou a uma melhoria drástica na precisão de seus diagnósticos.

Adam Grant realizou outro estudo sobre salva-vidas em um centro comunitário de recreação. Um grupo de salva-vidas recebeu um material de leitura contendo declarações de outros salva-vidas sobre como seu trabalho os ajudou a atingir suas metas pessoais. Um segundo grupo recebeu um material com os relatos em primeira mão de salva-vidas que tinham salvado mesmo a vida de banhistas. Aqueles que leram sobre os salvamentos de vidas sentiram-se bem mais motivados no trabalho e dedicaram mais tempo a ajudar os banhistas do que aqueles que leram sobre a contribuição de seu trabalho para suas vidas pessoais.

Muitos diriam que não se surpreendem com essas descobertas. Afinal, parece meio óbvio. Será? Grant fez uma enquete com vários milhares de executivos para entender a importância que atribuíam ao fato de seu trabalho ter valor. O resultado? Só 1% dos executivos disseram que os gerentes deveriam se dar ao trabalho de mostrar a seus colaboradores que seu trabalho faz diferença. Acontece que muitas empresas tentam explicar o valor de nosso trabalho para nossas próprias vidas, os benefícios que colheremos quando atingirmos uma meta, em vez do benefício para os outros. Mas lembre-se de nossa biologia: somos animais naturalmente cooperativos, e nos inspiramos e motivamos mais quando sabemos que estamos ajudando os outros.

Esta é uma das razões pelas quais eu adoro a organização charity: water. Se você fizer uma doação para eles (o que pode ser feito pelo site www.charitywater.org), além de 100% da doação ir para a causa que estão defendendo – levar água potável para os 700 milhões de pessoas que não dispõem dela –, eles lhe mandam a foto e as coordenadas do poço que seu dinheiro pagou. Embora seja ainda melhor ir à África para conhecer pessoalmente as pessoas, é muito forte ver o resultado real da doação que você fez.

A maioria das pessoas, infelizmente, nunca chega a conhecer aquelas a quem seu trabalho afeta. Para a imensa maioria, o mais perto que chegamos de "ver" resultados é avaliar números em planilhas ou ler sobre aquilo de que os "clientes" gostam em um relatório. Se a linha do gráfico é ascendente, dizem-nos que estamos indo bem e que deveríamos nos sentir orgulhosos daquilo que fizemos. Espera-se que sintamos algo pelos números e pensemos nas pessoas. Nossa vontade de investir mais tempo e energia, contudo, está biologicamente ligada ao contrário – sentir pelas pessoas e pensar nos números. Faz sentido para animais sociais que nosso senso de propósito seja sempre humano.

Regra 4. Dê-lhes tempo, não só dinheiro

Digamos que você está se mudando para uma casa nova. Para ajudá-lo, um amigo paga a mudança. Uma oferta bem generosa, no valor de US$ 5 mil. Outro amigo vai até a sua casa e o ajuda a empacotar suas coisas, a carregar o caminhão, vai com você até a casa nova, tira as caixas e desempacota tudo. Duas semanas depois, esses mesmos amigos pedem-lhe um favor no mesmo dia. Qual deles você se sente mais inclinado a ajudar: aquele que lhe deu o cheque ou aquele que gastou seu tempo e energia?

O dinheiro é uma abstração de recursos tangíveis ou de esforço humano. É uma nota promissória para bens ou serviços futuros. É algo diferente do tempo e do esforço que as pessoas gastam em algo, pois o que o dinheiro representa é que lhe dá valor. E, como abstração, não tem valor "real" para nossos cérebros primitivos, que julgam o valor real de alimentos e abrigo ou o comportamento dos outros com relação ao nível de proteção ou de segurança que podem nos oferecer. Alguém que nos dá muito dinheiro, segundo a interpretação de nossos cérebros, não é necessariamente tão valioso para nossa proteção quanto alguém disposto a dedicar seu tempo e sua energia a nós.

Tendo em vista nossa necessidade obsessiva de nos sentirmos seguros entre os membros de nossa tribo – nossas comunidades e nossas companhias – atribuímos intrinsecamente um valor adicional àqueles que nos dedicam seu tempo e energia. Enquanto o dinheiro tem um valor relativo (US$ 100 para um universitário é um bom dinheiro, US$ 100 para um milionário não é nada), tempo e esforço têm valor absoluto. Por mais rica ou pobre que seja a pessoa, onde ou quando tenha nascido, todos têm dias de 24 horas e 365 dias por ano. Se alguém está disposto a nos dar alguma coisa de que tem uma quantidade fixa e finita, um bem que não pode ser reposto, o valor percebido é maior. Se desperdiçarmos dinheiro, podemos ganhar mais (especialmente na nossa sociedade). Mas todos já tivemos a experiência de ficar em uma reunião, ou de assistir a um filme... ou até de ler este livro... e pensar: "Nunca vou recuperar este tempo". Se quiser, pode parar de ler agora e poupar seu tempo, mas não posso devolver o tempo que você gastou para lê-lo até agora. Desculpe.

E não é apenas o tempo. A energia que gastamos também é importante. Se um pai vai assistir à partida de futebol do filho mas só tira os olhos do celular quando alguém grita gol!, pode estar cedendo o seu tempo, mas não está cedendo sua energia. O garoto vai olhar para o pai e o encontrará com a cabeça baixa durante a maior parte do jogo, ocupado mandando mensagens de texto ou e-mails para o escritório ou algum amigo. Independentemente das intenções do pai, se ele não der sua atenção, o tempo terá sido desperdiçado tanto para o pai quanto para o filho. O mesmo é válido no escritório, quando conversamos com alguém enquanto lemos os e-mails ou ficamos sentados em uma reunião com um olho no celular. Podemos ouvir tudo que é dito, mas a pessoa que fala vai sentir que não estamos prestando atenção, e desperdiçamos uma oportunidade de ganhar a confiança do colega – ou de sermos vistos pelo funcionário como um líder que se preocupa conosco.

Assim como um progenitor não pode comprar o amor de seus filhos com presentes, a empresa não pode comprar a lealdade de seus funcionários com salários e bônus. O que gera lealdade, aquela disposição irracional de nos dedicarmos à organização mesmo quando temos ofertas mais tentadoras de outra empresa, é a sensação de que os líderes da empresa estarão dispostos, quando for importante, a sacrificar seu tempo e energia para nos ajudar. Vamos considerar um chefe que gasta seu tempo após o expediente para nos ajudar mais valioso do que um chefe que simplesmente nos dá um bônus quando atingimos uma meta.

Se um colega lhe dissesse que no final da semana deu US$ 500 para uma organização de caridade, o que você acharia? Pensaríamos que ele foi generoso, mas nos perguntaríamos porque nos contou isso. Será que ele queria uma medalha? Se outro colega nos dissesse que, no final da semana, ofereceu-se para pintar uma escola em um bairro pobre, o que você acharia? "Isso foi legal", pensaríamos, "eu deveria fazer algo assim". O simples fato de ouvir falar no tempo e na energia que alguém cedeu aos outros pode nos inspirar a também querer fazer mais pelos outros (lembre-se da ocitocina).

Embora possamos receber uma dose de bem-estar químico graças ao dinheiro que doamos, ela não vai durar muito e provavelmente não vai afetar a maneira como os outros nos veem. Quem participa de uma caminhada acha a experiência pessoalmente gratificante e faz mais para elevar seu status do que uma simples doação. Doar tempo e energia faz mais para causar uma boa impressão para os outros do que a mera doação de dinheiro. É por isso que um CEO de má reputação não pode se redimir preenchendo cheques para organizações de caridade. Não é um comportamento que consideraríamos valioso para a tribo. Também é por isso que toleramos mais os tropeços ou as ocasionais decisões erradas de um CEO que parece sinceramente dedicado a proteger seu pessoal.

Um líder de uma organização não pode pagar para que seus gestores cuidem das pessoas sob seus cuidados. Um líder pode, porém, oferecer seu tempo e energia àqueles sob sua atenção, e estes gestores, por sua vez, estariam mais dispostos a dedicar tempo e energia a seus subordinados. Seus subordinados ficariam, por sua vez, mais inclinados a doar tempo e energia àqueles sob sua responsabilidade direta. No final da corrente, provavelmente as pessoas que se dedicam a lidar com o público tratarão melhor os clientes. É a biologia. A ocitocina e a serotonina fazem com que nos sintamos bem quando nos dedicam tempo e energia, o que nos inspira a sermos mais generosos com os outros. Negócios são atividades humanas. Pode ser por isso que chamamos uma empresa de "companhia" – porque é uma coleção de pessoas na companhia de outras pessoas. O que importa é a companhia.

Regra 5. Seja paciente – A regra de sete dias e sete anos

Recentemente, saí com uma mulher pela primeira vez. Foi um primeiro encontro incrível. Passamos quase oito horas juntos. Saímos para um *brunch* e caminhamos pela cidade. Fomos a um museu e depois jantamos. Ficamos conversando o tempo todo. Sorrimos, rimos, chegamos a ficar de mãos dadas por algumas horas. Como resultado desse primeiro encontro incrível, decidimos nos casar. Nem é preciso dizer que estamos muito empolgados.

Você fez uma careta quando leu a última parte, não? É normal. Quando lemos histórias como essa, nossa reação imediata é: "que loucura". Mas você não estava lá nesse encontro. Estamos apaixonados... juro.

O fato é que sabemos instintivamente que o forte vínculo da confiança humana não pode ser formado após um encontro ou mesmo após uma semana. Em contraste, se eu lhe dissesse que estou namorando a mesma mulher há sete anos e não nos casamos ainda, você iria pensar: "Qual o problema deles?".

A forte sensação positiva que às vezes temos após um grande primeiro encontro ou mesmo após uma ótima entrevista de emprego não é nem amor e nem confiança. É um sentimento basicamente movido pela dopamina, dizendo-nos que achamos que encontramos aquilo que estávamos procurando. Como nos sentimos bem, às vezes podemos confundir o sentimento com algo mais estável do que na verdade é, mesmo que ambos sintam a mesma coisa. Isso ajuda a explicar porque aquele amor-ao-primeiro-encontro pode esfarelar pouco depois. Também nos ajuda a entender porque alguém que achamos excelente em uma entrevista não se revela ajustado à organização após alguns meses. É que não passamos tempo suficiente com a pessoa para saber se podíamos mesmo confiar nela. Entrar de cabeça, mesmo que pareça ser "o que é certo", é quase um jogo. Pode dar certo, mas as chances vão contra você. Do mesmo modo, é ruim ficar tempo demais na empresa sem ter a sensação de que faz parte dela. Se você está em uma empresa há sete anos e ainda não sentiu isso... bem... talvez seja hora de seguir em frente.

Nossos sistemas internos estão tentando nos ajudar a navegar pelo mundo social para que possamos encontrar pessoas que estejam mais dispostas a dar de si mesmas para nos ajudar e fazer parte de nosso Círculo de Segurança. Leva tempo até conseguirmos conhecer alguém e adquirirmos a confiança necessária para sustentar um relacionamento, pessoal ou profissional.

Nosso mundo é de impaciência. Um mundo de gratificação instantânea. Um mundo governado pela dopamina. O Google pode nos dar a resposta que queremos agora. Podemos comprar *online* e obter o que queremos agora. Podemos enviar e receber informações instantaneamente. Não precisamos esperar uma semana para assistir ao nosso programa predileto, podemos assisti-lo agora. Acostumamo-nos a obter o que queremos na hora em que queremos. Isso é bom para filmes ou compras *online*, mas não é muito útil quando estamos tentando formar vínculos de confiança que podem suportar tempestades. Isso demanda tempo, e não existe um aplicativo que possa acelerar o processo.

Não tenho dados para dizer exatamente quanto tempo demora até termos a sensação de que confiamos em uma pessoa. Sei que leva mais do que sete dias e sei que leva menos do que sete anos. Sei que é mais rápido para uns e mais lento para outros. Ninguém sabe exatamente quanto tempo é preciso, mas é preciso ter paciência.

CAPÍTULO 16

Desequilíbrio

Para um animal destinado a viver e trabalhar em condições nas quais os recursos eram relativamente escassos, ter muito de qualquer coisa pode criar alguns problemas intrínsecos para as forças que influenciam nosso comportamento. Durante 40 mil anos, vivemos em uma economia predominantemente de subsistência. Raramente tínhamos mais do que aquilo de que necessitávamos. Foi há apenas cerca de 10 mil anos que começamos a nos tornar agricultores em vez de caçadores e coletores, que começamos a viver em uma economia de excedentes. Capazes de produzir mais do que aquilo de que precisávamos, agora podíamos ter populações com mais do que 150 pessoas. Podíamos negociar nossos excedentes com os outros. Podíamos nos dar ao luxo de desperdiçar mais do que era considerado prudente em eras anteriores. E podíamos ter exércitos permanentes, classes intelectuais e governantes.

Sempre que um grupo passa da subsistência para o excedente, quem detém mais excedentes esforça-se mais para moldar a sociedade conforme suas expectativas. A questão é: estão usando o excedente para efetuar mudanças boas para a sociedade ou para eles mesmos? Não deve nos surpreender que as empresas mais ricas usem tanto os *lobbies* para levar os legisladores a criar (ou a eliminar) regulações que atendam a seus interesses. Possuem mais recursos para usar, proteger e continuar acumulando. E, se não forem apropriadamente geridas, as culturas dessas organizações podem se desequilibrar.

"Abundância destrutiva" é o nome que dou ao resultado desse desequilíbrio. É o que acontece quando interesses egoístas estão desbalanceados com relação a interesses altruístas. Quando os níveis de comportamentos estimulados pela dopamina superam as proteções sociais proporcionadas por outras substâncias químicas. Quando a proteção dos resultados ganha prioridade sobre a proteção daqueles que produzem os resultados. A Abundância Destrutiva acontece quando os atores concentram-se quase que exclusivamente no placar e se esquecem da razão pela qual jogam.

Em todas as organizações que sofreram de Abundância Destrutiva, há um padrão claro que nos ensina algumas lições. Em quase todas essas organizações, as culturas não foram geridas apropriadamente. Quase sempre, havia um líder que não assumia de verdade suas responsabilidades. Quando as forças destrutivas da abundância se instalavam, a integridade começava a falhar e a cooperação cedia lugar à política, até as próprias pessoas se tornarem mais um item a ser gerenciado, como a conta de energia elétrica.

A Abundância Destrutiva quase sempre aparece quando o desafio é substituído pela tentação.

DESAFIOS E TENTAÇÃO

PARTE 6

ABUNDÂNCIA DESTRUTIVA

CAPÍTULO 17

Lição de liderança 1: Para onde for a cultura, a companhia também irá

Uma cultura sacrificada

"Cobiça em longo prazo." Eram estas as palavras que Gustave "Gus" Levy, venerável sócio sênior da Goldman Sachs, usava para descrever a maneira como a companhia operava. O ano era 1970, e a Goldman era uma organização de "cavalheiros", que acreditava em parcerias e em fazer o que era melhor para o cliente e para a firma. Tendo em vista sua reputação atual, é até engraçado, mas os banqueiros da Goldman eram conhecidos como "escoteiros bilionários" pelo aparente desejo de sempre tentarem fazer o que era melhor para os clientes. "Cobiça em longo prazo" significa que às vezes valia a pena levar um golpe no curto prazo para ajudar um cliente, pois a lealdade e a confiança geradas compensariam no longo prazo. E compensou mesmo.

Como tantas organizações com cultura forte, a Goldman Sachs cresceu enquanto seus rivais lutaram ou fracassaram. Começando na década de 1970 e durando até o começo da década de 1990, a impressão que se tinha é a de que a Goldman não tinha como errar. "Até a década de 1990, a reputação deles era excelente", escreve Suzanne McGee, jornalista e autora do livro *Chasing Goldman Sachs*

(Perseguindo a Goldman Sachs, sem edição em português). "Se a Goldman Sachs subscrevesse uma IPO, isso equivaleria ao selo de aprovação da revista *Good Housekeeping*."

Embora devamos tomar cuidado para não romantizar a cultura da Goldman (assim como não devemos romantizar a *Greatest Generation*), não resta dúvida de que ela foi considerada o padrão ouro de Wall Street. E, tal como acontece com toda cultura forte, era difícil entrar lá. E ao dizer difícil, não estou me referindo aqui a padrões acadêmicos – estou falando de uma coisa mais difícil ainda. Houve época em que até os candidatos mais qualificados em termos acadêmicos não podiam contar com uma posição na Goldman. Tinham de se encaixar bem na cultura. Esperava-se que pusessem as necessidades da firma acima de suas próprias. Os sócios precisavam sentir que podiam confiar em seu pessoal mais do que seu pessoal podia torná-los mais ricos. As pessoas, por sua vez, precisavam acreditar na cobiça em longo prazo. Como sua cultura era baseada nesses elevados padrões de caráter, a Goldman se saiu bem em épocas difíceis. Enquanto outras tripulações estavam ocupadas tentando se salvar, chegando ocasionalmente até a abandonar o navio, o pessoal da Goldman se unia, enfrentando águas tempestuosas juntos.

Mas alguma coisa aconteceu. A partir da década de 1990, e certamente acelerando após a abertura de capital da companhia em 1999, há evidências de que a cultura de parceria começou a desmoronar. O momento estava maduro para que se instalasse uma nova mentalidade na Goldman. "As regulações que tinham mantido as finanças entediantes praticamente desapareceram na época da IPO da Goldman", escreveu Lawrence Lessig, professor de Direito de Harvard, em uma coluna para a CNN.com. "Experimentos ('inovações financeiras') ousados (e às vezes precipitados) criaram oportunidades de lucro incríveis para firmas como a Goldman."

Nesse ambiente, a empresa – que se expandia rapidamente – começou a adotar um novo tipo de operador financeiro, com personalidade claramente mais agressiva do que a dos banqueiros de investimentos que antes ocupavam seus cargos. Os padrões pelos quais o novo pessoal foi contratado puseram o *pedigree* acadêmico e os êxitos anteriores à frente do ajuste cultural.

A chegada do novo operador causou ressentimentos entre aqueles que tinham orgulho da empresa que haviam criado e da cultura a cuja manutenção e proteção dedicaram suas vidas. E a companhia cindiu-se em dois campos distintos: a velha Goldman e a nova Goldman. Uma cultura baseava-se em lealdade e em cobiça em longo prazo, a outra em números e em metas a curto prazo. Uma formara-se com o equilíbrio da química social, a outra sobre um desequilíbrio que pendia claramente para a dopamina.

Quanto mais pessoas eram admitidas na Goldman para maximizar sua riqueza e status pessoal, ocasionalmente às custas da própria empresa ou dos interesses do cliente em longo prazo, mais danos causavam à cultura da companhia, à sua reputação em geral e, em última análise, às decisões tomadas pela firma.

William Cohan destaca isso em seu livro *Money and Power: How Goldman Sachs Came to Rule the World* (Dinheiro e poder: como a Goldman Sachs chegou a dominar o mundo, sem tradução para o português). "A primeira vez que a Goldman demitiu funcionários porque teve um ano ruim (e não por causa de desempenhos individuais) foi no começo da década de 1990, e foi muito traumático", escreve Cohan. Pense nisso. A Goldman Sachs só foi pensar em demissões na década de 1990. Com certeza, alguma coisa tinha mudado.

Por volta de 2010, tendo em vista o papel da Goldman Sachs na crise da securitização com garantia hipotecária, somada aos polpudos bônus distribuídos poucos meses após receber uma injeção de salvamento do governo, a reputação maculada da companhia estava em seu ponto mais baixo. Ela não era mais a firma mais confiável de Wall Street, mas um símbolo de seus excessos. O CEO Lloyd Blankfein chegou a divulgar um pedido de desculpas: "Participamos de coisas que foram claramente erradas e temos motivos para nos arrependermos e pedirmos desculpas", disse em novembro de 2009. Mas era tarde demais (e não foi sincero, segundo a opinião de muitos). Não mais chamados de escoteiros, os líderes da Goldman Sachs passaram a ser considerados algo mais próximo de bandidos. Esta história não é exclusiva da Goldman Sachs. Usei-a para ilustrar o que acontece em um número bem grande de companhias de todo tipo de setor produtivo.

Toda cultura tem sua própria história, tradições, linguagens e símbolos. Quando nos identificamos com uma cultura, expressamos nosso pertencimento a esse grupo e nos alinhamos com um conjunto compartilhado de valores e crenças. Podemos nos definir, em parte, pela cultura de nosso país de cidadania – por exemplo, sou norte-americano – ou pela cultura de uma organização – como, sou fuzileiro naval. Isso não significa que pensamos diariamente em nossa identidade cultural. Mas quando nos afastamos do grupo ou nossa tribo recebe ameaças externas, isso passa a ser mais importante. Pode até tornar-se nosso foco principal. Lembra-se de como o país se uniu após os eventos de 11 de setembro?

Nas culturas corporativas mais fortes, os funcionários formam vínculos semelhantes. Identificam-se com a companhia de maneira bem pessoal. Os funcionários da WestJet, uma companhia aérea rebelde e populista do Canadá, semelhante à Southwest Airlines dos EUA, não dizem que trabalham para a WestJet – isso tornaria sua atividade um emprego. Eles se chamam de WestJetters. É uma identidade. Quando não temos um senso de pertencimento, usamos uma camiseta com a estampa do logotipo da empresa para dormir ou enquanto pintamos a casa. No entanto, quando temos um senso de pertencimento, usamos o brinde da companhia em público, e com orgulho.

Em uma cultura fraca, evitamos fazer "a coisa certa" e fazemos "o que é certo para mim".

Quando os padrões culturais se afastam de caráter, de valores ou crenças e preferem desempenho, números e outros índices impessoais e movidos a dopamina, as substâncias químicas que ativam o comportamento ficam desequilibradas e nossa vontade de confiar e de cooperar se dilui. É como pôr água no copo de leite: em dado momento, a cultura fica tão aguada que perde tudo aquilo que a torna boa e saudável, quando então terá apenas a vaga aparência ou o vago sabor de leite. Perdemos a noção de história, de responsabilidade para com o passado e as tradições compartilhadas. Não ligamos mais para o pertencimento. Em uma cultura fraca, evitamos fazer "a coisa certa" e fazemos "o que é certo para mim".

Antes, trabalhar para a Goldman Sachs era muito mais. Não era apenas a descrição de um local de trabalho. Para aqueles que se ajustavam à cultura, dizia alguma coisa sobre que tipo de pessoa eram. Dizia ao mundo exterior o que se podia esperar delas. E era muito positivo. A pessoa se orgulhava dessa associação. Mas os líderes da empresa não protegeram aquilo que levou tanto tempo para ser construído.

Como teria sintetizado Goethe, o grande pensador do século 19, "Você pode julgar facilmente o caráter de um homem pela forma como trata aqueles que não podem fazer nada por ele". Se o caráter descreve como o indivíduo pensa e age, então a cultura de uma organização descreve o caráter de um grupo de pessoas e o modo como pensam e agem coletivamente. Uma companhia com caráter forte terá uma cultura que promove um bom tratamento para todos, não apenas para aqueles que lhes pagam ou que lhes proporcionam dinheiro no momento. Em uma cultura de caráter forte, as pessoas da companhia vão se sentir protegidas por seus líderes e sentir que seus colegas as estão protegendo. Em uma cultura de caráter fraco, as pessoas vão sentir que qualquer proteção que possam ter provém principalmente de sua própria capacidade de lidar com a política, de promoverem seu próprio sucesso e de se protegerem sozinhas (embora algumas tenham a sorte de ter um ou dois colegas que as ajudarão). Assim como nosso caráter define nosso valor perante os amigos, a cultura de uma companhia define seu valor para aqueles que a conhecem. Desempenhos podem melhorar ou piorar; a força de uma cultura é a única coisa em que podemos realmente confiar.

É sempre fascinante prestar atenção nas palavras que as pessoas escolhem para descrever a relação com seu trabalho. Palavras como "amor" e "orgulho" são sentimentos associados respectivamente à ocitocina e à serotonina. Ou, no caso da Goldman Sachs, à falta desses elementos. "Não me sinto segura", disse-me uma funcionária atual da Goldman Sachs. "Posso perder o emprego a qualquer momento. A Goldman não tem coração", disse. O fato de ter dito que a companhia "não tem coração" é o reconhecimento de que falta empatia na cultura. E quando falta empatia, quem domina são a agressividade, o medo e outras atitudes e sentimentos destrutivos.

Um antigo colaborador da Goldman, que trabalhou lá na década de 2000, durante a transformação cultural, descreveu um clima de crueldade, com os gestores jogando uma equipe de consultores contra a outra na luta por um projeto ou por um cliente. Ele descreveu um ambiente sem confiança, sem respeito mútuo e, acima de tudo, sem responsabilidades quando alguma coisa dava errado. O ambiente era da vitória a qualquer preço, mesmo que isso significasse esmagar o colega (para não falar do cliente). Não deve surpreender que, apesar do status que alguém adquiria por trabalhar na Goldman (construído provavelmente nos veneráveis anos anteriores), esse antigo empregado e quase todos os seus colegas saíram em busca de outros empregos no prazo de dois anos. Para quem quisesse manter a sanidade e ser feliz, ter sucesso, era demais para um ser humano tolerar. Mas os líderes permitiram a manutenção dessa cultura.

Em 14 de março de 2012, o *The New York Times* publicou um editorial de Greg Smith, diretor executivo da Goldman Sachs, no qual anunciou a saída imediata da empresa onde trabalhou durante 12 anos. No texto, falou da cultura "tóxica" da firma:

> A cultura foi o molho secreto que tornou grandioso este lugar, permitindo-nos conquistar a confiança de nossos clientes durante 143 anos. Não se tratava apenas de ganhar dinheiro; isoladamente, isso não sustenta uma empresa durante tanto tempo. Tinha a ver com orgulho e crença na organização. Sinto-me triste em dizer que olho hoje à minha volta e não vejo praticamente nenhum sinal da cultura que me fez amar meu trabalho durante tantos anos. Não tenho mais o orgulho ou a crença. A liderança costumava tratar de ideias, dando exemplos e fazendo o que era certo. Hoje, se você gera dinheiro suficiente para a firma (e não é um assassino de machado na mão), será promovido a uma posição influente... Quando livros de história forem escritos sobre a Goldman Sachs, pode ser que considerem que o atual CEO, Lloyd C. Blankfein, e o presidente, Gary D. Cohn, perderam o controle da cultura da firma sob sua gestão.

Quando avaliamos como nos "sentimos" com relação a nosso trabalho, geralmente estamos respondendo aos ambientes nos quais trabalhamos. Não se trata apenas do trabalho que fazemos em si. E quando uma cultura deixa de ser um lugar no qual as pessoas adoram trabalhar e se torna um lugar para o qual elas vão simplesmente para fazer algo por si mesmas, o dedo aponta para as pessoas que gerem a companhia. As pessoas respondem ao ambiente no qual operam. Os líderes é que decidem que tipo de ambiente desejam construir. Vão formar um círculo interno ao redor das pessoas mais próximas a eles ou vão estender o Círculo de Segurança aos limites exteriores da organização?

A grande maioria das pessoas que trabalha na Goldman Sachs, malgrado o que alguns críticos podem supor, não são más e nem malignas. Todavia, o ambiente que seus líderes criaram para o trabalho permite que façam coisas más ou malignas. Como seres humanos, nosso comportamento é significativamente influenciado pelos ambientes nos quais trabalhamos... para o bem e para o mal.

Em novembro de 2008, terroristas armados com rifles automáticos atacaram diversos lugares em Mumbai, Índia, matando mais de 160 pessoas. O Taj Mahal Palace Hotel foi um desses lugares. O que torna essa história extraordinária, porém, é que os funcionários do hotel arriscaram suas vidas para salvar os hóspedes.

Contam-se histórias de telefonistas que, mesmo após saírem em segurança, voltaram para o hotel para chamar os hóspedes e ajudá-los a sair. Há histórias de funcionários da cozinha que formaram um escudo humano para proteger hóspedes que tentavam escapar da chacina. Das 31 pessoas que morreram no hotel naquele dia, quase metade eram funcionários.

Rohit Deshpande, professor da Harvard Business School que pesquisou os eventos no Taj, ouviu da alta gerência que eles não conseguiram explicar porque os funcionários agiram com tanta bravura. Mas a razão é facilmente explicável – foi resultado da cultura que esses líderes tinham cultivado. Como um dos melhores hotéis do mundo, o Taj insiste que seus colaboradores ponham os interesses dos hóspedes acima dos interesses da empresa; com efeito, são recompensados por fazer isso.

No Taj, diferentemente da cultura atual da Goldman Sachs, notas escolares e *pedigree* têm um papel menor na seleção do pessoal. Eles aprenderam que quem se forma em escolas de gestão menos famosas, por exemplo, geralmente trata os outros melhor do que os formandos das escolas mais prestigiosas... e por isso preferem contratar aqueles e não estes. Respeito e empatia são mais valorizados do que talento, habilidade ou motivação para progresso pessoal. Uma vez contratados, os pendores dos membros da equipe ganham reforço e estímulo, e isso ajuda a construir uma cultura forte, na qual as pessoas sabem improvisar em vez de fazer seguindo o manual. O Taj sabe que seu pessoal vai "fazer o que é certo" e não o que é certo para eles. Aonde for a cultura, os funcionários irão também.

Fico sempre espantado quando um CEO de algum grande banco de investimentos se choca ao descobrir que havia um "operador atrevido" no meio da equipe que, à procura de ganhos pessoais ou de glória, tomou decisões que causaram prejuízo à empresa. O que mais poderíamos esperar de uma cultura que reforça e recompensa o comportamento egoísta? Nessas condições, o CEO está basicamente apostando que seu pessoal fará "o que é certo". Mas não são os funcionários que determinam o curso. É a liderança.

Culturas ruins geram líderes ruins

Kim Stewart era apenas uma dentre muitos colaboradores que sofriam com o ambiente tóxico. No seu primeiro dia no Citigroup, percebeu que havia algo errado com a cultura local. "Lembro-me de ter chegado em casa e dito ao meu marido: 'tenho de limitar o número de coisas inteligentes que digo'." O problema não foi achar que seu chefe ou seus colegas eram tolos, mas que se sentiam ameaçados (um sentimento bastante válido em uma organização com um Círculo de Segurança fraco). Sempre parecia haver um ar de desconfiança e suspeita no escritório.

Stewart diz que quando entrou para o banco de investimentos do grupo, em 2007, dispôs-se a tentar entender como a companhia fechava determinados acordos. Ela procurou seu chefe e pediu a ele que confirmasse aquilo que tinha deduzido do processo, o que ele fez. Mas por que seu primeiro negócio foi um desastre vergonhoso? Mais tarde, Stewart descobriu que seu chefe, preocupado com a possibilidade de o sucesso dela ameaçar sua própria posição, deixou-a propositalmente de fora em uma parte crucial do processo de fechamento do negócio. Foi como se ele quisesse que ela fracassasse para que o desempenho dele parecesse melhor.

"No Citi", diz Stewart, "o sentimento era do tipo 'não quero que ninguém saiba tanto quanto eu, porque nesse caso serei descartável'." É um comportamento que visa apenas a autopreservação. É um sintoma clássico de uma cultura insegura e rica em cortisol, na qual informações valiosas são escondidas para promover ou proteger um indivíduo ou um pequeno grupo de indivíduos, mesmo que a divulgação da informação beneficie outros membros do grupo e a organização como um todo. Todos se sentiam sujeitos a uma rasteira dos colegas, diz Stewart. Ninguém se sentia seguro. Mas não porque a companhia precisasse fazer cortes; simplesmente, era a cultura vigente.

Um ano depois, a companhia sofreu enormes prejuízos financeiros, levando-a a ser socorrida pelo governo federal, em grande parte em função do sigilo em torno de informações que deveriam ser compartilhadas. Seria interessante imaginar como essa crise financeira teria se desenrolado se um bom número de bancos tivesse culturas saudáveis, quimicamente equilibradas, nas quais as pessoas não se sentissem ameaçadas umas pelas outras.

É claro que os cortes acabaram acontecendo. Em novembro de 2008, a companhia teve um dos maiores cortes já registrados em qualquer setor. Em um único dia, o Citi emitiu 52 mil bilhetes azuis, representando cerca de 20% de seus funcionários. O departamento de Stewart foi reduzido a menos da metade, passando de 190 para 95 pessoas, e os bônus foram cortados. Depois que a poeira assentou, qualquer um imaginaria que os líderes da organização tivessem aprendido a lição. Mas isso não aconteceu.

O clima piorou. Stewart lembra que, no fim de 2011, alguns anos após a crise, quando a companhia já saíra do vermelho, seu novo chefe no Citi, um diretor administrativo, foi se apresentar.

Disse aos empregados que só se interessava por três coisas: receita, faturamento líquido e despesas. Depois, em conversa com Stewart, disse: "Se você acha que vou ser o seu mentor para lhe dar conselhos sobre a carreira, está enganada". Aonde for a liderança, a cultura também irá.

Uma cultura protegida

A maioria das pessoas conhece os blocos adesivos Post-it. Mas o que muitos não sabem é como foram criados. Diferente de tantas companhias que desenvolvem produtos imaginando-os e tentando produzi-los, a 3M deve o desenvolvimento dos blocos adesivos Post-it e de muitos de seus produtos a uma única coisa: à sua cultura de compartilhamento.

Spencer Silver, o cientista parcialmente responsável pela criação do Post-it, estava trabalhando em seu laboratório na companhia sediada em Minnesota, tentando desenvolver um adesivo muito forte. Infelizmente, não teve êxito. O que produziu acidentalmente foi um adesivo muito fraco. A julgar pela descrição do que lhe fora pedido, fracassara. Mas Silver não jogou seu "fracasso" no lixo por vergonha. Não fez segredo de seu erro por medo de perder o emprego e nem o guardou ciosamente na esperança de lucrar com ele algum dia. Na verdade, a invenção acidental foi compartilhada com outros colegas da companhia... talvez alguém descobrisse um modo de usá-la.

E foi exatamente o que aconteceu. Alguns anos depois, Art Fry, outro cientista da 3M, estava ensaiando no coral de igreja, frustrado porque o marcador de páginas não ficava no lugar. Caía da estante de partituras e ia para o chão. Ele se lembrou do adesivo fraco de Silver e percebeu que poderia utilizá-lo para criar o marcador de páginas perfeito! E foi assim que nasceu aquela que se tornaria uma das marcas mais conhecidas da história, com 4 mil variedades vendidas em mais de cem países.

Na 3M, a inovação não é apenas o fruto de *pedigree* educacional ou de habilidade técnica. A inovação é o resultado de uma cultura corporativa de colaboração e compartilhamento. Em contraste flagrante com a postura dos líderes de alguns bancos de investimentos, a 3M sabe que as pessoas fazem seu melhor trabalho quando atuam juntas, trocam ideias e usam tranquilamente o trabalho dos outros em seus próprios projetos. Não existe isso de "meu".

Fosse outra a empresa, talvez a fórmula fracassada de Silver nunca tivesse caído nas mãos de Fry. Mas não na 3M. "Na 3M, somos um monte de ideias", dizia Fry. "Nunca jogamos fora uma ideia porque nunca se sabe quando alguém vai precisar dela." A polinização cruzada de ideias – combinada com a ênfase na troca entre linhas de produtos – levou a um clima de colaboração que torna a 3M um lugar onde os empregados se sentem valorizados. "Inovação pela interação" é um dos lemas prediletos da companhia. Os colaboradores são incentivados a apresentar novas ideias em fóruns tecnológicos internos, reuniões regulares entre colegas de outras divisões. Um sinal claro de que essa colaboração funciona é que mais de 80% das patentes da 3M têm mais de um inventor.

Esse tipo de cultura não tem relação alguma com o ramo da indústria em que a 3M se situa. Até uma indústria que é menos colaborativa pela natureza de seus produtos ou serviços pode se beneficiar da troca de ideias. Grandes melhorias podem acontecer simplesmente por se lançar um novo olhar sobre o trabalho. Ouvir a solução que uma pessoa daria para um problema pode ajudar outra a resolver seu próprio problema. Não é esta a ideia do aprendizado, transmitir conhecimentos para outras pessoas?

Dê uma olhada nos produtos desenvolvidos pela 3M e você vai se espantar ao ver como a inovação pula de uma divisão para outra. Cientistas de um laboratório da empresa que desenvolvem produtos para a indústria automobilística se propuseram a criar uma substância que ajuda as funilarias a misturar a massa usada para consertar amassados. A tecnologia usada veio de um laboratório da 3M que cria produtos dentários: é uma substância usada pelos dentistas para misturar o material para fazer moldes dentários. Em outro exemplo, uma tecnologia usada pela 3M para iluminar placas rodoviárias seria usada depois para inventar "emplastros com microagulhas", que permitem a aplicação de injeções sem dor. A polinização cruzada das ideias produziu inovações em um grau que faz a maioria das pessoas entrar em parafuso.

A companhia tem mais de 20 mil patentes, dentre as quais mais de 500 foram concedidas só em 2012. Em 2009, em meio a uma economia difícil, quando outras estavam reduzindo o orçamento de P&D para economizar, a 3M ainda conseguiu lançar mais de mil novos produtos. Seus produtos estão por toda parte, embora geralmente passem despercebidos – e quase sempre são considerados básicos e corriqueiros. Se produtos do dia a dia tivessem um adesivo "aqui tem 3M" como os computadores que têm o adesivo "Intel Inside", o consumidor médio veria esse adesivo cerca de 60 ou 70 vezes por dia. A 3M não tem sucesso porque contrata os melhores e mais brilhantes (embora eu tenha certeza de que a empresa considera que sim), mas porque tem uma cultura corporativa que estimula e recompensa as pessoas por se ajudarem mutuamente e por compartilharem tudo que aprendem. Embora certamente a 3M tenha sua dose de problemas e de burocracia, esforça-se muito para fomentar a colaboração.

Dentro de um Círculo de Segurança, quando as pessoas confiam umas nas outras e compartilham seus sucessos e fracassos, aquilo que sabem e o que não sabem, o resultado é inovação. É natural.

CAPÍTULO 18

Lição de liderança 2: Para onde for o líder, a cultura também irá

Eu antes de você. Eu antes de nós.

Ele queria estar no comando. Ele queria ser o líder. E ninguém ficaria em seu caminho... nem mesmo o líder do momento. Foi assim que Saddam Hussein tomou o poder no Iraque. Mas antes disso, formou alianças estratégicas que reforçariam sua posição e ajudariam a garantir sua ascensão. Já no poder, tornou seus aliados ricos e bem posicionados para mantê-los "leais". Afirmava que estava ao lado do povo. Mas não estava. Estava lá para si mesmo, pela glória, fama, poder e fortuna. E suas promessas de servir faziam parte de sua estratégia de dominação.

O problema dessas transições é que criam uma cultura de desconfiança e paranoia. Mesmo que as coisas funcionem enquanto o ditador está no poder, assim que for afastado o país se manterá abalado durante anos. Essas histórias não são exclusivas de ditadores em nações instáveis ou de enredos de séries da HBO. Volta e meia, vemos cenários similares nas corporações modernas. Um exemplo é a ascensão de Stanley O'Neal na Merrill Lynch em 2001.

Nascido em pleno *baby boom* na pequena cidade de Wedowee, no leste do Alabama, O'Neal, neto de um ex-escravo, estudou na

Harvard Business School com uma bolsa da General Motors. Mais tarde, foi trabalhar na GM e ascendeu rapidamente os escalões da tesouraria da firma. Mas ele tinha outras coisas em mira, bem maiores. Assim, apesar de não ter interesse ou experiência prática no negócio de corretagens, foi para a Wall Street. Como um dos pouquíssimos afrodescendentes americanos a atingir os mais altos degraus da indústria bancária, O'Neal teve a oportunidade de se tornar um dos grandes líderes de nosso tempo, um símbolo do que o sonho americano torna possível. Mas ele preferiu seguir um caminho diferente.

Em 1986, entrou na Merrill Lynch e em poucos anos se tornou chefe da divisão de títulos podres (e sob sua liderança, ironicamente, a empresa tornar-se-ia a maior operadora de títulos podres depois que Michael Milken, da Drexel Burnham Lambert, declarou-se culpado por fraudes em papéis de alto risco em 1990). Mais tarde, assumiu a enorme divisão de corretagem da Merrill, tornando-se o CFO da firma. Quando a bolha da Internet estourou no fim da década de 1990, rapidamente demitiu milhares de funcionários, impressionando seu chefe – David Komansky, que era o CEO – com sua ousadia, e firmando sua crescente reputação como gestor implacável. Em meados de 2001, tendo Komansky como aliado, O'Neal enfrentou vários outros candidatos e se tornou presidente da companhia. Mas ele queria mais.

O'Neal queria acabar com a cultura da Merrill Lynch, centrada nos funcionários, algo que via como obstáculo. Afetuosamente conhecida como "Mother Merrill" (um lembrete dos tempos em que a cultura era mais equilibrada e humana), a Merrill Lynch era um ótimo lugar para se trabalhar. Não era segredo, porém, que O'Neal desprezava essa cultura, considerando-a branda e sem foco. Sem nenhum interesse em fomentar uma cultura corporativa saudável, os negócios passaram a ser pura competição, e uma atmosfera competitiva foi, de fato, o que ele criou. A cultura que engendrou não foi uma cultura na qual os funcionários da Merrill simplesmente competiam furiosamente com os de fora. Foi uma cultura na qual as pessoas competiam intensamente umas com as outras.

Como mencionei, o líder sempre dá o tom da organização, e colocar seus interesses antes dos demais foi o tom estabelecido por O'Neal. Em 11 de setembro, a Merrill foi profundamente afetada, com centenas de funcionários feridos e três mortos. Mas nos 12 meses de comoção que se seguiram àquele trágico evento, como em outras firmas de Wall Street, O'Neal demitiu milhares de pessoas e fechou escritórios.

Tendo marginalizado seus rivais, em 2002 O'Neal concluiu os movimentos de seu jogo de xadrez: a diretoria da Merrill forçou seu velho amigo Komansky a se aposentar mais cedo e tornou O'Neal presidente do conselho e CEO. Sem o gregário Komansky por perto, a transformação cultural estava quase completa. Embora não fosse perfeito, Komansky pelo menos passava pela cafeteria dos funcionários e almoçava com eles. O'Neal não via valor nisso. Não tinha qualquer interesse em confraternizar com seu pessoal. Usava um elevador particular para chegar ao seu escritório no trigésimo segundo andar. Os funcionários eram orientados a não falar com ele nos corredores e a deixar o caminho livre quando passassem por ele. Sem perder a chance de aproveitar as mordomias, nos fins de semana O'Neal usava o jato corporativo para voar até sua casa em Martha's Vineyard.

Assim como trabalhamos para concretizar a visão de um líder que nos inspira, também agimos para sabotar um ditador que deseja nos controlar. Não surpreende saber que quando a confiança evaporou, a maior ameaça a O'Neal, como a qualquer ditador, viria de dentro. Em um Círculo de Segurança, as pessoas se esforçam para proteger seu líder como resposta natural à proteção que ele lhes oferece. Mas não era o caso da Merrill de O'Neal. Seus subordinados diretos tinham começado a trabalhar nos bastidores para pressionar a diretoria da Merrill a tirá-lo. O'Neal ficou sabendo e rapidamente esmagou a oposição.

Mas não tardaria para O'Neal isolar-se completamente no topo, permitindo que a cultura da Merrill passasse a ser quase que totalmente motivada pela intoxicação da dopamina e pelo medo e paranoia do cortisol. Os dias da "Mother Merrill" tinham acabado há muito tempo.

Nesta altura, a atenção da liderança da firma voltava-se para a criação dos títulos de alto risco que ajudariam a alimentar a ascensão e o colapso do mercado hipotecário. Alguém se surpreende que a companhia não estivesse em posição de evitar os transtornos que recairiam sobre ela? No verão de 2006, o responsável pela área de investimentos, Jeff Kronthal, avisou O'Neal dos perigos à frente. Em vez de trabalhar com Kronthal ou de programar medidas para preservar os interesses da companhia, O'Neal o demitiu. O'Neal acreditava que se houvesse problemas a enfrentar, só ele poderia resolvê-los, e por isso chamou para si ainda mais o controle.

Em outubro de 2007, a companhia anunciou perdas de mais de US$ 2,2 bilhões no terceiro trimestre e deu baixa em US$ 8,4 bilhões em investimentos fracassados. Finalmente, o reinado de O'Neal chegava a um fim brusco e inglório. Ele conseguiu isolar-se dos funcionários e da diretoria e foi afastado por ter procurado o banco Wachovia para tratar de uma possível fusão sem consultar seus diretores. Com isso, perdeu todo apoio que poderia ter obtido. Quanto valeu todo esse controle? O'Neal saiu da Merrill Lynch em desgraça, com uma indenização rescisória avaliada em mais de US$ 160 milhões.

Divirto-me diante da ironia de CEOs que acreditam no modelo de incentivos de "remuneração por desempenho" em suas empresas e depois esperam grandes indenizações ao saírem, deixando a companhia em frangalhos. Por que acionistas e diretores não incluem nos contratos a proibição do recebimento de pacotes de benefícios se um CEO sai da companhia em desgraça? Isso não seria consistente com os melhores interesses da companhia e dos acionistas? Bem, estou fugindo do assunto.

O'Neal representou uma versão extrema do pensamento que passou a dominar Wall Street, e no final foi o que causou a sua queda. Ele tinha se isolado das pessoas que liderava e, para piorar, fomentou tão bem a competição interna que, sem surpresa alguma, os antigos membros de sua equipe voltaram-se contra ele. Como já mostrei, o problema não é a maneira como a companhia conduz seus negócios. O problema está na qualidade dos relacionamentos dentro da organização – a começar pelo líder.

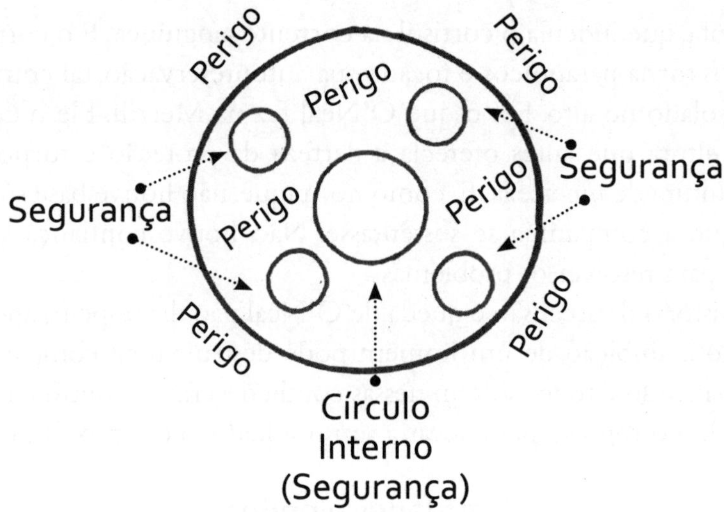

Quanto mais intenso o foco de um líder sobre sua própria riqueza ou poder, mais ele deixa de agir como líder e começa a assumir os atributos do tirano. Mark Bowden escreveu um artigo notável sobre Saddam Hussein na revista *Atlantic Monthly*. Nele, descreve como o líder tirânico "só existe para preservar sua riqueza e poder". E esse é o problema. "O poder", como explica Bowden, "isola gradualmente o tirano do mundo." E, como já sabemos, quando se cria a distância, a abstração toma conta e, em pouco tempo, entra a paranoia. O tirano acha que o mundo está contra ele, o que o leva a se isolar ainda mais das pessoas. Cria controles cada vez mais rígidos ao redor de seu círculo interno. E, com o aumento do isolamento, a organização sofre.

Sem os cuidados de quem está no alto, os membros da organização têm menos disposição a cooperar. Nessas condições, o melhor caminho para progredir na empresa é competir com os demais.

E quando isso acontece, o sucesso que os membros do grupo podem alcançar não será recebido com felicitações pelos outros, mas com inveja. Se o líder for puramente maligno ou se acharmos que não há como entrar em seu círculo interno, criam-se as sementes da rebelião. Mas quando existe a possibilidade de entrar, ou se suspeitamos de que seremos lançados aos leões, ficamos quase imobilizados. É o farfalhar da relva, o medo daquilo que pode estar à espreita, que inocula o cortisol na corrente sanguínea. É o cortisol que nos torna paranoicos e focados na autopreservação, tal como o líder isolado no alto. Foi o que O'Neal fez na Merrill. Ele mudou uma cultura que antes oferecia a certeza da proteção e tornou-a uma cultura de incerteza. E, como no Iraque, não houve base sólida para que a companhia se sustentasse. Não houve confiança suficiente para resolver os problemas.

A história de ascensão e queda de O'Neal não diz respeito apenas a como a ambição de um homem pode destruir uma companhia. No final, tudo e todos sofrem nessas condições. Tanto controle concentrado no topo só pode levar a um resultado: o colapso futuro.

O verdadeiro poder

David Marquet foi um submarinista de carreira. Graduado como um dos melhores da classe na Academia Naval, é um sujeito bem esperto. Realmente, graças à sua sagacidade, ascendeu nos escalões da Marinha dos EUA. Sabendo as respostas certas, pôde dar boas instruções e emitir boas ordens. Era o líder porque estava no comando (pelo menos, foi assim que lhe ensinaram).

Como em muitas organizações, a Marinha recompensa pessoas inteligentes e orientadas para metas com reconhecimento e promoções. Assim, o capitão Marquet foi reconhecido e promovido. Trabalhou para conquistar uma das maiores honras que qualquer oficial naval poderia receber: seu próprio comando. Tornou-se capitão do USS Olympia, um submarino de ataque rápido da classe Los Angeles, movido a energia nuclear. A Marinha tem os "*boomers*", grandes submarinos que transportam e lançam mísseis nucleares. Os submarinos menores e mais ágeis são projetados para caçar os *boomers* do inimigo, e, caso os localizem, devem destruí-los antes que possam lançar seus mísseis. É um complexo jogo de gato e rato encenado nas vastidões dos mares do planeta. Agora, o capitão Marquet era um ator importante desse palco.

Para se preparar para a grande tarefa, o Capitão Marquet passou um ano estudando os sistemas e a tripulação do Olympia. E, como era típico dele, esforçou-se para conhecer tudo que podia. Estudou cada fio, cada cano e cada interruptor a bordo do Olympia. Leu as fichas de cada membro da tripulação para descobrir o que pudesse sobre eles. Como muitos líderes, sentiu que precisava saber tanto quanto seu pessoal, se não mais, para ser digno de crédito. Tendo em vista a importância e a honra de sua nova posição, essa vez não seria uma exceção.

Menos de duas semanas antes da data prevista para o capitão Marquet assumir o comando do Olympia, ele recebeu um telefonema inesperado do comando. Tinha havido uma mudança de planos. Ele não iria capitanear o Olympia. Em vez disso, fora designado para assumir o comando do USS Santa Fe, um submarino mais novo da classe Los Angeles. Mas havia outro detalhe: a tripulação do Santa Fe fora quase a última colocada em quase todos os testes de prontidão e retenção da Marinha. Enquanto o Olympia era considerado o melhor dos melhores, o Santa Fe estava entre os piores, era o Portador de Más Notícias dos submarinos nucleares.

Mas o capitão Marquet era um sujeito esperto e viu a mudança como um desafio. Como muitos executivos sênior com ego forte e racional ao extremo, viu-se como aquele que assumiria o comando e viraria a mesa. Se desse boas ordens, teria uma boa nave. E se desse ótimas ordens, teria uma ótima nave... pelo menos, esse era seu plano.

Assim, em 8 de janeiro de 1999, o capitão Marquet saiu da plataforma de embarque de Pearl Harbor e pisou na nave de US$ 2 bilhões, um pouco mais longo do que um campo de futebol americano, que os 135 tripulantes chamariam de lar. Como uma das mais novas embarcações da frota, o Santa Fe tinha muitos equipamentos diferentes dos do Olympia, que o capitão Marquet estudara. Para alguém acostumado ao controle, estar em uma situação que não é plenamente compreendida pode levar a pessoa a ficar cega diante de sua própria ignorância. Ou pior: ela pode preferir esconder o que não sabe temendo que sua autoridade seja questionada. Embora soubesse que teria de confiar mais em sua tripulação para preencher as lacunas em seus conhecimentos, o capitão Marquet preferiu manter essa informação para si mesmo. Seu conhecimento técnico era a base de sua autoridade como líder e, sem ele, Marquet pensou que poderia perder o respeito de sua tripulação.

Mas leva tempo para mudarmos nossos hábitos. Em vez de fazer perguntas para aprender, o capitão Marquet fez o que sabia fazer – manteve-se no comando – e começou a dar ordens. E pareceu que daria certo. Tudo parecia correr muito bem. A tripulação obedecia às suas palavras, com *sim, senhor*! aqui e *sim, senhor*! ali. Não havia dúvidas sobre quem era o chefe. A serotonina fluía pelas veias do capitão Marquet e ele se sentia bem.

No dia seguinte, já no mar, o capitão Marquet decidiu fazer um exercício. Mandou que desligassem o reator nuclear manualmente para simular uma falha. Queria ver como a tripulação reagiria caso tivesse de enfrentar um fato real. Durante algum tempo, tudo pareceu ir bem. A tripulação tomou as precauções e agiu como devia, mantendo o submarino funcionando com um motor a bateria, ou EPM. Embora não fosse nem de longe tão poderoso quanto o reator nuclear, o EPM podia manter o submarino em movimento com baixa velocidade.

Mas o capitão queria forçar a tripulação para ver como ela se sairia sob uma pressão maior. Deu ao Oficial do Convés, navegador do submarino e mais experiente oficial a bordo, uma instrução simples: "À frente a dois terços". Isso significava que a tripulação deveria manter os motores elétricos a dois terços da potência máxima. Isso faria o submarino ficar mais veloz, mas esgotaria as baterias mais depressa, acrescentando pressão sobre a equipe que estava consertando o reator.

O Oficial do Convés confirmou a ordem do capitão e repetiu-a em voz alta, instruindo o marinheiro a aumentar a velocidade. "À frente a dois terços", disse ao timoneiro. E nada aconteceu. O submarino manteve a mesma velocidade.

O capitão Marquet afastou-se do periscópio e olhou para o membro da tripulação que deveria ter cumprido a ordem. O jovem marujo sentado diante dos controles estava desconfortável em seu assento. "Timoneiro", disse o capitão Marquet, "qual o problema?" E o jovem marinheiro respondeu, "Senhor, não há uma posição de dois terços". Diferentemente de todos os outros submarinos em que o capitão Marquet tinha servido, o novo Santa Fe não tinha uma posição de dois terços no motor a bateria.

Marquet virou-se para o navegador, que estava a bordo havia mais de dois anos, e lhe perguntou se sabia que não havia uma posição de dois terços. "Sim, senhor", respondeu o oficial. Estupefato, o capitão Marquet perguntou, "Então, por que você transmitiu a ordem?"

"Porque você me disse para fazê-lo", respondeu o oficial.

Nesse ponto, o capitão Marquet foi forçado a enfrentar a realidade dessa situação: sua tripulação fora treinada para seguir instruções e ele tinha estudado outro submarino. E se todos fossem seguir suas ordens cegamente, só porque ele estava no comando, poderia acontecer algo muito ruim. "O que acontece quando o líder está errado em uma cultura imposta de cima para baixo? Todos caem do penhasco", escreveria mais tarde o capitão Marquet. Se ele quisesse ter sucesso, teria de aprender a confiar mais naquela tripulação mal ranqueada do que em si mesmo. Não tinha escolha.

Um submarino nuclear não é como uma empresa. Em uma empresa, pensamos que quando as coisas dão errado podemos simplesmente substituir a equipe ou a tecnologia para fazê-la funcionar melhor. É uma opção que, para muitos líderes empresariais, parece ser vantajosa. Além disso, presume-se que as pessoas certas estejam sendo demitidas e que as pessoas certas estejam sendo contratadas. E se fossem forçados a administrar suas empresas tal como o capitão Marquet teve de administrar seu submarino? Ele não podia voltar ao porto e pedir uma tripulação melhor ou uma nave mais familiar. Esse era o desafio enfrentado agora pelo capitão Marquet. Por mais que conhecesse e por mais esperto que fosse, tudo que imaginava saber sobre liderança estava errado. Ele não podia deixar a tripulação seguir suas ordens – as consequências poderiam ser devastadoras. Agora, precisava que as pessoas pensassem, e não apenas fizessem.

"Quem está no alto", explica o capitão Marquet, "tem toda a autoridade e nenhuma informação. Quem está embaixo", prossegue, "tem toda a informação e nenhuma autoridade. Só quando aqueles que não têm informações abrem mão do controle é que a

DÊ AUTORIDADE PARA QUEM ESTÁ MAIS PERTO DA INFORMAÇÃO

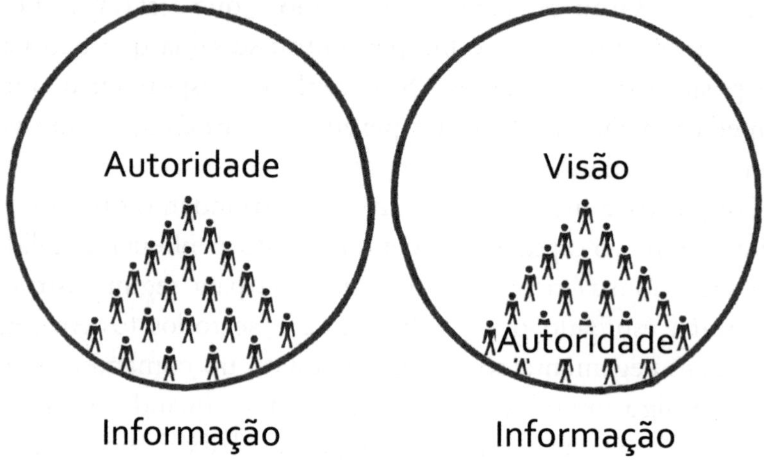

organização pode funcionar melhor, mais suavemente e mais depressa, atingindo seu potencial máximo." O problema, diz , foi que ele era "viciado" em controle. E a tripulação, como em tantas organizações que seguem uma interpretação distorcida da hierarquia, era treinada para obedecer. Em organizações nas quais poucos assumem a responsabilidade por suas próprias ações, algo ruim vai acontecer em algum momento. Algo que, provavelmente, era bem previsível.

Não podemos deixar de pensar nas empresas que sofrem por causa das decisões de algumas pessoas egoístas no quadro da organização. Se esses indivíduos agem de maneira antiética, cometem um crime ou simplesmente trabalham de forma contrária aos interesses da organização, nem eles, nem seus líderes parecem assumir a responsabilidade. Em vez disso, apontam para outros. Republicanos culpam democratas e democratas culpam republicanos quando as coisas não saem como deveriam. Companhias hipotecárias culparam os bancos e os bancos culparam as companhias hipotecárias pela crise financeira de 2008. Precisamos agradecer por nenhuma dessas empresas ser responsável pelo comando de submarinos nucleares.

O capitão Marquet compreendeu que o papel do líder não é ladrar instruções, sendo o único responsável pelo sucesso ou pelo fracasso da missão. O papel do líder é assumir a responsabilidade pelo sucesso de cada membro de sua tripulação. É garantir que recebam bom treinamento e sintam confiança na execução de seus deveres. Torná-los responsáveis e contar com eles na realização da missão. Se o capitão proporciona orientação e proteção, a tripulação fará o que for preciso para realizar a missão. Em seu livro *Turn the Ship Around!* (Vire o navio!, em tradução livre, sem edição em português), o capitão Marquet descreve as medidas que adotou – e que qualquer organização pode adotar – para desenvolver um ambiente no qual aqueles que sabem mais, e que realmente realizam determinado trabalho, têm poder para tomar decisões.

Uma das coisas que o capitão Marquet fez foi transformar a cultura da permissão na cultura da intenção. Ele proibiu literalmente o uso das palavras "permissão para" a bordo do Santa Fe.

"Senhor, solicito permissão para submergir a nave."

"Permissão concedida."

"Sim, senhor! Submergindo a nave."

Esta maneira padronizada de operação foi substituída apenas por: "Senhor, tenho a intenção de submergir a nave".

A cadeia de comando permaneceu intacta. A única diferença foi uma mudança psicológica. Agora, a pessoa que realizava a ação tinha controle sobre a ação em vez de apenas realizar uma tarefa que lhe fora designada. Quando lhe perguntaram até que ponto ele levou essa ideia do "tenho a intenção", o capitão Marquet lembra rapidamente que há três coisas que ele não pode delegar. "Não posso delegar minhas responsabilidades legais, não posso delegar meus relacionamentos e não posso delegar meu conhecimento. No mais, porém, posso pedir que outros assumam a responsabilidade", diz.

O que esse modelo tem de mais notável, e o que é importante nessas três responsabilidades, é que embora não possam ser delegadas, podem ser compartilhadas. E é isso que fazem os melhores líderes. Compartilham o que sabem, pedem ajuda às pessoas que sabem para realizarem seus deveres e fazem apresentações para criar novos relacionamentos dentro de suas redes. Os líderes fracos acumulam tudo isso, acreditando falsamente que sua inteligência, seu cargo ou seus relacionamentos é que os tornam valiosos. Não é isso. Em uma organização com um forte Círculo de Segurança, não só o líder está disposto a compartilhar conhecimentos, mas todos. Novamente, o líder dá o exemplo.

Quando nossos líderes revelam seus erros e as lacunas de seu conhecimento, não só ficamos mais dispostos a ajudar como nos mostramos mais dispostos a compartilhar quando cometemos erros ou quando as coisas dão errado. Dentro do Círculo, os erros não são algo a se recear. Em organizações que não proporcionam segurança, geralmente as pessoas tendem a esconder seus erros ou problemas em nome da autopreservação. Mas se esses erros ou problemas não forem abordados, vão crescer e aparecer mais tarde, quando serão grandes demais para poderem ser controlados.

Foi isso que o capitão Marquet foi forçado a aprender. Só quando se defrontou com um modelo fracassado, quando atingiu um ponto de falha ou desespero, ou percebeu que as pessoas que agiam sob essas condições nunca fariam o melhor trabalho, é que seu foco e seus esforços mudaram de curso. O capitão Marquet resistiu à tendência instintiva de assumir o controle. Agora, deleitava-se em abrir mão dele e ver outras pessoas assumindo as responsabilidades que receberam. Os relacionamentos a bordo do submarino foram fortalecidos e a cultura geral de confiança e cooperação melhorou visivelmente. Na verdade, melhorou tanto sob sua liderança que a tripulação do Santa Fe, outrora a pior ranqueada em toda a frota de submarinos dos EUA, tornou-se a melhor da história naval.

"A meta de um líder é não dar ordens", explica o capitão Marquet. "Os líderes devem oferecer orientação e intenção, permitindo que os outros deduzam o que fazer e como chegar lá." E é este o desafio enfrentado pela maioria das organizações. "Treinamos as pessoas para obedecer, não para pensar", prossegue. Se as pessoas simplesmente obedecem, não podemos esperar que assumam a responsabilidade por suas ações. A cadeia de comando serve para transmitir ordens, não informações. Responsabilidade não é fazer o que nos mandam fazer; isso é obediência. Responsabilidade é fazer o que é certo.

O capitão Marquet fez mais do que levar sua nave da pior posição para a primeira. Isoladamente, foi uma realização finita e sem valor significativo para o sucesso em longo prazo da organização a que serve. É como ter um bom balancete trimestral ou balanço anual, ignorando a década. O capitão Marquet criou um ambiente no qual as substâncias químicas que incentivam o comportamento estavam equilibradas. Os sistemas que implementou a bordo do Santa Fe recompensaram a confiança e a cooperação e não apenas a obediência e a realização. Quando aumentaram os níveis de ocitocina e de serotonina da tripulação, o mesmo aconteceu com seu orgulho e sua preocupação com os demais e com o sucesso do navio. Com o fluxo das substâncias químicas sociais, também foi aprimorada a capacidade de solucionar problemas juntos.

Diferentemente do pessoal da Merrill Lynch de Stanley O'Neal, a tripulação do Santa Fe passou de uma situação na qual esperavam que lhes dissessem o que fazer e trabalhavam para proteger a própria pele, para outra em que se sacrificariam uns pelos outros e trabalhariam pelo bem da coletividade. Não tentaram puxar o tapete de seu capitão; quiseram deixá-lo orgulhoso. E todos se beneficiaram.

A taxa de realistamento passou de apenas três no ano anterior ao comando do capitão Marquet para 33 (a média da Marinha é de 15 a 20). Em média, por submarino, dois a três oficiais serão selecionados para terem seu próprio comando. Em contraste, nove dos 14 oficiais a bordo do Santa Fe receberam o comando de suas próprias naves. O Santa Fe só progrediu como criou líderes.

Na física, a definição de força* é a transferência de energia. Medimos a força de uma lâmpada em watts. Quanto mais watts, mais eletricidade é emitida na forma de luz e calor, e mais forte é a lâmpada. As organizações e seus líderes operam exatamente dessa forma. Quanto mais energia é transferida do alto da organização para aqueles que fazem mesmo o trabalho, para aqueles que sabem o que acontece no cotidiano, mais poderosa será a organização e mais poderoso o seu líder.

* Em inglês, o termo utilizado é *power*, que também significa poder. (N. da E.).

CAPÍTULO 19

Lição de liderança 3: A importância da integridade

O teste da trincheira

O coronel pediu desculpas pelo atraso de alguns minutos para a entrevista. Estava cuidando de um "incidente", como classificou o motivo. Figura imponente, um fuzileiro naval como manda o figurino. A postura tão ereta quanto um pilar. Ombros largos. Cintura fina. O uniforme bem passado e usado com orgulho. A cabeça erguida, exalando confiança. Como oficial encarregado da Marine Corps Officer Candidates School, ou OCS, em Quantico, Virgínia, levava sua responsabilidade muito a sério.

Embora seja tecnicamente uma escola destinada a treinar oficiais, a OCS, segundo os fuzileiros navais, parece-se mais com um processo de seleção de oficiais. É difícil ser expulso do campo de treinamento básico de fuzileiros navais, mas se alguém não atende aos padrões para ser um líder dos fuzileiros na OCS, não vai se tornar um oficial. O simples fato de querer ser líder e de estar disposto a se esforçar muito não basta. Diferentemente do setor privado, no qual a habilidade no que se faz costuma ser recompensada com um cargo de liderança, no corpo de fuzileiros a liderança é também questão de caráter e não apenas de força, inteligência ou realização.

Neste dia em particular, tinha acontecido alguma coisa com um dos candidatos a oficial que chamou a atenção do coronel. Na verdade, tinha sido tão sério que estavam pensando em expulsar o candidato. Com a curiosidade fervilhando, perguntei o que o candidato poderia ter feito para chegar a ameaçar sua carreira como oficial do Corpo de Fuzileiros Navais. Devia ser algo muito sério. Eu me perguntava que crime ele poderia ter cometido.

"Ele dormiu em seu turno de vigia", disse o coronel.

"Só isso?", indaguei. "Vocês são mais severos do que eu imaginava." O sujeito adormeceu. Não estava em combate; não arriscou a vida de ninguém. Dormiu na floresta... da Virgínia. "E isso seria suficiente para encerrar sua carreira?", pensei comigo mesmo.

"Não tem nada a ver com o fato de estar dormindo", disse o coronel. "Quando lhe perguntamos, negou. Quando tornamos a perguntar, ele negou novamente. Só depois que lhe mostramos provas irrefutáveis é que disse, 'Gostaria de assumir a responsabilidade por meus atos'. O problema", disse o coronel, "é que assumir a responsabilidade por nossas ações é algo que fazemos na hora em que as realizamos, e não na hora em que somos flagrados".

Ele explicou que, no Corpo de Fuzileiros Navais, confiança e integridade são consideradas questões de vida ou morte. Se esse possível líder ficasse encarregado de um pelotão de fuzileiros navais e esses fuzileiros não confiassem plenamente na informação dada por seu oficial, questionando sua veracidade – boa, ruim ou indiferente –, então os fuzileiros poderiam hesitar, questionar as decisões do oficial ou não conseguir agir como equipe. E quando isso acontece, quando não podemos confiar nas pessoas que supostamente seriam responsáveis por nós, o resultado não pode ser bom. No caso dos fuzileiros navais, isso pode significar a morte de alguém.

Se dizem aos fuzileiros navais que devem obedecer ao seu oficial e eles suspeitam, por um momento, que o oficial está se esquivando da responsabilidade por suas ações ou que está mentindo simplesmente para acobertar-se ou para parecer melhor, o Círculo de Segurança se encolhe e toda a estrutura e eficácia do grupo de fuzileiros navais desmorona. Os fuzileiros navais não são bons só porque são fortes e destemidos. Também são bons no que fazem porque confiam uns nos outros e acreditam, sem sombra de dúvida, que o fuzileiro à sua esquerda e o fuzileiro à sua direita, independentemente do posto que ocupam, farão o que deve ser feito. Este é o motivo pelo qual os fuzileiros navais são tão eficientes como grupo.

O mesmo se aplica a qualquer organização, mesmo àquelas nas quais as decisões não envolvem vida ou morte. Quando desconfiamos que o líder de uma companhia está dizendo alguma coisa para que ele ou a empresa pareça melhor do que realmente está, ou para evitar a humilhação ou as responsabilidades, perdemos a confiança nele. É uma reação natural. O cérebro interpreta a informação recebida com nossa sobrevivência em mente. Se desconfiamos que nossos líderes estão distorcendo a verdade em interesse próprio, nossa mente subconsciente prefere que não tenhamos de entrar em uma trincheira com eles.

Outro fuzileiro naval adormeceu no mesmo exercício na OCS. Ele assumiu a culpa imediatamente e recebeu a punição adequada. Do ponto de vista da liderança, os fuzileiros navais não tiveram problemas com ele. Errou, e pronto. Foi honesto e assumiu imediatamente a responsabilidade por suas ações. A liderança, no entendimento dos fuzileiros navais, não significa estar certo o tempo todo. A liderança não é uma patente exibida no colarinho. É uma responsabilidade que gira quase que inteiramente em torno do caráter. A liderança envolve integridade, honestidade e responsabilidade. Todos os componentes da confiança. A liderança está em dizer não o que queremos ouvir, mas o que precisamos ouvir. Para ser um verdadeiro líder, para despertar confiança profunda e lealdade, comece dizendo a verdade.

Como não despertar confiança

"A integridade", disse o CEO, "é o leito rochoso de nossas fundações."

Segundo o *Merriam-Webster's Collegiate Dictionary*, "integridade" significa "firme adesão a um código de valores, especialmente morais ou artísticos". Isso significa que agir com integridade representa às vezes um padrão mais elevado do que operar dentro dos limites da lei. Uma palavra que costuma ser empregada como sinônimo é "incorruptibilidade". Integridade é mais do que uma palavra escrita na parede juntamente com os outros "valores da empresa"; é a razão pela qual confiamos uns nos outros – o "leito rochoso" da confiança, para usar as palavras escolhidas pelo CEO.

Precisamos saber que a informação que recebemos dos outros, especialmente de nossos líderes, boa ou má, é verdadeira. Precisamos saber que quando alguém diz uma coisa, está sendo sincero. Se duvidarmos de sua integridade, não poderemos confiar-lhes nossas vidas ou as de nossos entes queridos. Se duvidarmos da integridade de alguém, vamos hesitar antes de entrar em uma trincheira com essa pessoa. A integridade dos membros de nossa comunidade é, segundo entende o cérebro, uma questão de vida ou morte.

Como humanos, como animais sociais, estamos programados para avaliar constantemente as informações que as pessoas nos dão e as ações que realizam. É um processo constante e contínuo. Não confiamos em alguém depois que nos dizem apenas uma coisa, mesmo que seja verdade. A confiança evolui à medida que temos evidências suficientes para satisfazer nosso cérebro de que uma pessoa (ou uma organização) é, de fato, honesta. É por isso que a integridade, para que possa funcionar, tem de ser uma prática e não apenas um estado mental. A integridade ocorre quando nossas palavras e ações são consistentes com nossas intenções. Na melhor das hipóteses, a falta de integridade é hipocrisia, e na pior, mentira. O exemplo mais comum de falta de integridade no mundo empresarial é o líder de uma organização que diz aquilo que os outros querem ouvir e não a verdade.

É por isso que não confiamos nos políticos. Embora possamos nos sentar com uma lista de declarações feitas por um político e concordemos com cada uma delas, a razão pela qual normalmente não confiamos nele é que desconfiamos de que ele não acredita em tudo que disse. Não concordamos nem mesmo com tudo que nossos amigos íntimos e familiares dizem ou nas coisas em que acreditam, por isso é razoável deduzir que se o político está perfeitamente alinhado conosco, não está sendo completamente honesto.

Os políticos passam um tempo nas ruas apertando mãos e conhecendo as pessoas enquanto estão em campanha. Mas se realmente se preocupassem conosco, passariam horas apertando mãos e encontrando-nos o ano inteiro, e não apenas quando isso está dentro de seu programa. Ron Paul, candidato à presidência em 2012, tinha opiniões que não eram muito populares no país. Mas era muito mais confiável do que quase todos os outros candidatos, pois estava disposto a expressar essas opiniões sabendo muito bem que elas não o ajudariam a se eleger. Ademais, essas opiniões eram consistentes com o que ele dissera no passado. Não concordo com Ron Paul em vários pontos e não votaria nele, mas provavelmente confiaria mais nele em uma trincheira do que em algumas das pessoas em quem voto. Por um único motivo: ele tem integridade.

Integridade não significa sermos honestos quando concordamos um com o outro; significa também sermos honestos quando discordamos, ou, mais importante ainda, quando erramos ou fracassamos. Repito: nossa necessidade de formar relacionamentos confiáveis, segundo o cérebro social vê as coisas, é uma questão de vida ou morte, ou, no caso da vida ocidental moderna, uma questão de nos sentirmos seguros, íntegros e protegidos e não isolados e vulneráveis. Precisamos que as pessoas admitam que erraram e não tentem esconder o fato e nem distorcê-lo na tentativa de proteger sua imagem. Qualquer tentativa de distorção é egoísta, e uma motivação egoísta pode causar danos ao grupo caso este corra algum perigo. Esta não é uma ideia complexa.

Para um líder, a integridade é particularmente importante. Precisamos confiar que a direção que ele escolheu é, de fato, uma direção boa para todos e não apenas para ele. Como membros de uma tribo que querem sentir que fazem parte do grupo e que merecem sua proteção e apoio, geralmente seguimos nossos líderes cegamente na crença (ou esperança) de que é interessante fazê-lo. Este é o trato que fazemos com nossos líderes. Nós, no grupo, vamos nos esforçar para fazer com que sua visão se torne realidade; eles vão nos oferecer proteção no caminho, o que inclui avaliações e comentários honestos. Precisamos sentir que realmente se importam conosco. Como disse aquele CEO.

"A integridade é o leito rochoso de nossas fundações", disse Michael Duke, CEO, presidente, diretor e presidente do conselho do Comitê Global de Remuneração e presidente do conselho do Comitê Executivo do Walmart (sim, esse é seu título completo) a seus acionistas. "Nossa cultura é quem somos. Não são apenas palavras escritas em uma parede da sede central ou pregadas no quadro de avisos da sala dos funcionários de uma loja. Elas nos tornam especiais. Diferenciam-nos da concorrência. E são atraentes para todos. Onde quer que formos e quaisquer que sejam as mudanças que precisarmos fazer, temos de manter forte a nossa cultura. Acredito mesmo que o lojista que respeita os indivíduos, que coloca os clientes em primeiro lugar, que almeja a excelência, que é confiável, vai conquistar o futuro."

Admiro líderes que acreditam no valor da cultura. Respeito líderes que põem as pessoas na frente. E tenho uma profunda lealdade por aqueles que acreditam que a integridade é o leito rochoso de uma organização. Essas crenças são sinais de uma cultura muito forte, na qual as pessoas têm compromisso com as demais e com a organização. Uma atitude que põe as pessoas na frente e a dedicação à integridade estão no cerne da cultura do Corpo de Fuzileiros Navais dos EUA e move as decisões na Barry-Wehmiller (mesmo que eles não alardeiem o fato na imprensa).

Sendo assim, como devemos nos sentir quando Duke diz, na mesma reunião de acionistas na qual falou sobre integridade, que sua prioridade número um é o "crescimento"? Pensei que fossem os clientes! Isso significa que a cultura, definida como o agregado de valores e crenças comuns de um grupo de pessoas, é apenas uma lista de coisas escritas na parede?

Segundo o relatório da Walmart aos acionistas em 2011, Duke recebeu US$ 18,1 milhões naquele ano. O que o relatório não revela é que a companhia mudou a forma de calcular os bônus de Duke. Durante muitos anos, os bônus do CEO se basearam nas vendas da mesma loja, mas a diretoria comandada por Duke mudou o critério para vendas em geral – uma meta mais fácil de atingir. Acontece que as vendas da mesma loja tinham diminuído nos dois anos anteriores, o que prejudicaria a remuneração de

Duke. Com a mudança na regra, sua análise de "desempenho" poderia se valer da receita geral, um número fortemente influenciado pela Walmart International.

Jackie Goebel, funcionária da Walmart em Kenosha, Wisconsin, assim como Duke, recebe um bônus anual baseado no desempenho da empresa. Em 2007, seu bônus, calculado sobre as vendas da mesma loja, foi superior a US$ 1.100. Mas, diferentemente de Duke, a estrutura do bônus não mudou, e, por isso, no ano em que Duke recebeu US$ 18,1 milhões, a Srta. Goebel recebeu US$ 41,18. As regras não foram mudadas para beneficiar todos os membros da organização – só o sujeito lá no alto.

Apesar de as prioridades que Mike Duke e a diretoria expressam para um grupo aparentemente serem diferentes daquelas que expressam para outro grupo, e embora pareçam agir de maneira completamente oposta à definição de integridade, a culpa não é totalmente deles. O problema é que eles só tomam conhecimento do impacto de suas decisões sobre os outros lendo números em planilhas. Este é um dos efeitos colaterais da Abundância Destrutiva. Se operam nessa escala, como se pode esperar que ampliem o Círculo de Segurança para além deles mesmos e de outros executivos seniores – as pessoas que eles conhecem realmente?

Quando nossos líderes operam sob condições de abstração, naturalmente vão trabalhar para priorizar seus próprios interesses e não os dos demais. Os círculos internos ganham precedência sobre os Círculos de Segurança mais amplos. Não apenas isso: estabelece-se um exemplo para o resto da companhia. Quando os líderes tomam medidas para proteger seus próprios interesses, especialmente quando essas medidas são tomadas às custas dos outros, estão enviando uma mensagem para todos, mostrando que podem fazer a mesma coisa. E é nisso que Duke pode e deve ser responsabilizado pelas decisões que obrigam a questionar sua integridade.

Os líderes de empresas estabelecem o tom e a direção para as pessoas. Hipócritas, mentirosos e egoístas criam culturas repletas de hipócritas, mentirosos e egoístas. Os líderes de empresas que dizem a verdade, por sua vez, criam uma cultura de pessoas que dizem a verdade. Não é preciso ser físico nuclear. Seguimos o líder.

Entre 2005 e 2009, o gerente-geral da subsidiária argentina da Ralph Lauren e alguns de seus colaboradores pagaram propinas regulares para funcionários do governo em troca do desembaraço rápido de mercadorias e da possibilidade de se esquivarem da legislação aduaneira. Os colaboradores entregavam as propinas através de um funcionário da alfândega e chegaram a emitir faturas falsas para acobertar suas ações. Criaram rubricas falsas para disfarçar os pagamentos, descrevendo-as como despesas de "frete e entrega", "impostos" e outras. Durante mais de quatro anos, os colaboradores da companhia na Argentina dobraram os funcionários da alfândega com presentes, inclusive dinheiro, joias, vestidos caros e até uma bolsa que é vendida por mais de US$ 10.000.

Ao saberem da violação de várias leis que controlam o comércio internacional, os líderes da Ralph Lauren Corporation fizeram soar o alarme. Poderiam ter tentado acobertar o caso, ou, no mínimo, contratado uma agência de relações públicas caríssima para apresentar uma versão cuidadosamente elaborada do caso, tentando isentar a empresa das possíveis consequências. Em vez disso, dias após descobrirem as propinas, os executivos da Ralph Lauren entraram em contato com as autoridades norte-americanas para explicar o que tinham descoberto e para oferecer ajuda para a investigação federal sobre suas próprias atividades comerciais.

Criar confiança não exige nada além de se falar a verdade.

Quando os executivos da matriz souberam do caso, as propinas já tinham chegado a quase US$ 600 mil. No final, a Ralph Lauren Corporation foi forçada a pagar multas e taxas de US$ 882 mil ao Departamento de Justiça e US$ 732 mil à Securities Exchange Commission, mas valeu a pena. Como o fuzileiro naval que assumiu a responsabilidade por ter dormido e aceitou sua punição, a Ralph Lauren mostrou que era digna de confiança. E tudo que seus líderes tiveram de fazer foi dizer a verdade. As penalidades podem ter custado à empresa US$ 1,6 milhões, mas, se não tivessem sido honestos, poderia custar a reputação e a confiança adquirida por todos os que trabalham com a empresa. O lucro não justificaria a violação de sua integridade.

Criar confiança não exige nada além de se falar a verdade. Só isso. Não é uma fórmula complicada. Por algum motivo, muitas pessoas ou líderes de organizações deixam de falar a verdade ou preferem inventar uma história para darem a impressão de que não fizeram nada de errado. Mas nosso cérebro primitivo, que avalia tudo em termos de sobrevivência, percebe a verdade. É por isso que normalmente não confiamos em políticos ou em grandes corporações. Não tem nada a ver com os políticos ou com grandes empresas em si, mas com a maneira como políticos e líderes de corporações preferem falar conosco.

Cada um de nós deveria olhar para os gestores ou os líderes das companhias em que trabalhamos e perguntar: "Será que eu gostaria de estar em uma trincheira com você?". E os gestores ou os líderes das companhias que dependem de nosso trabalho árduo deveriam, por sua vez, perguntar a si mesmos: "Que força tem nossa companhia se a resposta for não?".

Uma lição corporativa sobre dizer a verdade

Em resposta à reação diante do plano de cobrar mensalmente US$ 5 dos clientes para usar o cartão de débito para fazer compras, o CEO do Bank of America Brian Moynihan proclamou que a companhia tinha "o direito de lucrar".

Mas declarações como essa não conseguiram aplacar a indignação de clientes do Bank of America espalhados por todo o país, que se uniram e prometeram encerrar suas contas no banco em sinal de protesto. Houve manfestações em Los Angeles e Boston, e em Washington uma mulher recolheu 300 mil assinaturas em uma demonstração de solidariedade contra a companhia da Carolina do Norte. O que ajudou a alimentar essa fúria foi a descoberta de que o valor não se aplicaria a todos os correntistas do Bank of America. Os mais ricos ficariam isentos. Os correntistas mais simples, a maioria com conta-salário, é que seriam afetados.

Os líderes do Bank of America recusaram-se a divulgar se o número de contas encerradas foi superior à média após o anúncio da nova política. Contudo, na terça-feira, 1º de novembro de 2011, exatamente 33 dias após o anúncio, o banco emitiu um comunicado informando que tinham decidido abandonar o plano.

Os líderes de grandes empresas mudam de ideia o tempo todo sobre as decisões que tomam. É de se esperar que pessoas e empresas cometam erros e façam escolhas tolas. Não há nada de mais nisso. O que gera confiança entre as pessoas ou entre as pessoas e as organizações não é o fato de só se tomar decisões corretas. É a sinceridade. E sinceridade foi exatamente o que faltou ao Bank of America quando decidiu cancelar a cobrança.

Primeiro, o Bank of America discutiu a ideia da taxa diretamente nos círculos financeiros, e na época foram claros e diretos sobre suas motivações e intenções. Eles, entre outros bancos, tinham sido bem eloquentes ao se opor à Lei Dodd-Frank, que impõe limites às taxas que os bancos podem cobrar após a crise financeira. "A lógica econômica ligada à oferta de um cartão de débito mudou com as regulações recentes", disse uma porta-voz do Bank of America. A finalidade dessas novas taxas foi muito divulgada e ninguém ficou em dúvida sobre elas: compensar o prejuízo. Muitos bancos estavam pensando em cobrá-las – o Bank of America foi apenas o primeiro a puxar o gatilho.

A companhia disse uma coisa para a comunidade financeira, mas outra para o público. Quando revelaram formalmente o plano, tiveram a audácia de dizer que as taxas propostas tinham a finalidade de "ajudar os clientes a ter pleno acesso a todas as vantagens adicionais, como proteção contra fraudes". Não foi nem mesmo uma boa desculpa. Foi como se a General Motors dissesse que cobraria US$ 5 diários pelo uso do carro para que pudésssemos desfrutar de todas as fantásticas características de seu novo modelo. Mas os clientes do Bank of America não engoliram. Assim, diante da indignação do público, o banco mudou a história. Em um breve comunicado com quatro frases, tentaram desfazer o dano que causaram a si mesmos.

CHARLOTTE, N.C., Nov 01, 2011 (BUSINESS WIRE)—

O Bank of America não vai implementar a taxa de uso do cartão de débito

Em resposta à opinião dos clientes e a um mercado competitivo e mutável, o Bank of America não tem mais a intenção de implementar uma taxa de uso do cartão de débito.

"Ouvimos nossos clientes com atenção nas últimas semanas e compreendemos sua preocupação com a proposta da taxa pelo uso do cartão", disse David Darnell, co-CEO. "A voz de nossos clientes é muito importante para nós. Por isso, atualmente não vamos cobrar a taxa e não daremos prosseguimento a outros planos para fazê-lo".

Um comentário rápido: "ouvir nossos clientes" é algo que geralmente acontece antes de se tomar uma decisão, e não depois. Mas não vamos nos deter nesses detalhes. A verdade é que o que os executivos do banco estavam ouvindo mesmo era o som dos apresentadores dos telejornais comentando, os manifestantes gritando do lado de fora de seus escritórios e o dinheiro saindo das contas depois que os clientes encerraram-nas em um ritmo desconfortavelmente superior ao habitual.

A única coisa que o Bank of America precisava ter feito para conquistar a confiança de seus clientes – e, na verdade, de Wall Street – era dizer a verdade. Só isso. E se o comunicado anunciando a reversão da decisão fosse assim:

CHARLOTTE, N.C., Nov 01, 2011—

O Bank of America não esperava uma reação tão forte

Em resposta à indignação dos clientes e da reação tão negativa na imprensa, o Bank of America não pretende mais implementar uma taxa pelo uso do cartão de débito.

"Estamos diante de desafios econômicos maiores do que estávamos acostumados a enfrentar", disse David Darnell, co-CEO. "Em um esforço para alavancar as receitas, achamos que poderíamos tentar implementar uma taxa sobre as compras feitas com cartão de débito. Esperávamos uma reação, mas não como a que vimos. Por isso, não vamos dar prosseguimento a nenhum plano de cobrar taxas adicionais sobre compras feitas em cartões de débito de nossos clientes. Além disso, pedimos desculpas por termos sido míopes. Com certeza, aprendemos uma lição importante sobre o valor de nossos clientes e a influência que podem exercer sobre nossa situação financeira."

Mesmo que sua decisão fosse completamente contrária aos interesses dos clientes, o simples fato de serem sinceros sobre ela teria ajudado muito a reconquistar a confiança. Na verdade, o Bank of America teria reforçado sua reputação caso tivessem simplesmente dito a verdade. Nossa confiança em uma organização é desenvolvida da mesma maneira que a confiança nos indivíduos. Precisamos saber o que podemos esperar para orientar nossos vínculos sociais, e saber com quem podemos ficar vulneráveis e com quem podemos expressar fraquezas ou dar as costas. Não se trata de ganhar ou perder. A única coisa que queremos saber é se podemos nos sentir seguros em uma trincheira com você.

Como o fuzileiro naval que só quis "assumir a responsabilidade por suas ações" depois de ser flagrado, vemos hoje a tendência perturbadora no mundo dos negócios de se fazer a mesma coisa. Quando uma companhia é flagrada com a boca na botija, os líderes fazem uma reunião para discutir como abrandar o problema ou evitar punições? Ou discutem a necessidade de fazer o que é certo, com base em um código moral mais elevado... em um código de ética e na integridade? Diferentemente dos líderes da Ralph Lauren, os líderes do Bank of America preferiram manipular a informação para dar a aparência de preocupação com seus clientes, quando, obviamente, estavam mais preocupados consigo mesmos.

Suponha que seu chefe lhe diga que a companhia para a qual você trabalha perdeu subitamente seu melhor cliente e que, por isso, você e os outros funcionários do departamento terão de receber menos e talvez até tirar uma licença enquanto a companhia tenta se realinhar. Claro, vai ser difícil durante algum tempo, diz o seu chefe, mas se você concordar em ficar, será recompensado assim que as coisas tornarem a melhorar. Em quem você tenderia a acreditar mais diante dessa informação: em um executivo do Bank of America ou em um executivo da Ralph Lauren Corporation? Como diz o ditado zen budista, o modo como você faz algo é o modo como você faz tudo.

CAPÍTULO 20

Lição de liderança 4: A importância dos amigos

Ganhar ou servir

Em algum momento do início da década de 1990, Newt Gingrich, deputado republicano pelo sexto distrito congressional da Geórgia, frustrado com o fato de o Partido Democrático controlar a Casa havia décadas, decidiu que era hora de os republicanos chegaram ao poder e assumir a maioria. O problema é que ele resolveu mexer em um sistema que estava funcionando.

Na verdade, os dois partidos trabalhavam bem juntos. Embora os democratas tivessem a maioria no Congresso, diferentemente de hoje, a meta principal não era contar vantagem sobre quem tinha o controle; era contar vantagem sobre quem conseguia fazer as coisas. Sabendo que aquele que tivesse a maioria ainda precisaria do outro partido, os democratas não recebiam o crédito pleno quando conseguiam realizar alguma coisa. Nos bastidores, os dois partidos agiam para que ambos pudessem alegar a vitória e contentar suas respectivas bases. Eleição após eleição, os democratas mantinham a maioria por inércia, não porque eram melhores em si. Quando o controle não era a principal meta, os objetivos eram cumpridos e os dois partidos tinham suas necessidades atendidas graças ao trabalho conjunto.

Além disso, na época, era prática comum os membros do Congresso, após eleitos, mudarem-se com as famílias para Washington, D.C., voltando para seus escritórios nos distritos de origem sempre que a agenda do Congresso permitisse. Em Washington, todos vivem em um pequeno mundo, no qual suas famílias frequentam as mesmas igrejas e escolas, independentemente da afiliação partidária. Democratas e republicanos discutem, debatem e criticam-se mutuamente nas comissões durante o dia, depois vão aos mesmos eventos nas escolas, aos mesmos churrascos de quintal e às mesmas festas à noite. Malgrado suas diferenças, formam-se relacionamentos, bem como confiança e cooperação mútuas.

Charles Gibson, antigo âncora de telejornal e professor da John F. Kennedy School of Government, de Harvard, conta como George McGovern, senador democrata da Dakota do Sul, e Bob Dole, senador republicano do Kansas, discutiam no Senado as políticas apresentadas e depois se comportavam como melhores amigos no final da tarde. Em outro exemplo, o democrata Tip O'Neill, extrovertido Presidente da Câmara, tinha reuniões regulares com o líder republicano Bob Michel. Trabalhavam juntos.

Quando os cortes nos impostos propostos por Reagan estavam sendo discutidos no início da década de 1980, Gibson se lembra de que O'Neill disse ao Congresso: "[O presidente] não se importa, não liga, não leva em conta o pequeno homem do campo". Em resposta, o presidente Reagan acusou O'Neill de "pura demagogia". Mais tarde, quando o presidente chamou O'Neill para "apaziguar os ânimos", O'Neill teria dito, "Velho amigo, isso é política. Após as seis da tarde podemos ser amigos, mas antes das seis, é política". Hoje em dia, a política parece durar o dia inteiro e a noite toda, deixando pouco tempo para as amizades.

E era assim. Membros de partidos opositores reduziam as diferenças forjando amizades que lhes davam perspectiva; sentiam que tinham um propósito comum. Embora sempre tenha havido divisões em Washington, na maior parte das décadas de 1960, 1970 e 1980 o Congresso funcionou – a maioria dos democratas e dos republicanos tinha descoberto como cooperar. O que, como a antropologia e a biologia nos ajudam a compreender, acontece de forma mais eficiente quando trabalhamos fisicamente juntos e temos a chance de nos conhecer melhor.

Todavia, Gingrich, um homem que parecia mais obcecado com a vitória do que com qualquer outra coisa, imprimiria um novo curso ao Congresso. A cooperação foi afastada. A nova meta era o controle. A estratégia que escolheu foi demolir o sistema existente. Para acabar com o *status quo*, procurou retratar um sistema tão corrupto que só uma reforma completa poderia salvá-lo. E, em 1994, ele conseguiu. O Partido Republicano assumiu o controle da Casa com Gingrich ao leme como Presidente da Câmara, pondo fim a qualquer esperança de cooperação entre os partidos.

Uma vez no poder, Gingrich promoveu uma vasta gama de mudanças que alterariam completamente a maneira de fazer as coisas em Washington. E isso começou com o levantamento de mais fundos. Uma das mudanças incluía a ideia de que os membros da Casa deveriam passar a maior parte de seu tempo nos distritos de origem, e não na capital. Na década de 1980, quase dois terços dos membros do Congresso moravam em Washington, D.C. Hoje, você teria dificuldades para encontrar mais do que meia dúzia. Os congressistas voam para Washington para uma semana de trabalho curta, chegam ao Congresso na terça-feira e voltam para seus estados de origem na noite da quinta-feira. Esse fato assinalou uma importante alteração nas relações entre democratas e republicanos. Passando a maior parte da semana distantes do trabalho a fim de levantar fundos, membros dos dois partidos tinham agora menos oportunidades para conversar, e certamente não socializavam juntos com a frequência da geração anterior de legisladores. Com isso, diminuíram as oportunidades para desenvolver a confiança.

Claro que havia em jogo muitas forças que levaram ao Congresso profundamente dividido que temos hoje, e a ascensão de Gingrich foi apenas uma delas. A reorganização dos distritos e uma imprensa altamente politizada contribuíram para a polarização, bem como o excesso de dependência da Internet. Por que trabalhar frente a frente em Washington se você pode mandar e-mails de qualquer lugar?

Se antes compartilhavam o poder, agora os congressistas passavam a acumulá-lo. Sem uma visão ou propósito específico para guiá-los, a governança deixou de ser uma atividade altruísta para se tornar uma empreitada egoísta e lucrativa. Assim como as empresas deixaram de servir ao consumidor para servir ao acionista, o Congresso deixou de ser uma cultura de cooperação e se tornou uma batalha de vontades.

Para liderar de fato, o líder precisa caminhar pelos corredores e passar algum tempo com as pessoas a que servem, a "liderança do globo ocular", como os fuzileiros navais a chamam. O mesmo se aplica aos deputados eleitos. Mas não é o que está acontecendo. Hoje, os congressistas dizem que passam mais tempo em seus distritos de origem para atender melhor aos seus eleitores, mas na verdade não os servem fazendo isso. Há poucas evidências de que, quando estão em seus estados, os deputados visitem fábricas ou conversem com os cidadãos para compreender melhor suas necessidades (exceto na época das eleições). Quando voltam para casa, o que parecem estar fazendo mesmo é levantando verbas para garantir sua reeleição. Quando nos desconectamos das pessoas com quem trabalhamos, passamos mais tempo focados em nossas próprias necessidades do que nas necessidades das pessoas por quem deveríamos ser responsáveis.

Em uma apresentação de Power Point feita para congressistas democratas recém eleitos, o DCCC (Democratic Congressional Campaign Committee) recomenda uma "agenda modelo" para quando os membros estão em Washington: quatro horas em telefonemas para levantamento de verbas, uma a duas horas visitando constituintes, duas horas trabalhando em sessões ou em comissões, uma hora para contatos estratégicos (cafezinhos, apresentações pessoais e imprensa) e uma hora para recarregar as baterias. Na verdade, Tom Perriello, que foi congressista por um mandato, disse ao *Huffington Post* que as "quatro horas dedicadas ao levantamento de verbas podem ter sido 'abrandadas para não assustar demais os novos membros'".

Independentemente de cumprirem ou não a agenda modelo, esse é apenas mais um exemplo da pressão para atingir os números, vencer as eleições e se manter no poder em vez de formar relacionamentos, encontrar pontos de contato e fazer progressos em nome do bem comum. Como o CEO de uma empresa de capital aberto que se preocupa mais com vitórias e com números do que com as pessoas que realmente fazem o trabalho, os deputados eleitos invertem suas prioridades.

Não é de surpreender que hoje os relacionamentos no Congresso estejam em frangalhos. As hostilidades entre os partidos atingiram um pico inédito. Congressistas veteranos lembram que no passado cerca de 80% das discussões sobre uma nova lei aconteciam a portas fechadas nas comissões, e 20% no Congresso, para as câmeras. Hoje, as lideranças dos partidos discutem no Congresso antes de tentar obter um consenso nas comissões.

Olympia Snowe, senadora republicana do Maine que serviu durante 33 anos, decidiu em 2012 que não concorreria à reeleição, embora fosse franca favorita. Em uma declaração publicada em um jornal de sua cidade natal, ela explicou: "Tive de levar em conta se um mandato adicional seria produtivo. Infelizmente, não espero realisticamente que o partidarismo dos últimos anos no Senado vá mudar em curto prazo. Por isso, neste momento de minha participação no serviço público, concluí que não estou preparada para me comprometer com mais seis anos de Senado". Snowe é apenas uma de um número crescente de pessoas que, depois de dedicar suas vidas ao serviço público, estão saindo frustradas diante desse ambiente cáustico. Se os "bons sujeitos" estão saindo, isso significa que o futuro de nosso governo está nas mãos daqueles que se beneficiam do sistema atual ou têm estômago para suportar o excesso de levantamento de fundos, a miopia crescente e a cultura cada vez mais presente do eu antes do serviço.

O resultado dessa atmosfera agressiva em nosso governo, como seria de se esperar, é a falta de confiança e de avanços. Uma pesquisa do Instituto Gallup feita em janeiro de 2013 mostrou que o congresso norte-americano tem um índice de aprovação de apenas 14% entre os americanos. É um número mais baixo do que o índice de aprovação de vendedores de carros usados ou até que o de Genghis Kahn, imperador mongol do século 12, famoso por ter massacrado mais de 40 milhões de pessoas, na maioria civis inocentes. Não é de surpreender que três quartos dos americanos, conforme a pesquisa, acreditem que "a maneira como os políticos trabalham em Washington" é nociva para o país. E, com base no que conhecemos sobre as condições necessárias para haver confiança, cooperação e progresso, eles têm razão.

Se como animais sociais somos mais produtivos quando temos confiança e cooperação, então a falta de confiança e de cooperação significa que faremos menos. Atualmente, o Congresso é considerado muito ineficaz como órgão do governo. Enquanto este livro está sendo escrito, o 112º Congresso, que serviu entre 3 de janeiro de 2011 e 3 de janeiro de 2013, foi considerado o mais polarizado da história. Criou menos leis do que qualquer outro desde a década de 1940 – apenas 220. O Congresso anterior transformou 383 projetos em leis e o anterior a este, 460. Se aceitarmos o fato de que a produção de leis é uma métrica legítima de cooperação, até o Congresso que detinha antes o recorde de menor produção, o 104º, entre 1995 e 1996, foi mais cooperativo com os 333 projetos que se tornaram leis – mais de 100 a mais que o 112º.

A falta de consideração para com o elemento humano da governança mostra uma tendência decrescente firme na capacidade de execução do Congresso. E os efeitos disso são dramáticos. Segundo observadores políticos, o público atribui essa incapacidade de os congressistas trabalharem juntos à crise econômica de 2008. Esse Congresso polarizado foi culpado pela falta de progresso em questões como dívida pública, reforma da Seguridade Social e mudança climática, entre várias outras coisas.

Alguns congressistas atuais culpam "o sistema" ou a velocidade com que as notícias se espalham em um mundo interconectado por seus problemas e baixos índices de aprovação. Entretanto, ignoram o fato de que eles são o sistema e a Internet não lhes causa mal; simplesmente relata o mal que fazem. O problema não é a política, o dinheiro ou a mídia. Todos são sintomas do problema. A razão pela qual nosso Congresso é tão ineficiente é simplesmente uma questão de biologia. Se os congressistas não se reúnem, se não se conhecem e nem as pessoas que representam, o fluxo das substâncias químicas sociais é limitado, e o impulso para levantar verbas e vencer eleições faz da dopamina seu principal incentivo. O ambiente no qual nossos legisladores trabalham hoje dificulta a confiança recíproca ou o trabalho conjunto em benefício de quem quer que seja, exceto deles mesmos.

Inimigos lutam. Amigos cooperam.

Membros da Comissão de Agricultura do Senado estiveram na Romênia como parte de uma missão para conhecer melhor as políticas comerciais e seus colegas europeus. Por acaso, Bob Goodlatte, veterano congressista republicano da Virgínia, e Stephanie Herseth Sandlin, jovem congressista democrata da Dakota do Sul, eram as duas únicas pessoas da delegação sem ter o que fazer após um dia de reuniões. Assim, decidiram sair para comprar suvenires juntos.

Embora estivessem na mesma comissão, eram de partidos diferentes. E, segundo as regras não escritas do Congresso, isso significa que eram adversários. Até aquele dia, na melhor das hipóteses, seu relacionamento podia ser descrito como cordial.

Existe algo especial em reuniões fora de contexto que nos tornam mais abertos a conhecer outras pessoas. Quer joguemos futebol de praia com amigos, saiamos para almoçar ou façamos uma viagem de negócios com alguém que não conhecemos bem, quando as responsabilidades de nossos empregos não nos forçam a trabalhar juntos, quando nossos interesses conflitantes são postos de lado durante algum tempo, parecemos bem abertos a enxergar os outros como pessoas e não como colegas de trabalho ou concorrentes. Pode ser esta uma das razões pelas quais as conversações de paz costumam se dar em ambientes serenos, nos quais as partes beligerantes podem sair e caminhar juntas.

E foi exatamente isso que aconteceu com os congressistas Herseth Sandlin e Goodlatte. Sem o peso da política ou de seus respectivos partidos às suas costas, os dois saíram para explorar a cidade juntos. A democrata e o republicano tornaram-se Steph e Bob. E se entenderam muito bem. Embora discordassem em muitos aspectos no trabalho, tinham muito em comum como pessoas normais. Como sabemos, é o que temos em comum com as pessoas que nos atrai e cria a base da amizade.

Pelos padrões modernos, o que aconteceu entre os dois membros do Congresso, com pontos de vista geralmente opostos, é quase inédito. Sabendo como os congressistas passam pouco tempo em Washington, têm poucas oportunidades de se reunir socialmente com pessoas como eles, e menos ainda de se relacionar com pessoas de quem não deveriam gostar. Mas nesse dia na Romênia, as sementes da amizade seriam plantadas e depois cresceriam, tornando-se algo bom para os dois congressistas por anos a fio.

Com as bases assentadas, a congressista Herseth Sandlin e o congressista Goodlatte continuaram a almoçar juntos em Washington, sem qualquer motivo que não o fato de desfrutarem da companhia mútua. Começaram a se ver e a se tratar como seres humanos e não como adversários. Como facções beligerantes que acabam em um acordo de paz, os dois deputados aprenderam que aquilo que tinham em comum era a base da confiança de que necessitavam para falar sobre as coisas nas quais discordavam. "Prestamos atenção um no outro", lembra Herseth Sandlin. "Ouvimos o que o outro tinha a dizer e nos entendemos com relação a projetos de lei sobre os quais, não fosse pela amizade, não entraríamos em acordo."

Goodlatte e Herseth Sandlin votaram de formas opostas com frequência, mais do que no mesmo sentido. Não se encontraram muito frente a frente durante seus mandatos, mas não precisavam. Graças ao respeito mútuo e à amizade é que surgiram ocasiões em que concordaram em fazer o que era certo, mesmo que isso significasse que um deles teria de votar contra a linha do partido (e, diferentemente do que acontece no sistema parlamentarista, tecnicamente é para isso que elegemos os deputados nos Estados Unidos). O deputado Goodlatte chegou a votar a favor de uma emenda promovida por Herseth Sandlin, "para grande decepção da liderança do GOP*", disse. "É o tipo de coisa que acontece muito raramente hoje em dia." (Vale a pena comentar que quando

* Acrônimo de *Grand Old Party*, algo como "bom e velho partido", apelido dado ao Partido Republicano dos EUA (N. do T.).

Olympia Snowe votou a favor de permitir mais discussões sobre a questão da reforma no sistema, seu próprio partido criticou-a publicamente e ameaçou tirar suas verbas. Só porque ela votou para que se continuasse a falar sobre o assunto.)

Cooperação não significa concordância, mas sim trabalhar em conjunto para o bem maior, servir àqueles que dependem de nossa proteção, e não acumular vitórias para servir ao partido ou a nós mesmos. O que os dois congressistas criaram foi o reconhecimento e o respeito autênticos um pelo outro. O que formaram não foi nada além do que, no mundo fora da política, seria chamado de amizade. O fato de tal relacionamento ser considerado tão extraordinário que serviu de tema para um livro chega a ser perturbador. Conhecer as pessoas com quem trabalhamos todos os dias deveria ser a maneira normal de se fazer as coisas. Reconhecendo o ambiente cáustico e isolado que consome a política de Washington, convocaram uma série de retiros com a finalidade de estimular mais civilidade no Congresso. O primeiro se deu em Hershey, na Pensilvânia, e o Dr. William Ury, negociador de paz de renome mundial e coautor do livro *Como chegar ao sim* (Ed. Imago), estava lá. Ele se recorda de que vários deputados lhe disseram a mesma coisa sobre a qualidade dos relacionamentos no Congresso. "Passaram mais tempo com membros do outro partido nesses três dias do que passaram em todas as suas carreiras", recorda Ury. Infelizmente, os retiros foram cancelados por falta de interesse. Acontece que amizade e confiança não podem ser formadas em três dias. É preciso uma dedicação regular (sem surpresas) de tempo e energia. "Se há conflito, sem conhecer o outro é muito difícil chegar à paz", diz Ury. E Ury entende um pouco de paz. Fundador do Projeto de Negociação de Harvard, é considerado uma das maiores autoridades no assunto. Geralmente, é chamado para ajudar a negociar acordos de paz entre adversários em diversas partes do mundo. "Precisamos que eles se entendam", diz. "Que se humanizem. E que se ouçam."

Poucos questionariam os sentimentos de Ury. Sabemos que, para haver paz entre Israel e Palestina, os líderes precisam se encontrar. Precisam conversar. Sabemos que para haver paz entre Índia e Paquistão, eles precisam estar dispostos a se sentar à mesa, a conversar e a ouvir. Quando as partes se recusam a conversar, recusam-se a ouvir o outro, recusam-se até a se encontrar, é grande a chance de que o conflito vá prosseguir. Como o nosso Congresso pode ter credibilidade para dizer ao mundo como fazer a paz se seus membros parecem incapazes de mostrar como se faz isso?

Herseth Sandlin e Goodlatte são um modelo do que poderia ser feito. Se "o sistema" não permite que um partido socialize com o outro partido, a esperança está nos senadores e deputados que têm a coragem de liderar. Se forem movidos pelo desejo de servir a seus eleitores e ao país, é essencial que invistam tempo e energia simplesmente para se conhecer. Se, no entanto, forem movidos principalmente pelo desejo de vencer eleições e de manter seu partido no poder, então o sistema atual está funcionando muito bem... para eles... e para mais ninguém.

Sem retiros ou situações formais, tudo que é necessário é que alguns membros de mente aberta de um partido procurem alguns membros de mente aberta do outro partido e saiam para tomar um drinque ou comer alguma coisa sem qualquer pauta específica. Se eles se importam com o povo americano, há a necessidade antropológica de se reunirem apenas para se conhecerem. Como acontece em qualquer relacionamento, alguns vão se entender e outros não. Com o tempo, porém, haverá cooperação.

CAPÍTULO 21

Lição de liderança 5: Lidere as pessoas, não os números

Neutron Jack

Dez anos depois que o economista Milton Friedman escreveu sobre a única responsabilidade social dos negócios – "utilizar seus recursos para atividades que visem aumentar seu lucro, desde que permaneçam dentro das regras do jogo" – suas palavras se tornaram o novo grito de guerra de um novo movimento que dominaria Wall Street e a América corporativa. A primazia do cliente foi substituída pela do acionista, o verdadeiro "proprietário" da companhia (uma definição egoísta, geralmente refutada por juristas). Segundo essa ideia, com o foco no valor para o acionista, as companhias acumulariam riqueza, criariam empregos e alimentariam a economia. Todos ganhariam. Mas não foi o que aconteceu. Disseram todos, mas referiram-se a poucos.

Quando entendemos a história da teoria do valor para o acionista, os resultados não surpreendem. A década de 1940 viu a ascensão do "managerialism" (ou gerencialismo, em português), sistema que associou as corporações norte-americanas a detentoras de amplo propósito social. Durante a maior parte do século 20, os diretores de grandes corporações com ações em bolsa viram-se como administradores e guardiões, com a missão de orientar as instituições na direção que melhor atenderia ao público, proporcionando empregos estáveis e vitalícios. Foi um sistema que funcionou razoavelmente bem... até os desafios da década de 1970. Em 1973, o mercado norte-americano de ações chegou a um pico antes de entrar em um período de dois anos de declínio quase contínuo em função de diversos eventos.

Tudo começou com o presidente Richard Nixon, que tomou a decisão de abandonar o padrão ouro, o que levou à inflação, entre outros desafios, seguida do embargo árabe ao petróleo em 1973, período no qual o preço do petróleo quadruplicou. Some-se o impacto de Watergate e a guerra do Vietnã, e a economia norte-americana estagnou. O mercado só chegaria ao fundo do poço em dezembro de 1974, quatro meses após a renúncia de Nixon, quando o Índice Dow Jones chegou a 577, uma queda de 45% em relação a seu valor mais alto, menos de dois anos antes. Foi o começo de uma nova era, na qual o preço das ações de uma empresa tinha pouca relação com seu desempenho geral.

Como geralmente acontece quando se defrontam com incerteza e confusão, as pessoas procuraram respostas. Diretores e acionistas de corporações queriam proteger seus interesses e voltar a crescer, e os economistas buscaram uma métrica simples para medir o desempenho das corporações. Encontraram-na em uma teoria muito pouco conhecida, chamada valor para o acionista.

Embora Milton Friedman tenha sido o primeiro a apresentar a ideia geral, foi um par de acadêmicos – William Meckling, da University of Rochester, e Michael Jensen, da Harvard Business School – que a disseminaram com um artigo que publicaram no *Journal of Financial Economics* em 1976. Foi a resposta pela qual todos estavam procurando, uma fórmula que poderia resolver os problemas de uma América cansada da estagnação e de lucros decrescentes.

Em 2012, a professora Lynn Stout, da Cornell Law School, escreveu uma obra definitiva sobre o assunto, *The Shareholder Value Myth* (em tradução livre, O mito do valor para o acionista, sem edição em português), na qual ela mostra que o valor para o acionista se mostrou atraente na mesma hora para dois grupos influentes:

defensores dos acionistas e CEOs das companhias, os mesmos grupos que mais se beneficiariam da teoria. Assim, ela se instalou. Carl Icahn e outros ativistas corporativos começaram a buscar companhias financeiramente abaladas para engolir (e, nessa época, eram abundantes). Em geral, procuravam companhias cujos títulos estavam subvalorizados, compravam ações e depois forçavam a diretoria a reduzir despesas, frequentemente com demissões ou com a venda de partes da companhia. Ao mesmo tempo, o pagamento dos executivos era associado diretamente ao desempenho dos títulos na forma de opções e bônus, garantindo com isso que os executivos teriam incentivos financeiros para colocar suas prioridades à frente das de clientes e funcionários.

Durante os anos de crescimento das décadas de 1980 e 1990, titãs como Jack Welch, na época CEO da General Electric, e Roberto Goizueta, que comandava a Coca-Cola, foram pioneiros na construção de companhias que maximizavam o valor para o acionista. E durante algum tempo isso pareceu funcionar – para os acionistas, claro. As duas companhias deram muito dinheiro a seus acionistas (e a seus executivos). No período gerencialista, era comum os CEOs receberem gordos salários e bônus modestos, mas nesse novo período passaram a ser pagos segundo o preço das ações. A estratégia deu origem à primeira geração de CEOs bilionários que não fundaram a empresa e nem abriram seu capital. (Na verdade, Goizueta tem a distinção de ser o primeiro executivo norte-americano a se tornar bilionário com base na quantidade de ações de uma empresa que não fundou e nem abriu o capital; o segundo foi o ex-CEO da Microsoft, Steve Ballmer.)

No final da década de 1980, o valor para o acionista se tornara um princípio de gestão da GE, comandada por Welch desde 1981. Todos os anos, Welch demitia os gestores na faixa dos 10% mais fracos, aqueles cujas divisões menos tinham contribuído para o valor das ações da companhia, e recompensava aqueles na faixa dos 20% melhores com opções de compra de ações. Esse sistema de "ranqueamento e demissão" foi mantido durante a maior parte da gestão de Welch na GE, e isso lhe rendeu o apelido pejorativo de "Neutron Jack".

Welch conseguiu, de fato, ter sucesso na construção de uma companhia poderosa que rendeu muito dinheiro para seus acionistas, e muitas empresas ainda consideram que o "Jeito Welch" é o que conduz aos maiores lucros. Em sua gestão, as vendas da GE passaram de US$ 26,8 bilhões para US$ 130 bilhões. O valor de mercado da companhia aumentou 30 vezes, tornando-a a mais valiosa do mundo na época de sua saída.

Não há dúvidas de que os feitos de Welch foram notáveis, e de que poucos teriam conseguido fazer algo que sequer se aproximasse deles. Mas se compararmos o desempenho da GE com o desempenho do índice *S&P 500* no mesmo período, seus feitos parecem menos impressionantes. A trajetória da GE acompanhou a trajetória do mercado no período em que Welch esteve no poder. É como celebrar a alta das ações de uma companhia petrolífera quando o preço do petróleo sobe. Uma maré alta levanta todos os navios. (Isso não passou em branco para o sucessor de Welch, Jeffrey Immelt, que assumiu em 2001 após a saída de Welch, bem antes da maré virar: "Qualquer um era capa de administrar uma empresa na década de 1990", disse Immelt ao *Financial Times* em 2009. "Um cachorro conseguiria administrar negócios".) Também é importante salientar que, nesse período, metade dos lucros da GE não saíram de seu negócio principal, a indústria, mas de seu braço financeiro, a GE Capital.

Se formos julgar Welch pelo tipo de liderança que tem sucesso porque prioriza os lucros e não as pessoas, então ele merece o título de herói de Wall Street. Um homem brilhante no desenvolvimento de sistemas para maximizar o valor em curto prazo. Mas grandes companhias e grandes líderes são os que conseguem ter um sucesso maior do que o de qualquer líder e atravessar bem os períodos difíceis. E se julgarmos um líder não pelo que faz enquanto está segurando a tocha, mas pelo que acontece depois que a passa adiante? Segundo essa métrica, Welch não se sai tão bem. O legado de um líder é tão forte quanto as bases assentadas por ele, permitindo que outros continuem a aperfeiçoar a organização em seu nome. Legado não é a recordação dos bons tempos quando o velho líder estava lá. Isso não é legado, é nostalgia. Os fundadores dos Estados Unidos construíram um forte legado porque o país foi construído para durar muito mais do que suas vidas. A GE maximizou a oportunidade da época, quando os números eram mais importantes do que as pessoas. Não foi uma oportunidade feita para durar. E não durou.

Jim Collins e Jerry Porras expõe isso em seu livro *Feitas para durar* (Ed. Rocco), afirmando que quando o gênio que estava lá no alto sai, leva consigo sua experiência e sua genialidade. Em contraste, quando um líder tem a humildade de distribuir o poder pela organização, a força da companhia se torna menos dependente de uma única pessoa e consegue sobreviver mais facilmente. Nesse modelo, em vez de tentar comandar e controlar tudo, os líderes dedicam toda a sua energia ao treinamento, formação e proteção de seu pessoal – a gerenciar o Círculo de Segurança – para que as pessoas possam comandar e controlar qualquer situação por si mesmas. Essa é a melhor maneira de proteger o legado do líder e estender o sucesso da companhia por muitos anos após a sua saída.

Segundo um estudo feito pela Dra. Natalia Lorinkova, pesquisadora da área de gestão e liderança na Wayne State University, "No começo, equipes conduzidas por um líder diretivo superam aquelas conduzidas por um líder que distribui o poder. Todavia, apesar do desempenho inicial menor, as equipes conduzidas por um líder que distribui o poder têm um desempenho que melhora com o tempo graças a níveis mais elevados de aprendizado, coordenação, capacitação e desenvolvimento do modelo mental".

Em outras palavras, todos os benefícios das equipes de melhor desempenho são resultado direto da sensação de segurança junto a seus pares e de acreditarem que seus líderes se preocupam com seu bem-estar. Qualquer outro modelo é simplesmente uma aposta na possibilidade de o próximo gênio ser tão bom quanto aquele que saiu, sem levar em conta a força do resto da companhia.

Essa aposta na teoria do próximo gênio acrescenta uma importância desequilibrada e um risco desconfortavelmente elevado ao planejamento sucessório. Se o novo líder não conseguir comandar e controlar com a mesma eficiência de seu antecessor, é duvidoso que os membros da organização se arrisquem a participar da visão do líder; estarão ocupados tentando se proteger uns dos outros.

Em algumas companhias, as demissões continuam a ser um fato tão corriqueiro no quarto trimestre ou no primeiro, quando a companhia está tentando atingir suas metas, que alguns funcionários tomam medidas extremas para se proteger. Uma fonte de um grande banco de investimentos me disse que, como em um mecanismo de relógio, no período que antecede a divulgação dos números anuais, a quantidade de reclamações internas por assédio, discriminação e proteção contra denúncias aumenta de maneira suspeita. Não há razão óbvia para existir uma temporada de reclamações; seria de se esperar uma distribuição uniforme ao longo do ano. E não há um motivo para que assédio, discriminação e proteção contra denúncias aconteçam ao mesmo tempo.

O problema é que o número de reclamações internas sobe bem na hora em que algumas companhias começam a analisar os números do final do ano e se preparam para demissões a fim de cumprir as metas. Aparentemente, no fim do ano, os funcionários apresentam reclamações na tentativa de proteger seus bônus e, ao mesmo tempo, seus empregos. Não é uma cultura que inspira as pessoas a doar sangue, suor e lágrimas para a companhia, para seus líderes ou para os colegas. É uma cultura na qual cada um protege sua posição... e portanto é isso que as pessoas fazem.

Welch e outros, na década de 1980, foram pioneiros no uso de pessoas como recurso dispensável em prol dos investidores. Desde então, tornou-se cada vez mais comum a prática de demissões para que as companhias melhorem o balanço. Hoje, a demissão é considerada uma prática empresarial aceitável, geralmente pondo fim à carreira dos demitidos, simplesmente para equilibrar os resultados trimestrais ou anuais. Se é para pôr fim a uma carreira, que seja por negligência, por incompetência ou como último recurso para salvar a companhia. Entretanto, nessa versão de capitalismo do século 21, a ideia de que trabalhamos em meritocracias parece falsa. Em muitos casos, não importa quanto nos esforçamos antes; se a companhia fica aquém do esperado, dispensa funcionários. Nada pessoal, são os negócios. Imagine você se livrando de um de seus filhos porque ganhou menos do que esperava no ano anterior. Imagine como seus filhos se sentiriam se soubessem que o plano era esse. Bem, é isso que acontece hoje em muitas empresas.

Em meados da década de 1990, a transformação já tinha sido concluída. A primazia do acionista era o mantra da América corporativa. E, com isso, surgiram novos problemas. Graças à cultura dos níveis desequilibrados de dopamina motivando o comportamento e um excesso de cortisol, a empatia encolheu e o interesse pessoal se tornou a motivação dominante. Assim, começamos a ver o aumento na manipulação das ações, muita desigualdade salarial e uma forte dose de fraudes contábeis. Tudo isso continua acontecendo hoje.

Parece razoável esperar que os líderes das empresas se esforcem para proteger os interesses dos proprietários. Todavia, também é possível argumentar que, na verdade, os acionistas não possuem essas companhias. Na visão da professora Lynn Stout, Friedman, o herói da moderna economia capitalista, estava simplesmente errado. Não existe embasamento jurídico para a ideia de que os acionistas seriam os verdadeiros donos das corporações. Eles simplesmente possuem ações, que são representações abstratas. No jargão jurídico, as corporações "possuem-se" a si próprias. E, tendo em vista que os acionistas não são os verdadeiros donos das corporações, estas não têm a exigência legal de maximizar o preço das ações, como muitos alegam.

Stout leva esse raciocínio mais além, dizendo que a maximização do valor para o acionista fracassou. É fato que engordou os bolsos da elite corporativa, mas, em praticamente todos os outros sentidos, foi ruim para os negócios e para as próprias companhias. Os funcionários são forçados a trabalhar em uma atmosfera na qual o desempenho em curto prazo é valorizado acima de tudo, e o bem-estar das pessoas é quase sempre relegado ao segundo plano. As consequências disso são empiricamente ruins para a companhia. E, ao contrário do que se alega, a maximização do valor para o acionista fez pouco ou nada para os acionistas minoritários. Segundo uma pesquisa realizada por Roger Martin, reitor da Rotman School of Management, acionistas que investiram na *S&P 500* antes de 1976 obtiveram um retorno médio de 7,5%. Depois de 1976, a média caiu para 6,5%, diz, e tem sido menor do que isso desde 2000.

"Há evidências cada vez mais numerosas de que as companhias que conseguem maximizar mais o valor para o acionista ao longo do tempo são aquelas cujas metas principais não incluem a maximização do valor para o acionista", escreveram Justin Fox e Jay Lorsch na edição de julho-agosto de 2012 da *Harvard Business Review*. "Geralmente, mais do que os acionistas, funcionários e clientes conhecem melhor a companhia e têm um comprometimento de longo prazo com ela." Veja o caso da British Petroleum. Sei que é um exemplo extremo, mas ele destaca bem o que acontece quando as pessoas ignoram o impacto de seu comportamento sobre os demais.

Altos e baixos – ou, explosão e ruína

Na noite de 20 de abril de 2010, o valor para o acionista explodiu no noticiário – literalmente. Foi o dia em que uma explosão a bordo da plataforma de petróleo Deepwater Horizon matou 11 trabalhadores e despejou 5 milhões de barris do pegajoso petróleo cru sobre o Golfo do México – criando um desastre ambiental e financeiro que levaria bem mais tempo para consertar do que os cinco meses necessários para fechar o poço.

Como aconteceu essa catástrofe de proporções épicas? Os acidentes são o produto natural de descuidos ou de erros humanos. E todos cometem erros. Mas o fato de tantos terem dito depois que esse acidente foi inevitável significa que foi mais do que um erro isolado. Como se descobriu, havia muito que a BP economizava em medidas de segurança para se manter dentro dos cronogramas e do orçamento. Depois que uma explosão na refinaria da BP na cidade de Texas matou 15 pessoas em 2005, a empresa admitiu relutantemente que tinha ignorado procedimentos de segurança para reduzir os custos. Nos três anos que antecederam a explosão da Deepwater, a BP tinha acumulado 760 violações de segurança "flagrantes, deliberadas", segundo registros da OSHA.* No mesmo período, a Sunoco e a ConocoPhillips tiveram oito cada e a Exxon

---

* Occupational Safety & Health Administration, ou, em tradução livre, Administração de Segurança e Saúde Ocupacional, é a agência de saúde ligada ao Ministério do Trabalho dos EUA (N. do T.).

apenas uma menção comparável. Uma enquete feita entre os operários da Deepwater, todos funcionários da BP ou da Transocean, proprietária da plataforma, poucas semanas antes da explosão, revelou que de modo geral os operários sentiam que a plataforma Deepwater era completamente insegura. Os dados estavam ali, na frente dos proprietários, mas eles não ligaram. Cegados por seu foco movido a dopamina, não prestaram atenção nas advertências.

Na primavera de 2005, o projeto Deepwater Horizon estava seis semanas atrasado e US$ 58 milhões acima do orçamento. Cada dia de atraso custava mais US$ 1 milhão. Mais tarde, a BP assumiria sua culpa por 11 crimes, e responderia por um milhão de processos movidos por partes prejudicadas. A BP já tinha pagado US$ 713 milhões em impostos não recolhidos para os estados da Louisiana, Alabama, Flórida e Texas. A companhia estima que o custo total dos acordos foi de US$ 7,8 bilhões, além da multa de US$ 17,6 bilhões por violações ambientais.

Só com base nas multas, a BP poderia estar 12 anos atrasada no cronograma e ainda assim teria perdido menos dinheiro do que perdeu com o derramamento de petróleo. Como lembra Stout, a BP teria sido mais lucrativa para seus acionistas se atrasasse um ano a perfuração do poço a fim de atender às medidas de segurança apropriadas. Na semana que antecedeu o derramamento, as ações da BP estavam cotadas a US$ 59,88; em 21 de junho, quando o derramamento entrou em seu terceiro mês, as ações estavam em US$ 27,02. Quase três anos depois, em fevereiro de 2013, as ações ainda não tinham recuperado seu valor, sendo negociadas a US$ 40 cada. O acionista com aplicações em diversas companhias e indústrias perdeu dinheiro se tinha ações da BP, e o impacto do descuido da BP se fez sentir por toda a indústria.

Estima-se que a proibição de perfurações no Golfo, associada ao longo processo de se obter licenças para explorar petróleo e gás natural em alto mar, custaram aos Estados Unidos mais de US$ 24 bilhões em investimentos perdidos em petróleo e gás natural, segundo executivos do setor. (O mesmo relatório, encomendado pela indústria norte-americana de petróleo, avalia que os Estados Unidos perderam 72 mil empregos em 2010 e 90 mil em 2011 em consequência do derramamento.) Acrescente-se a isso que se qualquer investidor, como parte de carteiras bem equilibradas, tivesse propriedades na região do Golfo ou participação em companhias afetadas pelo turismo, inclusive restaurantes, construtoras, empresas de navegação e várias outras, também teria sofrido prejuízos financeiros. Se a meta principal da BP era dar aos acionistas o valor que estes esperavam, é estranho ver que as vozes mais estridentes contra a BP, aquelas que exigiram maiores controles, não tenham sido das próprias companhias de petróleo.

A ascensão da primazia do acionista e o excesso de dependência de incentivos externos à base de dopamina para alimentar essa primazia fizeram com que os executivos se habituassem a pensar no curto prazo, uma tendência que não nos surpreende se levarmos em conta que a permanência média no cargo de CEO corporativo é de cinco anos.Veja a GE: como muitas das poderosas companhias financeiras das décadas de 1980 e 1990, ela não foi construída para enfrentar tempos difíceis. Nem a Enron. Ou a Worldcom. Ou a Tyco. Essas companhias tinham outra coisa em comum: todas tiveram CEOs heroicos, que maximizaram o valor para o acionista no curto prazo e gerenciaram as vidas de seres humanos como se fossem números em uma planilha. Mas os números nunca salvam ninguém nos períodos difíceis. As pessoas, sim.

Mais tarde, o próprio Welch diria que o foco no valor para o acionista era "a ideia mais estúpida do mundo", afirmando até hoje que sempre viu o valor para o acionista como um resultado, não como uma estratégia. A ênfase que os negócios atribuíram ao valor para o acionista foi "mal orientada", disse. "Sua principal preocupação são seus colaboradores, seus clientes e seus produtos." (Alguns dias depois de Welch ter dito essas palavras em 2009, oito anos após sua aposentadoria, a GE perdeu a classificação AAA de crédito junto à Standard & Poor's, o que a tirou de seu nicho como uma das companhias mais dignas de crédito do país.)

A perversa interpretação da regra do "acionista primeiro" criou culturas nas quais quase ninguém que trabalhe em companhias de capital aberto, grandes ou pequenas, sente-se protegido por seus líderes. Um número muito grande de CEOs parece não se dar ao trabalho de liderar seus colaboradores. De olho nos resultados de curto prazo, os executivos não conseguem inspirar de fato seus subordinados. As prioridades de Wall Street exercem um poder irracional sobre os executivos, e, por extensão, sobre a cultura da companhia toda. As pessoas que trabalham nessas companhias receiam perder o emprego caso o preço da ação caia. E, para o cérebro humano primitivo, essa sensação desperta o instinto de sobrevivência. Quando o jogo consiste em correr ou lutar e não existe um amplo Círculo de Segurança, a melhor estratégia é matar ou ser despedido. Quando nos sentimos inseguros diante das incertezas, fica quase impossível estabelecer relacionamentos e confiar nos outros. E quando isso acontece, nosso trabalho sofre, a cultura sofre e a organização toda sofre...

Mas não nos precipitemos. Também é importante notar que nós, acionistas, somos suscetíveis ao encantamento do lucro em detrimento das pessoas. Durante a bolha das ponto.com, investimos a partir das sugestões dos amigos. Ignoramos sonoramente as pesquisas. Com a dopamina impelindo a necessidade de riqueza instantânea, atacamos as oportunidades sem analisar os fatos com mais atenção. E, pior: temendo perder oportunidades, parecíamos confiar cegamente nas informações, independentemente da fonte. Não podemos simplesmente acusar pessoas como Welch ou a BP, ou a teoria do valor para o acionista, se nós nos comportamos de forma tão irresponsável quanto eles em nome do lucro rápido.

Liderança das pessoas

O desempenho de uma companhia está intimamente ligado à personalidade e aos valores de quem está no alto. E a personalidade e os valores da pessoa no alto determinam o tom da cultura. Um homem que escreveu cinco livros sobre liderança e colocou seu próprio rosto na capa de todos eles, Welch, é justo dizer, gostou de ser uma celebridade... e a cultura de sua companhia o acompanhou. Na GE de Jack Welch, as pessoas eram lançadas umas contra as outras. Eram levadas a fazer todo o possível para ficar bem. Dava-se prioridade às realizações da dopamina, arrematadas por um amor egoísta pelo status movido pela serotonina. Ser o número um era o que importava. Que se danasse a melosa ocitocina.

James Sinegal é diferente. Ele administra sua companhia de maneira completamente oposta à forma como Jack Welch administrou a dele. A maioria das pessoas nem sabe quem é Sinegal. Ele não coloca seu rosto nas coisas e prefere que seu pessoal receba os créditos, não ele. Cofundador da Costco, Sinegal esteve à frente da companhia entre 1983 e sua aposentadoria em janeiro de 2012. Diferentemente de Welch, Sinegal acreditava em uma cultura equilibrada, uma cultura na qual a prioridade era a atenção para com o pessoal. Sinegal sabia que se a companhia tratasse seus empregados como membros da família, eles retribuiriam com confiança e lealdade. Ele rejeitava a ideia popular de que para ter sucesso no varejo, especialmente no setor de armazenagem, as companhias precisam manter salários baixos e reduzir ao máximo os benefícios dos colaboradores.

Sua atitude de priorizar as pessoas foi a base de uma cultura que permite que as substâncias químicas sociais atuem da maneira como deveriam atuar. E isso, por sua vez, faz com que a confiança e a cooperação se desenvolvam. Os funcionários são elogiados quando encontram soluções e formas melhores de fazer as coisas. Cuidam uns dos outros, em vez de competir entre si.

Tanto Sinegal quanto seu antecessor, Craig Jelinek, irritaram vários analistas de Wall Street com essa postura. Em 2005, quando Sinegal se recusou a transferir um percentual maior dos custos dos planos de saúde para os funcionários, Emme Kozloff, analista da Sanford C. Bernstein & Co., acusou-o de ser "benevolente demais" (uma descrição que deve ter agradado Sinegal). Ignorar conselhos egoístas de pessoas que não fazem parte da empresa é um dos fatores que faz de CEOs como Sinegal líderes e não seguidores.

Nesta altura, não deve surpreender que a empatia que líderes como Sinegal sentem por seus colaboradores é, na verdade, boa para os negócios. Se você tivesse investido na GE e na Costco em janeiro de 1986 – logo depois de a Costco abrir o capital e apenas alguns anos após Welch ter se tornado o CEO da GE –, quando este livro foi escrito, em outubro de 2013, você teria ganhado

GE VERSUS COSTCO

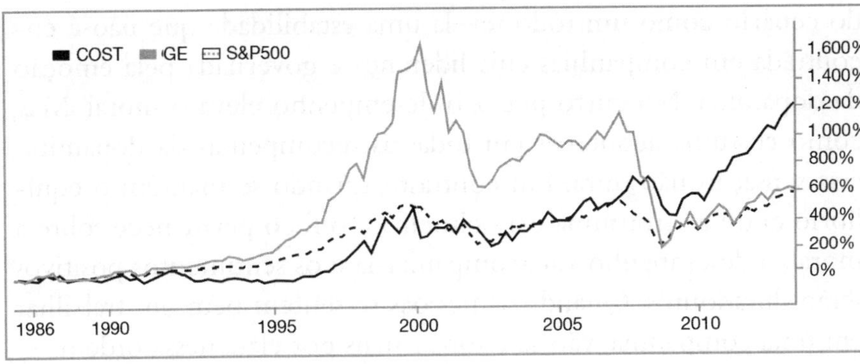

uns 600% sobre seu investimento na GE (mais ou menos o índice médio da *S&P*). No mesmo período, você teria ganhado quase 1.200% investindo na Costco. Embora os picos de valorização da GE tenham atingido 1.600% sobre o investimento inicial, esse índice foi o pico de uma montanha russa, e não há garantias de que você teria conseguido vender suas ações logo antes do declínio. No entanto, na Costco, você teria tido um passeio relativamente firme, equilibrado, apesar de ter enfrentado as águas turvas de uma economia difícil. Isso confirma ainda mais a pesquisa da Dra. Lorinkova que mostra que a distribuição do poder, embora não seja tão boa no curto prazo, é muito melhor ao longo do tempo. A boa liderança é como um exercício. Não vemos melhoras no corpo em comparações diárias. Na verdade, se ficarmos comparando a aparência do corpo em um determinado dia com a aparência no dia anterior, pensaremos que nossos esforços terão sido em vão. Só quando comparamos fotos ao longo de semanas ou meses é que conseguimos ver a diferença com clareza. Julgamos melhor o impacto da liderança ao longo do tempo.

Diferentemente de Welch, Sinegal, que cultivou um forte Círculo de Segurança, construiu sua companhia tanto para enfrentar tempos difíceis quanto dias amenos. Construiu-a também para sobreviver a ele, motivo pelo qual os lucros da Costco continuaram a crescer mesmo depois que Sinegal se aposentou. É claro que a Costco viu seu crescimento desacelerar na época mais difícil da economia (o preço de suas ações sofreu no último semestre de

2008) e que nem todas as lojas foram um sucesso. Mas uma análise do cenário como um todo revela uma estabilidade que não é encontrada em companhias cuja liderança é governada pela emoção da dopamina. No curto prazo, o desempenho eleva o moral. Mas, como costuma acontecer em todas as recompensas da dopamina, essa sensação não dura. Em contraste, quando se mantém o equilíbrio entre a serotonina e a ocitocina e o foco permanece sobre a moral, o desempenho vai acompanhá-la e os sentimentos positivos serão duradouros. Quando as pessoas se sentem bem em trabalhar em uma companhia, vão se esforçar mais por ela... nessa ordem.

A Costco teve sucesso porque reconhece que os empregados são como uma família, e não apesar deste fato. Como a Costco é um lugar incrível para se trabalhar, o desempenho da companhia é o melhor possível. Em outras palavras, o que é bom para os funcionários é bom para os acionistas da Costco. Hoje, a Costco é a segunda maior empresa varejista dos EUA e a sétima do mundo. E não dá sinais de desacelerar. "A Wall Street está no negócio de ganhar dinheiro entre hoje e a próxima terça-feira", disse Sinegal. "Nós estamos no negócio de formar uma organização, uma instituição que esperamos que esteja funcionando dentro de 50 anos."

Apesar da recessão que começou em 2008, a companhia teve lucros de mais de US$ 1 bilhão por ano, pagando os maiores salários do varejo e proporcionando planos de saúde subsidiados pela empresa para quase 90% de seus funcionários. A Costco paga a seus contratados uma média de US$ 20 por hora (contra um salário mínimo federal de apenas US$ 7,25 por hora). Como comparação, o salário médio para funcionários em período integral nos EUA é de cerca de US$ 13 por hora, e a companhia só proporciona planos de saúde para a metade de seus colaboradores.

E não é só. Enquanto Walmart e outros varejistas importantes têm se esforçado para impedir o aumento do salário mínimo federal, os executivos da Costco manifestam-se a seu favor. "Em vez de reduzir os salários", disse Jelinek em 2013, em uma declaração em apoio ao aumento, "sabemos que é bem mais lucrativo no longo prazo minimizar a rotatividade de funcionários e maximizar a produtividade, a dedicação e a lealdade dos empregados." Os líderes da

Costco acreditam que toda empresa deveria estender o Círculo de Segurança a todos os colaboradores, inclusive àqueles posicionados nos níveis inferiores da hierarquia da organização.

No outono de 2009, o desaquecimento da economia começou a afetar seriamente o setor varejista, e a Costco, como seus concorrentes, sentiu a pressão. Em abril de 2009, a companhia reportou uma queda de 27% nas vendas. A indústria começou a se retrair e algumas redes de lojas anunciaram demissões. O que fez Sinegal? Aprovou um aumento salarial de US$ 1,50 por hora, distribuído ao longo de três anos. Segundo o CFO da Costco, Richard Galanti, Sinegal foi firme ao dizer que os trabalhadores precisavam de ajuda adicional durante a recessão, e não o contrário. "Esta economia é ruim", teria dito Sinegal a Galanti. "Deveríamos estar descobrindo formas de lhes dar mais, e não menos." Isso não quer dizer que a Costco nunca tenha demitido ninguém. No começo de 2010, 160 dos 450 empregados de uma loja nova no East Harlem, em Nova York, receberam o bilhete azul após um período muito fraco de vendas da loja. A diferença entre a Costco e companhias como a GE de Welch é que a Costco recorre a demissões em último caso, enquanto as GEs do mundo usam-nas como estratégia habitual.

Em função dessa atitude, a rotatividade na Costco é extraordinariamente baixa – menos de 10% para empregados horistas. Enquanto as pessoas vão trabalhar no Walmart porque querem um emprego, as pessoas vão trabalhar na Costco porque querem um futuro e a sensação de pertencer a uma equipe. A companhia também prefere promover funcionáros mais antigos a cargos executivos em vez de contratar gente de fora, e quase nunca procura formandos em escolas de administração para cargos gerenciais. Segundo a *Bloomberg Businessweek*, mais de dois terços dos gerentes de armazém da Costco começaram como caixas ou em cargos parecidos. Esta é uma das proteções adotadas pelos líderes da Costco para garantir que o Círculo de Segurança que formaram ao longo de tanto tempo será mantido intacto. Que aqueles que se beneficiam dele vão ficar na empresa para mantê-lo forte. Este é o valor da lealdade.

Os clientes nunca vão amar uma empresa se antes os funcionários não a amarem.

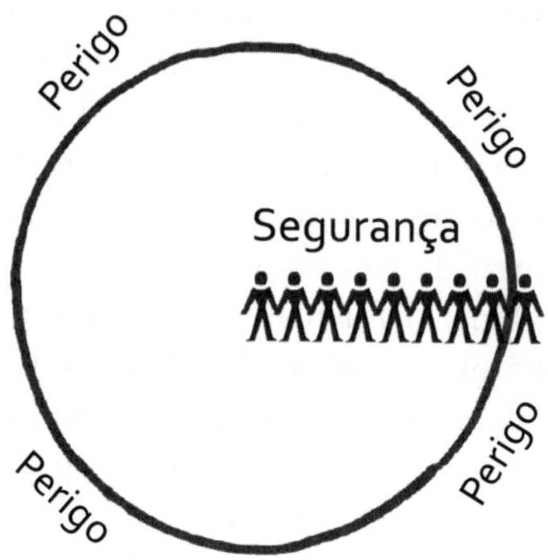

Os clientes nunca vão amar uma empresa se antes os funcionários não a amarem. Só quando uma massa crítica de colaboradores sente que seus líderes estão trabalhando para ajudá-los a se defender de perigos externos é que a empresa pode chamar os clientes para dentro do círculo. Geralmente, as pessoas nos extremos, a infantaria, por assim dizer, são as mais vulneráveis aos perigos externos. São também aquelas que normalmente mantêm mais contatos com clientes e consumidores. Caso se sintam protegidos, vão fazer o que puderem para atendê-los bem sem medo de repercussões por parte dos líderes da companhia.

É fato que o lucro é a meta de qualquer negócio, mas sugerir que é a principal responsabilidade de um negócio é um equívoco. Os líderes das companhias que veem o lucro como combustível para suas culturas é que vão sobreviver a seus concorrentes viciados em dopamina e encharcados de cortisol.

O ABISMO

PARTE
7

UMA SOCIEDADE DE VICIADOS

CAPÍTULO 22

Estamos no centro de todos os nossos problemas

Iluminismo

Caso 1. A Sra. ______ foi internada em 7 de maio às 17 horas, após um parto natural de seis horas. À meia-noite do dia 9 (31 horas após sua internação), foi acometida de calafrios intensos, antes dos quais estava tão confortável quanto as mulheres costumam estar nessas circunstâncias. Morreu no dia 10.

Este foi um caso típico de febre puerperal, uma epidemia que se espalhou pela Europa e pelos Estados Unidos no fim do século 18 e início do 19. Embora as mortes resultantes de complicações em partos não fossem incomuns nessa época, afetando entre 6% e 12% dos partos, isso foi muito pior. No apogeu da epidemia, a febre puerperal foi responsável por matar de 70% a 80% das mulheres que davam à luz em alguns hospitais. Os sintomas, que incluíam febre e dores abdominais, surgiam poucos dias após a mulher dar à luz. Geralmente, a morte sobrevinha logo depois. Os efeitos da doença eram tão devastadores que foi chamada de Morte Negra do Leito Infantil.

Nem é preciso dizer que a intensidade e a incidência da febre puerperal criaram ondas de choque na comunidade médica, causando muita ansiedade entre os médicos da época, que estavam tentando convencer as pessoas de que os cuidados dispensados em seus hospitais eram muito superiores aos cuidados que as pessoas poderiam receber em casa. A boa notícia é que estávamos no Iluminismo na Europa e nos Estados Unidos, um período que viu a ascensão de uma classe intelectual determinada a reformar a sociedade, substituindo a tradição e a fé pela ciência e pela análise racional. Também conhecida como Era da Razão, foi uma época em que dados empíricos estavam em voga e a moeda corrente era a competência.

Médicos "iluminados" da época seguiam teorias complexas baseadas em suas próprias experiências e estudos para explicar a epidemia de febre puerperal, às vezes apresentando ideias igualmente complexas sobre a maneira de impedir sua disseminação. Mas, apesar da boa vontade, da ciência e dos dados, apesar de todos os modelos complexos que desenvolveram, os médicos deixaram de levar em conta um fator importante na disseminação do problema: eles mesmos.

No esforço sincero de aprofundar seu conhecimento e de descobrir uma solução para esse mal, era normal os cirurgiões com pendores intelectuais realizarem autópsias de manhã, estudando as vítimas para obter pistas, e cuidando das pacientes à tarde. Contudo, o conceito de micróbio ainda não tinha sido bem compreendido, e frequentemente os cirurgiões não lavavam apropriadamente as mãos e nem esterilizavam seus instrumentos. Só em 1843 é que um médico de Boston, o Dr. Oliver Wendell Holmes, pai do Ministro da Suprema Corte Oliver Wendell Holmes Jr., apresentou um ensaio no *New England Quarterly Journal of Medicine and Surgery* em que dizia que os próprios médicos eram responsáveis pela propagação da doença. Afirmou que os médicos tinham a obrigação moral de purificar seus instrumentos e de queimar as roupas usadas após tratarem de mulheres infectadas.

Embora tenha passado quase despercebido, o ensaio do Dr. Holmes provocou controvérsias entre alguns colegas. Foi atacado por muitos dos que ele acusou de causarem danos acidentalmente. "Os médicos não são a causa", disse um crítico. "São cavalheiros!"

Mas o corpo de evidências reunido por Holmes era difícil de refutar. Quanto mais médicos realizavam autópsias em mulheres mortas pela doença fatal, mais mulheres eram infectadas. Alguns dos médicos que faziam as autópsias também contraíram a doença.

Mesmo assim, só 12 anos após a publicação de seu ensaio original é que o resto da comunidade médica aceitou a responsabilidade e começou a praticar a esterilização. Só depois que os homens que afirmavam oferecer a solução aceitaram que o modo como conduziam seus negócios fazia parte do problema é que a febre puerperal praticamente desapareceu.

A conclusão entre a disseminação da febre puerperal e a perigosa doença que aflige hoje a cultura dos negócios é perturbadoramente similar. Vivemos em uma nova era do Iluminismo. Só que agora os homens de ciência são homens de negócios e de economia, que confiam em métricas, buscam a eficiência, *lean business*, Six Sigma, cálculos de retorno sobre o investimento e dados empíricos como meio preferido para orientar suas decisões. E, com tantos números e sistemas, precisamos confiar mais nos gestores para administrá-los. Mas como não vemos o quadro geral porque estamos focados demais nos detalhes, às vezes não conseguimos enxergar além do sistema – ou do recurso a ser gerenciado – e ver as pessoas que fazem o trabalho. Quanto maior a escala, mais abstratas as coisas. E quanto mais abstratas as coisas se tornam, mais confiamos nos números para acompanhá-las. Faz sentido. O fato de as condições reinantes antes de cada uma das quedas no mercado de ações (exceto pela crise do petróleo da década de 1970) serem praticamente idênticas não pode ser mera coincidência. Como o Dr. Holmes, precisamos nos observar para encontrar as respostas.

Todo gestor de métricas tem a chance de se tornar líder de pessoas.

Liderar significa assumir a responsabilidade por vidas e não por números. Os gestores cuidam de nossos números e resultados, e os líderes cuidam de nós. Todo gestor de métricas tem a chance de se tornar líder de pessoas. Assim como todo médico de nosso país aprendeu a importância de esterilizar seus instrumentos, todo líder de toda organização deve fazer as pequenas coisas necessárias para proteger sua equipe. Antes, porém, precisa admitir que ele é a raiz do problema.

Um vício muito moderno

Foi uma sensação incrível. Funcionava como mágica. Qualquer desconforto ou desespero, inquietude ou insegurança, medo ou ansiedade, até a sensação de intimidação causada por outras pessoas ou situações, desapareciam. Ele se sentia como se estivesse em um "estado consertado", segundo disse. Sentia que podia fazer qualquer coisa. Naquele momento, era a pessoa que desejava ser. Esse era o estado de espírito de Jon quando bebia.

"Coragem líquida", é como alguns a chamam. A dose de confiança que obtemos com dois copos de bebida. Se um sujeito está em uma bar com alguns amigos e faz contato visual com uma pessoa atraente do outro lado do salão, basta ir até lá e se apresentar. Mas muitos homens acham isso intimidador. Com um ou dois drinques, os nervos se acalmam e ele encontra a coragem para atravessar o salão.

Agora, multiplique a ansiedade e a coragem necessárias para enfrentar o mundo por um fator exponencial e podemos começar a entender o poder e a importância que o álcool exerce sobre a vida de um alcoólatra. Graças à dopamina liberada pelo álcool, qualquer sensação de conflito, intimidação, medo, ansiedade e paranoia desaparece quando se bebe. Esta é uma das razões pelas quais é tão difícil controlar o alcoolismo. Todos os problemas que um alcoólatra pode enfrentar – estresse no trabalho, no relacionamento, financeiro e qualquer sensação de deficiência – tudo piora e fica mais difícil de lidar quando ele está sóbrio. "Os outros bebem um pouco e vão para casa", explicou um alcoólatra. "Eu tinha de beber para sair de casa."

Para um grande número de pessoas afetadas pela doença do alcoolismo, beber começa na adolescência. É a época da vida em que quase todos precisam lidar com a insegurança e os desajustes. É a época de transição entre precisar da aprovação dos pais e precisar da aprovação dos pares – uma necessidade que dura a vida toda.

A percepção social e nosso desejo de "pertencer" ou de nos "encaixarmos" fazem parte de nosso crescimento antropológico. Todos querem se sentir bem-vindos e valiosos dentro do grupo. A preocupação com o que os outros pensam a nosso respeito é parte natural do processo de socialização, e é necessária para nossa sobrevivência como espécie que vive em grupos (mesmo que isso seja confuso para nossos pais durante a adolescência). Combinadas com a sexualidade que desperta e com as mudanças em nossos corpos, a ansiedade social, a sensação de confusão e as dúvidas que nos afligem nessa época podem ser fortes demais para a maioria dos adolescentes.

Esta é a razão para termos pais, professores, amigos e comunidade que nos apoiam. Esse, em parte, é o valor do jantar em família, dos esportes em equipe, dos passatempos e das atividades extracurriculares. As fortes redes de apoio que formamos nesse período frágil é que nos ensinam que precisamos dos outros para conseguirmos enfrentar os desafios e sobreviver a eles. Mas alguns adolescentes descobrem acidentalmente que os poderes mágicos do álcool podem ser um modo bem mais rápido de encontrar força e confiança. Se não for controlado, o álcool pode se tornar um substituto para o apoio dado pelas pessoas em períodos de dúvida. Isso é importante, pois a maneira como aprendemos a lidar com nossos conflitos e ansiedades na adolescência devem se tornar nossa maneira de lidar com esses desafios pelo resto da vida adulta.

O uso de álcool, cigarros ou de comida fora de hora para "descansar a cabeça" é muito eficiente. Essas atividades podem ser realizadas sem que haja mais ninguém por perto. Funcionam na hora, ou quase. Em outras palavras, não precisamos nos esforçar para encontrar a calma ou o alívio que buscamos quando bebemos ou fumamos – tudo acontece basicamente ao mesmo tempo em que bebemos ou fumamos.

O prazer obtido com o álcool, a nicotina ou a comida provém da dopamina. A dopamina é a substância química liberada quando realizamos alguma coisa ou encontramos o que procurávamos. É um dos incentivos internos que visa a encorajar-nos a buscar alimentos, a terminar a construção de um abrigo e, de modo geral, a progredirmos como espécie. Destina-se a nos manter engajados em comportamentos que supostamente interessam à nossa sobrevivência e prosperidade.

A Mãe Natureza não poderia ter imaginado ou nos preparado para uma época em que substâncias químicas como nicotina e álcool estariam disponíveis, causando curtos-circuitos em nossos sistemas de recompensa. A dopamina foi feita para uma época em que os alimentos não eram encontrados facilmente. Nossos corpos não foram feitos para um mundo em que a comida está por toda a parte. Comer compulsivamente, jogar, beber e fumar são, ostensivamente, vícios dopamínicos. São maneiras fáceis de receber a dose de dopamina que adoramos e pela qual ansiamos. E quando não conseguimos manter o desejo pelas doses controladas de dopamina, elas se transformam em vício. Chegamos ao ponto em que uma substância idealizada para nos manter vivos nos recompensa por comportamentos que podem nos prejudicar. É exatamente isso que tem acontecido na cultura corporativa, na qual programas de incentivo criam ambientes prontos para uma nova espécie de vício movido a dopamina. Somos viciados em desempenho.

Tenha um vício dopamínico. Você fez por merecê-lo!

Nossos ancestrais paleolíticos preparavam-se para a caçada, animados diante das possibilidades que o dia poderia trazer. Sua capacidade de imaginar quais seriam suas metas e as recompensas que trariam dava-lhes a primeira dose de dopamina para saírem da caverna. Um dos caçadores encontra sinais que indicam a presença recente de uma gazela na área – e recebe outra dose de dopamina para estimulá-lo a prosseguir. Outro avista uma gazela à distância – e ganham uma dose maior de dopamina, acompanhando o animal durante algumas horas. Finalmente, uma dose de adrenalina e excitação e, no momento do abate, a dopamina corre pelos corpos, dando-lhes uma forte sensação de realização. Felicitam-se mutuamente e agradecem a seu líder de confiança, com a serotonina percorrendo as veias de todos. Trocam abraços e demonstrações de satisfação, com a sensação intensa de fraternidade entre aqueles que ficaram juntos na lama nesses poucos dias. A ocitocina reforça seu vínculo. Os destemidos caçadores levam o alimento para a tribo, que os cobre de elogios e respeito; a serotonina flui novamente. O resto da tribo se sente protegida e grata pelos riscos que os caçadores enfrentaram por eles – e todos se sentem bem, saboreando juntos a agradável refeição.

Como nossos antecessores pré-históricos buscando alimento, no mundo empresarial de hoje recebemos uma dose de dopamina toda vez que atingimos um marco rumo à nossa meta final. Infelizmente, ao contrário de nossos ancestrais, estamos lidando com ambientes nos quais os sistemas de recompensas estão desequilibrados. Os incentivos que liberam a dopamina predominam. Nossas estruturas de incentivo são quase que inteiramente baseadas na realização de metas e na obtenção de recompensas financeiras por isso. E mais, geralmente visam recompensar o desempenho individual pela realização de metas de curto prazo – mês, trimestre ou ano. Podem até lançar os colegas uns contra os outros, promovendo acidentalmente comportamentos que solapam o progresso do grupo como um todo.

Um de meus exemplos preferidos vem dos tempos inebriantes da America Online (AOL). A empresa enviava rotineiramente CDs na tentativa de levar as pessoas a assinar seus produtos. Um grupo dentro da companhia, responsável por aquisições, recebia incentivos financeiros quando atingia as metas de assinaturas. Assim, todas as táticas destinavam-se a isso: levar as pessoas a fazer assinaturas. Havia ofertas de 100 horas gratuitas no primeiro mês, que viraram 250 horas gratuitas e depois 700 horas. Lembro-me de que a oferta chegou a 1.000 horas gratuitas, desde que fossem usadas nos primeiros 45 dias (o que deixava 1,7 horas de sono por noite para aqueles que quisessem se aproveitar da promoção). Funcionou. Toda e qualquer tática desenvolvida pelos membros do grupo de aquisição destinava-se a uma única coisa – maximizar seus bônus. O problema é que havia outro grupo responsável pela retenção; eles precisavam encontrar maneiras de trazer de volta as pessoas que tinham cancelado suas assinaturas. Criando um sistema no qual cada grupo se preocupava com sua própria métrica, sem se preocupar com a dos outros e nem mesmo com os melhores interesses da companhia, os líderes da AOL incentivaram seu pessoal a descobrir maneiras de a empresa gastar mais.

Em sua maioria, as estruturas de incentivos que oferecemos em nossas companhias não nos recompensam por cooperar, trocar informações ou buscar ajuda (ou oferecê-la) a outros departamentos. Em outras palavras, há pouco reforço positivo quando falamos de comportamentos e ações críticas para a manutenção do Círculo de Segurança. Intencionalmente ou não, destinam-se não só a fazer com que nos viciemos em dopamina, como cultivam e estimulam esse vício. E, como todo vício, este tem suas consequências. Nosso raciocínio fica nebuloso, preocupamo-nos menos com quem está de fora e ficamos mais egoístas. Ficamos obcecados com a próxima meta e não deixamos ninguém ou nada ficar na nossa frente.

CAPÍTULO 23

A qualquer preço

A perfuração de poços de petróleo é regulamentada para que possamos colher os benefícios desse recurso, preservando a terra da qual o extraímos. Outras regulações mantêm as emissões de poluentes de carros e máquinas sob controle, para nos assegurarmos de que podemos ter nossas conveniências e ainda manter a qualidade do ar. É isso que fazem as boas regulamentações: tentam equilibrar o benefício e os custos desse benefício. É uma ciência inexata, mas poucos discordariam de que todo desequilíbrio seria prejudicial para o comércio ou para nossas vidas. Assim, o processo de tentar manter esse equilíbrio continua sempre.

No início do século 20, o espectro eletromagnético era visto como um recurso natural e de propriedade pública, além de escasso. Com a chegada do rádio, a indústria da radiodifusão ficou parecida com o Velho Oeste, com muitas emissoras tentando ser ouvidas em um número limitado de comprimentos de onda. Assim, o Congresso promulgou a Lei do Rádio de 1927 para ajudar a organizar o sistema. Mais tarde, a lei foi substituída pela Lei das Comunicações de 1934, que também introduziu a Federal Communicatios Commission (FCC), como parte do New Deal de Franklin D. Roosevelt. A nova lei e a nova comissão também assumiram a responsabilidade pelo novo veículo, a televisão, e, tal como o rádio, ajudaram o setor das telecomunicações a crescer, ao mesmo tempo em que protegeram o acesso do público às informações.

Uma das maneiras pelas quais a FCC podia regular o recurso limitado era exigir que as transmissoras tivessem licença para usar o espectro público. Uma das exigências para se obter uma licença de transmissão era a de que as redes oferecessem uma programação de serviço ao público à comunidade em que estivessem operando. As redes receavam perder a licença de operação caso não obedecessem. Foi assim que nasceu o noticiário noturno: uma programação destinada a atender ao interesse público, apartada do interesse comercial do resto da programação da rede. Embora as redes não ganhassem muito dinheiro com os noticiários, ganharam outra coisa igualmente importante para seus negócios, algo que o dinheiro não poderia comprar: a reputação de integridade.

Walter Cronkite, âncora do telejornal *CBS Evening News* entre 1962 e 1981, foi considerado o "homem mais confiável da América", uma reputação que certamente beneficiou a organização CBS. Tanto Cronkite quanto os demais apresentadores de telejornais da época viam-se como integrantes de uma missão. "Na década de 1960, éramos como que movidos por esse impulso semirreligioso de fornecer às pessoas as informações que elas precisavam ter", diz Ted Koppel, jornalista premiado e antigo apresentador do programa *Nightline*. Os noticiários atendiam a uma obrigação perante o público. Era notoriamente "o líder em prejuízos que permitia a NBC, CBS e ABC justificarem os enormes lucros obtidos com suas divisões de entretenimento", explica Koppel. "Nunca ocorreu à diretoria da rede que a programação noticiosa pudesse ser lucrativa." O sistema de dar e receber estava equilibrado.

Mas, no final de 1979, algo aconteceu. No dia 4 de novembro, um grupo de estudantes e de militantes islâmicos atacou a embaixada norte-americana em Teerã e fez 52 americanos de reféns. Não muito depois, a ABC News estreou o programa *America Held Hostage: The Iran Crisis* (A América como refém: A crise do Irã), uma série desenvolvida expressamente para cobrir os desdobramentos da crise dos reféns. Mais tarde chamado *Nightline*, o programa que teve Ted Koppel como apresentador durante 25 anos deu aos norte-americanos informações atualizadas sobre a crise durante todas as noites do martírio vivido ao longo de 444 dias. O programa se tornou popular na mesma hora, e, pela primeira vez na história dos noticiários de TV, os executivos da rede prestaram atenção. Em vez de manterem o noticiário apresentado por jornalistas motivados pela causa, idealistas, começaram a ver o noticiário como mais um um centro de lucros, e assim começaram a se envolver mais.

Apesar de programas como *60 Minutes*, que já estavam no ar havia mais de uma década, serem lucrativos, eles não iam ao ar todas as noites. Não eram o noticiário noturno. E mais, eram outros tempos. Era a década de 1980. A riqueza e a afluência dos Estados Unidos estavam na maior alta de todos os tempos, e nosso desejo por mais riqueza e afluência se tornou uma força que impeliria quase todas as facetas da vida do país naquela década e depois dela, inclusive nas transmissões de televisão. Nosso desejo de dopamina estava aumentando. A balança estava prestes a sair do ponto de equilíbrio.

Com o fim da crise dos reféns no Irã, veio o governo Reagan, e com ele apareceu um novo xerife das transmissões na cidade, o presidente recém-nomeado da FCC chamado Mark Fowler. Fowler, e muitos de seus apoiadores, viam as transmissões da televisão – inclusive os noticiários da TV – como mais um negócio atrás de dinheiro. Com o advento da televisão a cabo e a introdução da CNN, os noticiários começaram a se transformar: de serviço ao público e joia da coroa das redes, tornaram-se uma oportunidade de se obter mais joias, 24 horas por dia.

Qualquer obstáculo que estivesse no caminho das emissoras tinha de ser eliminado. O papel do regulador não era mais proporcionar proteção, mas ajudar a fomentar o lucro. Um a um, às vezes com o apoio do Congresso e às vezes agindo sozinho, Fowler e a FCC foram desmontando lentamente todos os padrões seguidos pelas emissoras para conseguirem licenças de transmissão, padrões que visavam manter pelo menos algum senso de equilíbrio em prol do público. Para começar, o período de renovação das licenças passou de três para cinco anos, e com isso o antigo medo de perder a licença deixou de preocupar tanto. O número de estações que uma única companhia podia possuir passou de sete para 12, dando a cada *holding* mais oportunidades para abocanhar uma fatia maior de mercado. Os limites para o espaço publicitário também foram eliminados.

A FCC de Fowler chegou a abolir os parâmetros que estabeleciam a quantidade mínima de programação não destinada a entretenimento que a emissora era obrigada a transmitir como condição para poder lucrar com a faixa pública de transmissão. O propósito original da lei de 1934 – acabar com o bangue-bangue do setor e garantir que todas as emissoras fornecessem um serviço ao público – foi eliminado. E não ficou só nisso. Provavelmente, a maior baixa no negócio das redes e dos noticiários de TV deu-se em 1987, com a eliminação da Fairness Doctrine (ou Preceito da Equidade).

A Fairness Doctrine foi introduzida em 1949 para impedir uma emissora de usar a rede para defender um ponto de vista. O preceito estabelecia que qualquer emissora que recebesse a licença da FCC concordaria, como condição para a licença, não só em discutir temas controvertidos que fossem do interesse do público, como assegurar que quaisquer posições expressadas seriam equilibradas por vozes opostas. Eliminada essa determinação, as emissoras modernas tinham agora o direito de adotar uma perspectiva partidária e ser tão polarizadas quanto desejassem – o que quer que fosse bom para os negócios. Aquilo que o Committee for the Fair Broadcasting of Controversial Issues (comitê para transmissão justa de questões controvertidas) chamou de indispensável em 1973, e "o requisito mais importante para operar em nome do interesse público", foi eliminado. O caminho estava completamente aberto para que os noticiários, como serviço, fossem substituídos pelos noticiários como outra plataforma para venda de espaço publicitário. Como a busca por mais abundância continuou na década de 1980, a destruição dos elementos formadores de confiança do setor parecia inevitável. E a dopamina continuou a fluir.

Ninguém questiona que os líderes de uma companhia têm o direito de expandir seus negócios da maneira que bem entendem, desde que os meios escolhidos não prejudiquem as pessoas às quais alegam servir. O problema é que o pessoal envolvido com os noticiários parece ter se esquecido dessas pessoas. Se levarmos em conta o estado atual dos noticiários televisivos, teremos uma visão perfeita daquilo que acontece quando o impulso para ser o primeiro ou para melhorar a audiência fica à frente do impulso de servir ao interesse público.

Entre os piores sintomas, há a disposição da mídia para apresentar mal histórias importantes e se dedicar excessivamente ao tipo de história que pode entreter mas não chega a informar. Hoje, mais do que nunca, a missão de fornecer informações se tornou o negócio de fornecer notícias.

O que aconteceu não se deve aos jornalistas. Com efeito, muitos deles ainda são movidos pelo compromisso "semirreligioso" de relatar a verdade, tal como descrito por Koppel. O problema é dos executivos da mídia, que veem a disseminação da informação como parte do portfólio de negócio e não como algo movido por uma missão. Esses executivos defendem prontamente seus produtos, dizendo que cumprem a obrigação de proporcionar um serviço ao público. Mas suas alegações são insustentáveis. Se eles levam em conta os índices de audiência e estabelecem a tabela de publicidade segundo esses índices, provocam um conflito de interesses. Como um médico que prescreve os remédios que seus pacientes pedem e não apenas aqueles de que precisam, Koppel diz que as organizações noticiosas mudaram: antes, transmitiam as notícias de que você precisava, mesmo que não quisesse, e agora transmitem as notícias que você quer, mesmo que não precise delas. Ele lamenta os tempos que se foram, quando fazer parte de uma organização noticiosa significava alguma coisa, quando era mais uma meta nobre do que uma meta comercial – uma época em que as redações tornavam as notícias interessantes, em vez do que fazem hoje em dia: criar notícias interessantes.

Seja um congressista cortejando doadores em vez de passar mais tempo respondendo às necessidades dos eleitores, seja o líder de uma companhia que decide vender um produto que ele sabe que pode conter ingredientes nocivos mas é lucrativo, a corrida pela vitória sempre existiu e sempre causou problemas. Nas organizações saudáveis, assim como em uma sociedade saudável, a busca pela vitória não deve preceder o desejo de cuidar das pessoas às quais dizemos servir.

Mais! Mais! Mais!

Antes da quebra do mercado de ações em 1929, havia 25 mil bancos nos Estados Unidos. Contudo, muitos tinham bases tão instáveis que cerca de metade foi à bancarrota no período imediatamente posterior à quebra. Em 1933, o Congresso promulgou a Lei Glass-Steagall, conhecida como Lei dos Bancos de 1933, na tentativa de limitar os riscos excessivos e a especulação da indústria bancária, para que as gerações futuras não tivessem de passar pelos mesmos problemas. Além de introduzir a Corporação Federal de Seguro de Depósitos (Federal Deposit Insurance Corporation, ou FDIC, em inglês), um órgão independente que "preserva e promove a confiança pública no sistema financeiro norte-americano", foram instituídas outras medidas para reduzir o risco do público e do país enquanto os bancos procuravam atender a seus próprios interesses.

Uma das determinações mais importantes dessa lei separava os bancos comerciais dos bancos de investimentos. Os bancos comerciais existiam para oferecer o que se pode considerar serviços bancários tradicionais: receber depósitos, descontar cheques, oferecer empréstimos e assim por diante. Os bancos de investimentos, por sua vez, podem emitir títulos para ajudar um cliente a obter capital, além de outros serviços, como a comercialização de participações, *commodities* e outros instrumentos financeiros. Vendo que os bancos comerciais recebiam depósitos de valores pessoais e de pessoas jurídicas, na época o Congresso decidiu que esses valores deveriam ficar fora do alcance de qualquer banco de investimentos em suas atividades especulativas e de risco.

Infelizmente, as gerações futuras que nossos antecessores estavam tentando proteger não relutaram tanto em pôr em risco o interesse público para abrir caminhos para novas fontes de renda. Por isso, em 1999, no apogeu das ponto.com, uma época de especulação desenfreada, a maior parte da Lei Glass-Steagall foi revogada.

A revogação foi justificada, como disse o Secretário do Tesouro da época, Lawrence Summers, para que "as companhias norte-americanas concorram na nova economia". Essa é uma retórica política para disfarçar a verdadeira intenção: remover as regulamentações idealizadas especificamente para proteger o interesse público, a fim de ajudar uma indústria (bancária) a crescer e a levar mais doses de dopamina para um grupo (banqueiros).

Se "concorrer na nova economia" significa criar condições para quebras do mercado de ações, então os políticos e os *lobbies* dos bancos fizeram um ótimo trabalho. Com a lei em vigor, muito poucos bancos grandes quebraram entre 1933 e 1999, e houve apenas três quedas significativas no mercado de ações dos Estados Unidos desde a que causou a Grande Depressão em 1929. Repito, houve uma queda em 1973, resultado do aumento súbito no preço do petróleo e não de uma crise bancária. Em 2000, a crise deveu-se a apostas descuidadas na bolha das ponto.com. A terceira crise, de 2008, resultou do excesso de especulação e de risco por parte da indústria bancária, além do uso da securitização com créditos hipotecários. As condições da queda de 2008 foram alimentadas por companhias como o Citigroup, antes um banco comercial, e pela American International Group (AIG), companhia de seguros que lida com securitização, uma prática que teria sido proibida caso a Lei dos Bancos de 1933 não tivesse sido estripada menos de uma década antes.

A revogação de boa parte da Glass-Steagall é um dos exemplos mais óbvios e extremos das tentativas de alguns *boomers* – que seguem a linha do "eu primeiro" – de dobrar ou infringir a lei em nome de ganhos pessoais. É um exemplo do que acontece quando nossos líderes colocam seus interesses à frente dos interesses daqueles a quem deveriam proteger. (Como comentário à parte, os eventos nesse período de Abundância Destrutiva aconteceram sob o olhar vigilante do primeiro presidente norte-americano nascido no *baby boom*, Bill Clinton, nascido em 19 de agosto de 1946.) O vício tem mesmo esse efeito – faz-nos perder a visão da realidade.

Como o viciado que acorda arrependido do que fez sob a influência do vício na noite anterior, hoje muitos membros da geração *boomer* olham para a destruição causada acidentalmente sob sua vigília. E para alguns dos que estavam no poder na época, essa destruição teve o efeito de torná-los mais humildes. Em uma entrevista para o canal Bloomberg em 2010, David Komansky, ex-CEO da Merrill Lynch substituído por Stanley O'Neal, disse que foi um erro revogar a Glass-Steagall. "Infelizmente, fui um dos que liderou a pressão para revogar essa lei", disse. "Claro, como estava presidindo uma empresa, não queria que pusessem em prática [as regras]." Hoje, Komansky admite: "Lamento essas atividades e gostaria que não tivéssemos feito isso". John Reed, antigo co-CEO do Citigroup Inc., também disse que foi uma má ideia revogar a Glass-Steagall. O que acontece com esses antigos CEOs que de repente conseguem ter uma visão clara e sóbria que deveriam ter tido quando estavam no poder? Sei que qualquer um pode prever com precisão o passado, mas não pagamos esses líderes para terem visão e antevisão?

Desde as décadas de 1980 e 1990, alguns membros da geração *boomer* supervisionaram o desmantelamento gradual dos controles que deveriam nos proteger dos excessos, dos desequilíbrios e dos vícios de nosso sistema. Os líderes das companhias e os do governo criaram um círculo interior forte, sem muita preocupação com as proteções que deveriam oferecer aos demais. Assim como os líderes de qualquer organização deveriam cuidar daqueles que estão sob sua atenção (o que, em última análise, torna mais fortes suas organizações), os líderes das companhias também deveriam levar em conta os cuidados com o ambiente no qual atuam. Isso inclui a economia como um todo e até a sociedade civilizada. O Círculo de Segurança construído para fazer com que o maior número possível de norte-americanos se sintam seguros está ruindo lentamente, deixando-nos expostos a perigos maiores. Enfraquece um país, assim como enfraquece uma companhia, quando temos de nos concentrar em nos protegermos de nós mesmos em vez de trabalharmos juntos para a proteção e o progresso do país como um todo. E se achamos que a próxima geração está preparada para consertar os problemas da geração precedente, devemos nos lembrar de que estão lidando com seus próprios vícios.

CAPÍTULO 24

A geração abstrata

Os maiores perdedores

Seja este o verso
Eles fodem você, mamãe e papai.
Talvez sem querer, mas foi.
Enchem você com as culpas que tiveram
E arranjam outras só pra você.
Mas eles também se foderam
Com tolos de chapéu e casacos antiquados,
Que ora eram melosos-severos,
Ora se atracavam pelas goelas.
O homem passa a dor ao homem.
Ela se aprofunda como um recife.
Saia dessa enquanto pode,
E nem pense em ter filhos.*

* Tradução de Alípio Correia de Franca Neto, *Revista Crioula*, nº 4, set 2008, em <http://www.revistas.usp.br/crioula/article/download/54065/57995> (N. do T.).

O poema de Philip Larkin, de 1971, pinta um quadro assustador da paternidade. Infelizmente, porém, há um quê de verdade nele. O período da Abundância Destrutiva no qual vivemos hoje se deve, em grande parte, às boas intenções de nossos pais e dos pais deles.

A *Greatest Generation*, que cresceu durante a Grande Depressão e o racionamento da guerra, quis se assegurar de que seus filhos não sofreriam e nem teriam falta de nada na juventude, ao contrário deles. Isso é bom. É isso que todo pai deseja – que seus filhos evitem suas desventuras e prosperem. Portanto, assim foram criados os *boomers* – acreditando que não deveriam passar dificuldades. O que, como filosofia, é certo e razoável. Mas, tendo em vista o tamanho dessa geração e a abundância de recursos que a cercaram, a filosofia ficou distorcida. Quando você leva em conta a riqueza e a afluência crescentes de sua infância, combinadas (por bons motivos) com um cinismo para com o governo na década de 1970, seguido dos anos de crescimento das décadas de 1980 e 1990, fica fácil entender porque os *boomers* mereceram a reputação de Geração do Eu. O Eu antes do Nós.

Proteger ideias e riqueza antes de compartilhá-las é hoje uma prática corriqueira. Um contador que trabalha em Nova Jersey me disse que percebe uma nítida diferença entre seus clientes mais antigos e os mais jovens. "Meus clientes mais velhos querem trabalhar dentro dos limites da legislação tributária para fazerem o que é justo", explicou. "Querem pagar os impostos que devem, pura e simplesmente. A geração seguinte passa um bom tempo tentando explorar todas as brechas e nuances da legislação para diminuir sua responsabilidade ao mínimo valor possível."

Quando os *boomers* começaram a ter seus próprios filhos, educaram-nos a ser céticos quanto a quem estivesse no poder. "Não deixe as pessoas conseguirem nada de você se não estiverem dispostos a compensá-lo por isso", diziam. "Não deixe que nada o impeça de conseguir o que você quer." Mais uma vez, filosofias razoáveis se as circunstâncias atuais fossem as mesmas das décadas de 1960 e 1970. Mas não são. Assim, algumas ideias interessantes ficaram distorcidas na cabeça dos filhos dos *boomers*.

As Gerações X e Y aprenderam a acreditar que poderiam conseguir o que quisessem. A Geração X, que cresceu antes da Internet, interpretou essa lição abaixando a cabeça e indo à luta. Geração menosprezada e esquecida, a X não se revoltou contra nada e não fez muito na juventude. Claro, havia a Guerra Fria, mas uma versão mais branda e amena do que existia nas décadas de 1960 e 1970. Os membros da Geração X não cresceram ensaiando na escola como se proteger no caso de um ataque nuclear. Quem cresceu na década de 1980 viveu bem. A década de 1990 e o novo milênio viram mais prosperidade ainda. As ponto.com. E-commerce. E-mail. E-namoro. Encomendas entregues no dia seguinte, sem custo. Nada de esperar. Receba tudo agora!

Dizem que a Geração Y acha que tem seus direitos. Muitos empregadores reclamam das exigências feitas frequentemente por seus novos colaboradores. Mas eu, como observador, não acho que seja um senso de direito. Essa geração quer trabalhar muito e está disposta a trabalhar muito. Aquilo que achamos que é uma cobrança de direitos é, na verdade, impaciência. Uma impaciência motivada por duas coisas: a primeira é o mal-entendido grosseiro de que coisas como sucesso, dinheiro ou felicidade vêm instantaneamente. Embora nossas mensagens e livros cheguem no dia em que queremos, nossas carreiras e satisfação não têm a mesma presteza.

O segundo elemento é mais perturbador. É fruto de um terrível curto-circuito em seus sistemas internos de recompensa. Os membros da Geração Y cresceram em um mundo em que a grande escala é o normal, o dinheiro é mais valorizado do que o serviço e a tecnologia é usada para lidar com os relacionamentos. Os sistemas econômicos nos quais cresceram, que priorizam os números acima das pessoas, são aceitos cegamente, como se tudo sempre tivesse sido assim. Se não forem tomadas medidas para superar ou mitigar a quantidade de abstrações em suas vidas, com o tempo poderão se tornar os maiores prejudicados diante do excesso de seus pais. E embora os membros da Geração Y possam ter sido mais afetados por esse curto-circuito porque cresceram apenas neste mundo, o fato é que nenhum de nós está imune.

A geração distraída

Imagine que você está sentado em um avião que voa a mais de 10 mil metros de altitude e a 845 quilômetros por hora, indo de Nova York a Seattle. Não há turbulência. O dia está claro e o comandante prevê que o voo será tranquilo. Tanto o capitão quanto o copiloto são experientes, com muitos anos de prática, e a aeronave está equipada com os mais modernos sistemas da aviação e de alerta. Como exige a FAA, os dois pilotos praticam no simulador da empresa algumas vezes por ano para enfrentar diversas emergências.

A 160 quilômetros dali, em uma sala escura de um edifício sem janelas, está sentado um controlador de tráfego aéreo com dez anos de experiência que olha para um monitor, acompanhando todo o tráfego aéreo do setor que lhe foi designado. Nesse momento, seu voo está no setor dele. Agora, imagine que o controlador tem seu celular ao lado dele. Ele não pode dar telefonemas enquanto trabalha, mas pode enviar e receber mensagens de texto ou ter acesso a seus e-mails. Imagine que ele pode enviar coordenadas a um voo, conferir as mensagens, enviar coordenadas a outro voo, dar mais uma olhada no celular. Parece justo, não?

Com a mesma certeza com que sei que meu nariz está no meu rosto, sei que a grande maioria das pessoas não se sentiria muito confortável nesse cenário. Preferiríamos que o controlador de tráfego aéreo conferisse os e-mails ou enviasse suas mensagens de texto no intervalo do café. Creio que todos nos sentiríamos muito melhor se o acesso à Internet e a celulares pessoais fossem completamente proibidos (e são). Só consideramos este exemplo assustador porque nossas vidas estão em jogo. Se tirarmos a parte de "vida ou morte", por que é que achamos que podemos fazer nosso trabalho, olhar no celular, escrever um parágrafo, mandar um torpedo, escrever outro parágrafo, enviar outro texto, sem os mesmos prejuízos à nossa capacidade de concentração?

A Geração Y acha que, como cresceu com todas essas tecnologias, é melhor em ações multitarefas. Aventuro-me a dizer que não. São melhores é em se distrair.

Segundo um estudo da Northwestern University, o número de crianças e jovens com diagnóstico de Transtorno do Déficit de Atenção e Hiperatividade (TDAH) cresceu 66% entre 2000 e 2010. Por que esse súbito e enorme pico em uma disfunção do lobo frontal no decorrer de uma década?

A agência de saúde norte-americana Centers for Disease Control (CDC) define pessoas com TDAH como aquelas que têm "dificuldade para prestar atenção, controlar comportamentos impulsivos (agem sem pensar nos resultados) ou são excessivamente ativos". Digo que esse grande pico não se deve apenas ao fato de mais pessoas terem TDAH do que as gerações anteriores, mesmo que possa ser o caso. Embora haja, de fato, muitos casos autênticos de TDAH, o pico súbito pode ser o resultado de algo simples como um diagnóstico errado. O que acredito que esteja acontecendo é que mais jovens estão viciados em distrações. Uma geração inteira ficou viciada no efeito das mensagens de texto, e-mails e outras atividades on-line, que produzem dopamina.

Sabemos que às vezes nossos fios podem se cruzar, incentivando comportamentos errôneos. Alguém que descobre na adolescência os efeitos da dopamina e da serotonina causados pelo álcool pode ficar condicionado a buscar o álcool para eliminar a dor emocional, em vez de procurar a ajuda de pessoas. Mais tarde, isso pode se manifestar como alcoolismo. Desse mesmo modo, os efeitos liberadores de dopamina dos toques, luzes e vibrações do celular são agradáveis e criam o desejo e o impulso de repetir o comportamento que produz essa sensação.

Mesmo que estejamos fazendo alguma coisa, é agradável conferir o celular imediatamente em vez de esperar quinze minutos para concluirmos a tarefa. Quando ficamos viciados, a vontade fica insaciável. Quando o telefone soa enquanto estamos dirigindo, precisamos olhar na mesma hora para ver quem mandou a mensagem. Quando estamos tentando acabar uma tarefa e o celular vibra sobre a escrivaninha, perdemos a concentração e precisamos olhar. Se os *boomers* obtêm a dopamina com metas orientadas ao redor de "mais" e "maior", então a Geração Y está conseguindo a dopamina em qualquer coisa que satisfaça o "mais depressa" ou "agora".

Cigarros não contam. Mídia social sim. É a droga do século 21. (Pelo menos, as pessoas que fumam ficam juntas lá fora.)

Como o alcoolismo ou o vício das drogas, essa nova doença está tornando a geração mais jovem impaciente, na melhor das hipóteses e, na pior, sentindo-se mais solitária e isolada do que as gerações anteriores. Enquanto o álcool substituiu relacionamentos de confiança como mecanismo de apoio para adolescentes que viraram alcoólatras, as afirmações positivas que recebemos na mídia social e nos relacionamentos virtuais estão substituindo os relacionamentos reais e de confiança como mecanismos de apoio.

Um efeito colateral poderia ser uma geração que se esforça para encontrar a felicidade e a realização ainda mais do que as gerações precedentes. Embora exista o desejo de fazer o bem, sua impaciência aculturada significa que poucos irão dedicar tempo ou esforço a alguma coisa pelo tempo suficiente para ver o efeito do serviço – aquilo que sabemos que traz a sensação de satisfação. Enquanto pesquisava para este livro, conheci integrantes fantásticos, maravilhosos, inteligentes, motivados e otimistas da Geração Y que ou estavam desiludidos com seus primeiros empregos ou saíram deles para encontrar um trabalho que lhes permitiria "causar impacto no mundo", sem considerar a energia e o tempo necessários para isso.

É como se estivessem no sopé de uma montanha observando o efeito que desejam ter ou o sucesso que querem sentir ao chegarem ao cume. Não há nada de errado em querer um meio mais rápido de escalar a montanha. Se quiserem tomar um helicóptero ou inventar uma máquina de escalar que os leve mais rapidamente, muito bem. O que parecem não ver, no entanto, é a montanha.

Essa geração do "ver e conseguir" tem uma percepção do ponto em que estão e de para onde querem ir; o que parecem não compreender é a viagem, aquilo que consome tempo. Parecem ficar atônitos se ouvem dizer que as coisas levam tempo. Ficam satisfeitos empenhando-se em explosões curtas de energia e de esforço para conseguirem alguma coisa, mas compromisso e dedicação não são vistos com a mesma facilidade. A dedicação intensa a um pequeno número de coisas parece ter sido substituída pela dedicação casual a um grande número de coisas.

Essa tendência é exemplificada pela maneira como muitos membros da Geração Y respondem a diversas causas sociais. Correram para compartilhar o vídeo de Kony com os amigos. Muitos postaram imagens usando blusões com capuz para apoiar Trayvon Martin. Fizeram doações por mensagens de texto para organizações de auxílio às vítimas do tsunami. Existe a empolgação para fazer o bem, ajudar, apoiar. Mas depois que a dopamina passa, anseiam pela dose seguinte. Sem dedicarem qualquer quantidade significativa de tempo ou de energia, são uma geração que se sente à vontade com a abstração e que confunde comprometimento real com gestos simbólicos.

Uma marca que oferece aos jovens ligados em moda e dispostos a fazer o bem a oportunidade de fazerem o bem sem precisar fazer nada é a 1:Face. Os clientes compram um relógio na cor que representa a causa de sua preferência, como o branco para acabar com a fome ou o rosa para curar o câncer de mama. Segundo o site 1:Face, uma parte não especificada dos lucros vai para as organizações de caridade apropriadas. O problema é que se você perguntar ao usuário do relógio que bem ele está fazendo, provavelmente ele dirá que está ajudando a "aumentar a conscientização". Essa é a frase-curinga da Geração Y.

É tanto papo sobre conscientização ou "orientar a discussão" que nem percebemos que a conversa não resolve os problemas; o investimento de tempo e energia de seres humanos reais, sim. Justificar tais campanhas dizendo que pressionam as pessoas a fazerem coisas só reforça meu argumento: parecemos menos propensos a oferecer nosso tempo e energia para fazer o que precisa ser feito, insistindo, por outro lado, que os outros o façam por nós. Revela também uma limitação da Internet. Excelente veículo para disseminar a informação, a Web é ótima para conscientizar as pessoas dos problemas alheios, mas é bem limitada quanto ao alívio desses problemas. O problema dos outros não é tecnológico; é humano. E só humanos podem resolver problemas humanos.

Conforme o dinheiro substituiu o dispêndio de tempo e de energia, as marcas que oferecem às pessoas a chance de fazer o bem sem fazer nada substituem o serviço. Nenhuma satisfaz a necessidade humana de fazer alguma coisa real e intensa em benefício dos outros. Nenhuma satisfaz a exigência de sacrifícios da serotonina ou da ocitocina. A motivação da dopamina para a gratificação instantânea, na melhor hipótese, significa que nós, como indivíduos, estamos fazendo "doações" a diversas causas sem sentir nossa participação ou que o gesto é duradouro. Na pior hipótese, porém, a sensação de solidão e de isolamento pode levar a um perigoso comportamento antissocial.

Um cenário calamitoso

Desapontados e desiludidos, os *baby boomers* estão se matando em uma proporção bem maior do que antes. Segundo um estudo realizado em 2013 pelo CDC, o índice de suicídio entre *boomers* aumentou cerca de 30% na última década, tornando o suicídio uma das principais causas de morte nesse grupo etário, sendo superado apenas pelo câncer e pelas doenças cardíacas. O maior aumento no número de suicídios deu-se entre homens na faixa dos 50 anos – essa faixa etária teve um aumento de nada menos do que 50%. Com o aumento no número de suicídios entre *boomers*, agora mais pessoas morrem de suicídio do que de acidentes automobilísticos.

A menos que façamos alguma coisa, receio a tendência é que a situação piore. O problema é que em 20 ou 30 anos, quando nossa geração mais nova crescer e assumir o governo e os negócios, seus integrantes terão crescido usando Facebook, medicamentos controlados e grupos de apoio on-line como principais mecanismos de apoio, em vez de se valerem dos verdadeiros grupos de apoio: vínculos biológicos, amizades e relacionamentos afetivos. Prevejo que veremos um aumento na depressão, no abuso de medicamentos controlados, nos suicídios e em outros comportamentos antissociais.

Em 1960, houve apenas um tiroteio famoso em escola. Na década de 1980, foram 27. Na década de 1990, foram 58 tiroteios em escolas, e entre 2000 e 2012 houve 102 tiroteios. Pode parecer loucura, mas houve um aumento de mais de 10.000% em apenas

50 anos. Mais de 70% dos atiradores nos tiroteios desde 2000 nasceram após 1980, e um número perturbadoramente elevado deles tinha entre 14 e 15 anos. Embora alguns tenham sido diagnosticados com distúrbios mentais, todos se sentiam solitários, rejeitados e dissociados de suas escolas, comunidades ou famílias. Em quase todos os casos, os jovens assassinos tinham sido vítimas de bullying ou se sentiam no ostracismo porque não se encaixavam socialmente ou tinham um histórico de problemas na família.

Gazelas doentes são empurradas para o perímetro da manada, empurradas para fora do Círculo de Segurança, para que os leões possam comer as mais fracas e não as mais fortes. Nosso cérebro mamífero primitivo nos leva à mesma conclusão. Quando sentimos que estamos fora de um Círculo de Segurança, sem o sentido de pertencimento e sem sentir que outras pessoas nos amam e se interessam por nós, ficamos descontrolados, sentimo-nos abandonados e deixados para morrer. E quando nos sentimos tão isolados, ficamos desesperados.

Relacionamentos virtuais não ajudam a resolver esse problema real. Na verdade, podem piorar ainda mais a situação. Pessoas que passam tempo demais no Facebook costumam ficar deprimidas, pois comparam a percepção de suas vidas com sua percepção das vidas dos outros. Um estudo feito em 2013 por psicólogos sociais da University of Michigan acompanhou as visitas feitas ao Facebook por 82 jovens adultos durante duas semanas. No início do estudo, classificaram a satisfação desses jovens com suas vidas. Depois, conversaram com os sujeitos a cada duas horas, cinco vezes por dia, para saber como estavam se sentindo consigo mesmos e quanto tempo estavam passando no Facebook. Quanto mais tempo passavam no Facebook desde a conversa anterior, pior se sentiam. Ao cabo de duas semanas, as pessoas que passaram mais tempo no Facebook disseram que se sentiam menos satisfeitos com suas vidas. "Em vez de aumentar seu bem-estar...", concluiu o estudo, "a interação com o Facebook pode prever um resultado oposto para jovens adultos – pode diminuí-lo."

Então, é neste ponto em que estamos. A Geração do Eu, viciada em desempenho, desmantelou os controles que nos protegiam dos abusos corporativos e das quedas nos mercados de ações. Uma Geração Distraída, vivendo em um mundo de abstrações, pensa que tem TDAH, mas é mais provável que esteja viciada em mídia social e celulares por causa da dopamina. Temos a impressão de que chegamos ao abismo. O que devemos fazer?

A boa notícia é que nós mesmos somos nossa melhor esperança.

PARTE 8

TORNANDO-SE LÍDER

CAPÍTULO 25

Passo 12

Aparentemente, as perspectivas são desalentadoras. Como animais feitos para cooperação e que precisam confiar, um número muito grande de pessoas está trabalhando em ambientes que destacam o pior que temos em nós. Tornamo-nos cínicos, paranoicos, egoístas e abertos ao vício. Nossa saúde – pior, nossa humanidade – está em risco. Mas não podemos nos esconder por trás de desculpas. Não podemos culpar a mídia, a Internet ou "o sistema". Não podemos culpar "as corporações", Wall Street e nem mesmo o governo. Não somos vítimas de nossa situação. Somos seus arquitetos.

Mas não são os perigos externos que causarão nosso desaparecimento. Esses perigos são constantes e nunca desaparecerão. As civilizações não costumam morrer assassinadas, parafraseando o famoso historiador britânico Arnold Toynbee. As civilizações morrem por suicídio. São os perigos cada vez maiores em nossas organizações que mais nos ameaçam. E, felizmente, esses perigos estão sob nosso controle.

Há mais de 75 anos, os Alcoólicos Anônimos (AA) têm ajudado as pessoas a vencer o vício dopamínico do alcoolismo, com sucesso. A maioria já ouviu falar em seu programa de 12 passos para a recuperação, e a maioria conhece o primeiro passo – admitir que tem um problema.

Admitimos que um número excessivo de culturas organizacionais tem o vicio sistêmico do desempenho e das metas numéricas. Um vício que, como todos os vícios, oferece altitudes fugazes e geralmente cobra um preço significativo – nossa saúde e nossos relacionamentos. Complicando ainda mais o vício, temos a habilidade de elevar nosso status apenas com a fama ou a riqueza, ignorando os requisitos antropológicos do status de alfa. Mas a admissão de que temos um vício é apenas o primeiro passo. Agora, como nos Alcoólicos Anônimos, começa o árduo trabalho de recuperação. Precisamos trabalhar e fazer os sacrifícios exigidos para mudar os sistemas que nos lançam uns contra os outros, construindo outros novos, que nos inspiram a nos ajudarmos. É uma coisa que não conseguiremos fazer sozinhos.

"Você quer saber qual é o segredo dos AA?", perguntou-me Jon, um alcoólatra em recuperação. "Quer saber quem fica mesmo sóbrio e quem não fica?" Poucos dos alcoólatras que se matriculam no programa dos AA ficam sóbrios se não completam o Passo 12. Mesmo que consigam passar pelos outros 11, aqueles que não completam o Passo 12 provavelmente vão voltar a beber. Aqueles que completam o Passo 12 superam o vício.

O Passo 12 é o compromisso de ajudar outro alcoólatra a vencer a doença. O Passo 12 está relacionado ao serviço. E o serviço também é a chave para derrotarmos o vício da dopamina nas nossas organizações. Não estou falando de servir a nossos clientes, empregados ou acionistas. Não estou falando de pessoas em termos abstratos. Falo de serviço aos seres humanos reais, vivos, conhecidos, com quem trabalhamos diariamente.

Há uma razão para as reuniões dos AA acontecerem nos porões de igrejas e centros recreativos e não em salas de bate-papo on-line. E existe uma razão para que o alcoólatra que deseja se comunicar com seu responsável, o outro alcoólatra que está dedicado a ajudá-lo, não mande um e-mail: ele pega o telefone e liga. As conexões necessárias para vencer o vício precisam ser reais. Não podem ser virtuais.

A ideia das reuniões dos AA é fazer com que as pessoas se sintam seguras. As pessoas que têm o mesmo problema, que se reúnem para ajudar e receber ajuda, são afetuosas, amigáveis e acolhedoras. Para muitos alcoólatras, as conexões se estendem para além das reuniões. Como Jon me disse, as conexões que fez ajudaram-no a se sentir menos solitário, e as histórias que ouviu deram-lhe esperança.

"O alcoolismo é como um bando de lobos tentando atacá-lo", diz Jon. "Se você entrar no programa e permanecer no grupo, não será atacado. O grupo vai mantê-lo em segurança." Em outras palavras, o Alcoólicos Anônimos é como uma família, uma tribo ou um pelotão. São os bois de Esopo de costas um para o outro, protegendo-se mutuamente do leão. Os Alcoólicos Anônimos são um Círculo de Segurança perfeito.

Confiamos na ocitocina

Enfrentar as ameaças do mundo é uma coisa que não pode ser feita isoladamente – pelo menos, não com eficiência. É preciso a ajuda e o apoio dos outros – pessoas que acreditam em nós. Assim como as companhias viciadas em dopamina não conseguem se autorregular, viciados que tentam seguir os passos sozinhos, que tentam monitorar seu próprio progresso, costumam fracassar. Os alcoólatras não conseguem êxito só para si mesmos. Também querem ter êxito pela pessoa que lhes dedica tempo e energia para seu sucesso: seu patrono. É assim que a serotonina deve funcionar. Ela não só eleva nosso status como reforça relacionamentos nos quais há atenção e orientação.

E existe a ocitocina. Sentimentos como confiança e amor, essas coisas carinhosas e fofas, por assim dizer, são essenciais para nos ajudar a vencer o vício. Descobertas preliminares de um estudo de 2012 realizado por pesquisadores do Departamento de Psiquiatria da University of North Carolina em Chapel Hill mostraram que a presença da ocitocina combate os sintomas da abstinência em alcoólatras e viciados em heroína. Na verdade, há evidências de que níveis mais elevados de ocitocina podem até prevenir a ocorrência da dependência física. Há fortes evidências a sugerir que a liberação saudável de ocitocina, mediante atos de serviço, sacrifício e altruísmo em benefício dos outros, pode reduzir a possibilidade de uma cultura corporativa se tornar tóxica.

A ocitocina é tão poderosa que os vínculos de confiança e amor que formamos não apenas nos auxiliam a vencer ou a repelir o vício, como nos ajudam a viver mais. Segundo outro estudo de 2012, este realizado pelo Centro Médico da Duke University, casais vivem significativamente mais do que solteiros. Os pesquisadores descobriram que indivíduos que nunca se casaram tinham duas vezes mais chances de morrer na meia-idade do que indivíduos que foram casados durante a vida adulta. Outros estudos mostraram que casais casados têm níveis mais baixos de incidência de câncer e de doenças cardíacas. Relacionamentos íntimos e de confiança protegem-nos não apenas em casa, como também no trabalho.

Em culturas como a do Corpo de Fuzileiros Navais, na qual os vínculos de confiança são profundos, os elementos "intangíveis", como os fuzileiros os chamam, ajudam a manter a força do sistema e seu elevado nível de integridade. É muito mais difícil ficar viciado em dopamina em um sistema em que a confiança e o amor correm soltos. Quanto mais ocitocina, mais fortes os vínculos de confiança, maiores os riscos que as pessoas correrão para fazer o que é certo, mais vão cuidar uns dos outros e, em última análise, melhor o desempenho do grupo. O Círculo de Segurança se mantém forte graças àqueles que vivem e trabalham dentro dele.

Pergunte a quem quer que tenha passado por algum revés – depressão, solidão, fracasso, demissão, morte na família, perda de um relacionamento, vício, problemas jurídicos, roubo, agressão, qualquer coisa – como essa pessoa superou o problema. Em quase 100% dos casos, dirão algo como "Eu não teria conseguido se não fosse o apoio de ____" e dirão o nome de algum familiar, amigo próximo ou até de um estranho generoso.

Pense naqueles que já sofreram com um serviço abominável a bordo de um avião e encontraram consolo ao comentar sobre o tratamento com o estranho da poltrona ao lado. Quem quer que tenha sofrido nas mãos de um chefe ególatra encontrou conforto no colega que estava passando pela mesma situação. Um amigo que tem um membro da família sofrendo da mesma doença que alguém próximo a nós é uma pessoa com quem formamos vínculos mais intensos. É no grupo de pessoas que tem interesses comuns e causas comuns que procuramos apoio.

Sempre que existe um vínculo humano – um vínculo humano real, verdadeiro, honesto, no qual nenhuma das partes espera nada da outra –, temos a impressão de que encontramos forças para suportar o problema e para ajudar o outro. Podemos enfrentar muitos obstáculos quando temos um parceiro para nos ajudar. Na verdade, a parceria não só facilita a superação como nos ajuda a lidar com o estresse e a ansiedade. O cortisol não pode realizar sua magia negra quando temos alguém do nosso lado. A única razão pela qual Johnny Bravo, ou qualquer Soldado, Marujo, Aviador ou Fuzileiro se dispõe a arriscar a vida pela pessoa que está à sua esquerda ou à sua direita é a certeza absoluta de que essa pessoa faria a mesma coisa por ele.

CAPÍTULO 26

Esforço compartilhado

Não sinta falta de nada e desperdice à vontade

Nós, no mundo desenvolvido, geralmente não nos esforçamos para sobreviver. Temos mais do que suficiente de tudo que precisamos. Na verdade, temos tanto que podemos nos dar ao luxo de desperdiçar. Segundo um estudo realizado em 2004 pelo antropólogo Timothy Jones, da University of Arizona em Tucson, até 50% dos alimentos prontos para colher nunca serão comidos. Na verdade, a família norte-americana média desperdiça 14% das compras de alimentos, dos quais 15% são produtos ainda dentro da validade. Traduzindo isso em dólares, a família norte-americana média está jogando fora quase US$ 600 por ano em carne, frutas, verduras e grãos. Se aprendêssemos a armazenar ou a congelar melhor os alimentos, as famílias poderiam economizar quase US$ 43 bilhões por ano.

O mundo em desenvolvimento perde aproximadamente o mesmo que os Estados Unidos, mas não porque jogam fora os alimentos. Conforme o International Water Institute, de Estocolmo, cerca de 50% de grãos alimentícios colhidos nunca são comidos simplesmente porque se estragam ou são armazenados inadequadamente.

O mundo em desenvolvimento perde 50% de sua oferta de alimentos porque as pessoas não cuidam adequadamente deles, enquanto nós, no mundo desenvolvido, perdemos 50% de nossos alimentos porque os jogamos fora desnecessariamente.

É o fardo de se ter demais. É fácil gastar ou descartar aquilo de que não precisamos quando temos muito mais à disposição. Nossa prodigalidade não é um fenômeno novo. Nossos ancestrais paleolíticos viviam assim. Uma das teorias que explicam por que o *Homo sapiens* começou a se dedicar à agricultura sugere que ele não cuidava muito bem dos recursos de que dispunha. Podemos dizer que temos desperdiçado o que temos desde o princípio, e que só conseguiremos nos adaptar quando não pudermos mais nos dar ao luxo de desperdiçar. Atualmente, muitos líderes de organizações parecem estar desperdiçando a boa vontade das pessoas. Pergunto-me quanto tempo levará até eles não poderem mais se dar a esse luxo.

Se conseguíssemos medir a quantidade de alimentos ou de energia que os norte-americanos jogam fora, de quanto dinheiro gastam desnecessariamente, isso nos daria uma indicação do pouco de que realmente necessitamos. E talvez esse seja nosso maior desafio: o fato de que, como sociedade, não sentimos esse ônus. Ter um fardo comum, compartilhado, é uma das coisas que nos aproxima. Se temos menos problemas, sentimos menos a necessidade de cooperar, o que significa menos ocitocina. Poucos se ofereceriam para ajudar pessoas necessitadas antes de um desastre natural – só depois dele.

Em tempos como o atual, temos alimentos, recursos e opções em abundância. O número de produtos em oferta em um supermercado ou a disponibilidade de recursos como a eletricidade são itens que nossa sociedade dão como líquidos e certos. Isso se chama coisificação: um recurso se torna tão presente que perde o valor percebido. Antigamente, os computadores eram ferramentas espetaculares, especiais. Empresas como a Dell construíram grandes negócios em função do valor notável dessas máquinas. No entanto, com o aumento da oferta e a queda nos preços, o produto se coisificou. Com isso, diminuiu nosso reconhecimento quanto à importância dessas ferramentas em nossas vidas. A abundância destrói o valor.

Não valorizamos as coisas que vêm facilmente; quando nos esforçamos para adquiri-las ou são difíceis de obter, seu valor é maior. Seja um diamante enterrado no subsolo, o sucesso na carreira ou em um relacionamento, é o esforço que fazemos para conseguir o resultado almejado que confere valor à nossa meta.

Não é do trabalho que nos lembramos com carinho, mas da camaradagem, da maneira como o grupo se reúne para resolver alguma coisa.

Nosso melhor dia no trabalho

Quando nos dizem: "Descreva um de seus melhores dias no trabalho", poucos vão falar do dia em que tudo saiu como deveria e em que o grande projeto em que estávamos trabalhando ficou pronto dentro do prazo e do orçamento. Se levarmos em conta o fato de que nos esforçamos muito para fazer tudo dar certo, esse exemplo deveria contar como um dia muito bom no trabalho. Porém, os dias em que tudo sai bem e conforme o planejado não são aqueles de que nos lembramos com mais satisfação.

A maioria das pessoas desenvolve mais carinho pelos projetos em que tudo pareceu dar errado. Lembramo-nos do dia em que o pessoal ficou trabalhando até as 3 horas da manhã, comeu pizza fria e por pouco não cumpriu o prazo. São essas experiências de que nos lembramos como os melhores dias no trabalho. Não pelo esforço em si, mas porque o esforço foi compartilhado. Não é do trabalho que nos lembramos com carinho, mas da camaradagem, da maneira como o grupo se reuniu e fez o que precisava. A razão, mais uma vez, é natural. No esforço de fazer com que todos se ajudem mutuamente em uma dificuldade, nossos corpos liberam ocitocina. Em outras palavras, quando compartilhamos o obstáculo, aproximamo-nos biologicamente.

Você deve estar ficando cansado de me ver repetir isso, mas nossos corpos estão tentando nos incentivar a repetir determinado comportamento em nosso melhor interesse. E, em um momento difícil, que maneira melhor de proteger a tribo, a organização ou a espécie do que nos sentirmos bem por ajudar os demais? Nossos "melhores dias no trabalho" foram aqueles em que nos ajudamos a enfrentar ou a superar alguma dificuldade. E se esses dias não afloram carinhosamente na memória, provavelmente é porque a equipe não se reuniu, prevalecendo os ataques traiçoeiros e o egoísmo. Quando trabalhamos em uma cultura na qual precisamos nos defender sozinhos, até um "bom dia de trabalho", do ponto de vista biológico, ainda é um dia ruim de trabalho.

Aqueles que fazem serviço militar costumam falar com carinho do tempo em que serviram. Parece estranho que um grupo que vive em condições austeras, sob a ameaça de perigos reais, possa se lembrar carinhosamente desse tempo. Provavelmente, não vão dizer que gostaram dele; podem até dizer que detestaram. Mas um número surpreendentemente alto vai dizer que se sente grato pela experiência. É o resultado da ocitocina: sabemos que passamos por aquilo graças à ajuda dos outros. E esses relacionamentos também nos ajudam a lidar com as dificuldades quando voltamos. Ao contrário do que se costuma acreditar, aqueles que vão a combate cometem suicídio em uma taxa levemente inferior à daqueles que não vão. Uma teoria supõe que quem não vai ao front costuma ter dificuldade para lidar com a solidão, enquanto seus companheiros enfrentam perigos externos juntos.

Nas épocas de recursos escassos e de perigos por toda parte, unimo-nos naturalmente. É por isso que as quatro Forças Armadas trabalham tão bem juntas em situações de combate, mas brigam como crianças mimadas no Pentágono. Em combate, quando a incerteza é grande e as ameaças externas são reais, todos trabalham juntos para aumentar a chance de sobrevivência e de sucesso. Em contraste, no Pentágono, onde a maior ameaça que podem enfrentar é a perda de grandes quantias de dinheiro, os líderes de cada força costumam brigar em nome da proteção de seus interesses. São comuns as histórias de pessoas que se sacrificam em combate para ajudar outra, independentemente do uniforme.

No Pentágono, raramente uma das armas se sacrifica para ajudar outra a conseguir aquilo de que precisa.

Se nossa espécie prospera quando somos forçados a trabalhar juntos para superar as dificuldades, então o que precisamos fazer é redefinir as dificuldades nesta era de abundância. Precisamos aprender a nos readaptar. A compreender como operar dentro dessas condições. Para o alívio de muitos leitores, não precisamos abrir mão da abundância e nem viver como monges para conseguir isso. O desafio é que nossas visões de futuro estão condicionadas a nossos meios. Precisamos reestruturar nossas visões para que fiquem maiores do que os recursos de que dispomos para realizá-las.

Redefinindo o esforço

Não é à toa que muitas empresas de menor porte criem círculos de inovação em torno das grandes corporações. Embora quase toda grande corporação atual tenha começado pequena e inovadora, parece perder a capacidade de inovar quando cresce. A única maneira pela qual as grandes companhias, repletas de recursos, parecem inovar atualmente é com a compra de pequenas companhias que têm as grandes ideias. Será que nenhum dos líderes das grandes corporações parou para se perguntar porque companhias menores e com menos recursos, com poucos funcionários que se esforçam juntos, são as que apresentam as últimas inovações? Tamanho e recursos não são necessariamente uma vantagem.

Compartilhar esforços com recursos limitados e trabalhar com pessoas dispostas a construir algo a partir do nada é uma boa fórmula para uma pequena empresa. Mas é extremamente difícil recriar essas condições em organizações nas quais todos já sofreram juntos e foram bem-sucedidas. É por isso que consideramos a Apple uma companhia fascinante. Ela repetiu seu sucesso várias vezes, desde o Apple I e o II até o Macintosh, passando depois pelo iMac, iPod, iTunes e iPhone. Em vez de procurar simplesmente novas maneiras de vender velhos produtos (que, em grande parte, é o que faz a maioria das companhias de sucesso), inventaram novos produtos e passaram a concorrer em novos setores de mercado.

Sabemos que nossa espécie não foi feita para a abundância e que nossos sistemas internos podem entrar em curto-circuito quando estamos próximos a ela. Sabemos que, na empresa, corremos mais riscos de sucumbir às qualidades viciantes e movidas a dopamina das estruturas de incentivo de curto prazo se as substâncias químicas que influenciam nosso comportamento estiverem desbalanceadas. Também sabemos que não vamos conseguir nos unir enquanto a ocitocina e a serotonina não puderem fluir com mais facilidade.

Se os líderes de organizações de sucesso quiserem inovar ou conquistar a lealdade e o amor de seu pessoal, devem reestruturar as dificuldades enfrentadas por suas companhias, não em termos absolutos, mas em termos relativos ao seu sucesso. Em outras palavras, os perigos e as oportunidades existentes fora do Círculo de Segurança devem ser exagerados para atender ao tamanho da própria organização. Eu explico.

Uma empresa pequena tem dificuldades porque não dispõe dos recursos que garantem sua sobrevivência, e isso se torna uma preocupação real. A maneira como as pessoas se unem para descobrir como resolver os problemas é que costuma significar a diferença entre sucesso e fracasso. Tentar resolver o problema por meios menos louváveis é insustentável e menos eficiente.

As empresas maiores, já consagradas, por sua vez, não temem por sua existência porque estão repletas de recursos. A sobrevivência não é o fator motivador, mas o crescimento, sim. Mas já sabemos que o crescimento é um destino abstrato, inespecífico, que não motiva o espírito humano. O que motiva o espírito humano é ver o líder de nossa organização nos dando uma razão para crescer. Cumprir a meta do trimestre ou do ano não nos convence muito, não representa um esforço tão grande. Não que seja fácil – pode ser, pode não ser. Mas a companhia tem os recursos disponíveis para cumprir tais metas... ou aproximar-se delas.

Para nos sentirmos realmente inspirados, precisamos de um desafio que supere os recursos disponíveis. Precisamos de uma visão do mundo que ainda não existe. Uma razão para ir trabalhar. Não apenas uma grande meta a cumprir. É isso que fazem os líderes das grandes organizações. Eles emolduram o desafio em termos tão assustadores que literalmente ninguém sabe de início o que fazer ou como resolver o problema.

Bill Gates lançou uma meta para a Microsoft: queria que todas as mesas de trabalho tivessem um PC. O que aconteceu com essa visão? Apesar de a Microsoft ter conseguido realizá-la na maior parte do mundo desenvolvido, essa meta ainda está muito longe de se realizar. Como em uma pequena empresa, se uma grande organização conseguir focalizar seu desafio relativamente à capacidade existente, as pessoas vão solucioná-lo – é assim que surge a inovação. (Infelizmente, em grande parte devido à má liderança de Steve Ballmer, à tendência a colocar dinheiro para resolver problemas e a sacrificar pessoas quando necessário, os líderes da Microsoft sabotaram as condições necessárias para motivar a inovação que almejavam.)

Steve Jobs se dispôs, em suas palavras, a "deixar uma marca no universo". Em termos mais práticos, ele acreditava que a única maneira de capturar o valor pleno da tecnologia é adaptar a tecnologia para que se ajuste à maneira como vivemos a vida, em vez de exigir que adaptemos nossas vidas para que se ajustem ao funcionamento da tecnologia. Isso explica porque interfaces intuitivas e simplicidade foram essenciais para ajudá-lo a realizar sua visão.

Se os líderes das organizações derem a seu pessoal algo em que acreditar, se oferecerem à equipe um desafio que supera seus recursos, mas não seu intelecto, as pessoas farão o possível para resolver o problema. E nesse processo não só inventam e fazem a companhia deslanchar, como podem acabar mudando um setor inteiro ou o mundo durante o processo (tal como a versão anterior da Microsoft). Mas se os recursos são muito maiores do que o problema à nossa frente, a abundância trabalha contra nós.

Embora possa ser preciso dar pequenos passos para completar um grande salto, é a visão do grande salto e não o ato dos pequenos passos que nos inspira. E só depois que nos comprometemos com essa visão é que conseguiremos olhar para nossas vidas novamente e dizer que o trabalho que realizamos fez diferença.

O valor do propósito

O experimento sobre autoridade e obediência realizado por Stanley Milgram na década de 1960 mostrou que aqueles que acreditavam em uma autoridade superior tinham muito menos propensão a seguir ordens que pareciam prejudicar terceiros do que aqueles que não acreditavam. Em uma variação do experimento, os voluntários que não viam o cientista como autoridade suprema é que se recusavam a ir até o fim. Foi sua adesão a um propósito superior que lhes deu forças para não seguirem ordens cegamente.

No caso das empresas, nem nossos chefes, nem nossos clientes são a autoridade suprema sobre nós. E, no caso de companhias com ações em bolsa, não são os acionistas e nem os analistas de Wall Street. E, acredite se quiser: em última análise, a pequena empresa também não responde a seus investidores. Todas essas "autoridades" são os cientistas de Milgram com seus jalecos brancos. Autoridades na situação, talvez, mas não as autoridades supremas sobre nossas decisões. Assim como o estudo de Milgram nos faria prever, esses líderes e empresas com forte tendência ao questionamento, com forte senso de propósito e coragem suficiente para suportar a pressão de Wall Street ou de acionistas abstratos são os que se saem melhor no longo prazo.

Bob Chapman se esforça muito para garantir que sua companhia se mantenha lucrativa e continue a crescer, mas só vê o lucro como o meio pelo qual pode servir às pessoas que trabalham na Barry-Wehmiller. Em sua mente, o lucro é um combustível e não um destino. Chapman responde a uma autoridade superior e sente a responsabilidade pelo cuidado dos filhos e filhas que cuidam de sua companhia. Chapman tem a coragem de ignorar aqueles que exigiriam que tomasse decisões em curto prazo simplesmente para atingir as metas numéricas.

Nós, seres humanos, não sobrevivemos há 50 mil anos porque somos motivados a servir a nós mesmos, mas porque somos inspirados a servir aos outros.

James Sinegal, da Costco, acreditava que tinha uma responsabilidade maior para com as pessoas que trabalhavam em sua companhia do que para com aqueles que simplesmente lucravam com seu trabalho. O líder dos fuzileiros aprende a fazer com que seus subordinados cuidem dos outros antes de se preocuparem consigo mesmos. Todo CEO da Southwest Airlines sabe que sua primeira responsabilidade é com seu pessoal. Cuide deles e eles cuidarão dos clientes, que, em última análise, movimentam o negócio e beneficiam os acionistas. Nessa ordem.

Esses líderes notáveis e todos que trabalham em suas organizações acreditam que servem a uma causa, e não a um estranho com motivos egoístas. E essa causa é sempre humana. Todos sabem por que foram trabalhar.

Quando uma companhia declara que sua causa é se tornar líder global, uma marca conhecida ou fabricar os melhores produtos, está falando de desejos egoístas, sem nenhum valor para qualquer pessoa fora da própria empresa (e, ocasionalmente, tampouco para algumas pessoas dentro da empresa). Essas causas não conseguem inspirar seres humanos porque não são causas. Ninguém acorda de manhã inspirado para defendê-las. Em outras palavras, nenhuma delas é uma causa maior do que a própria companhia.

Nós, seres humanos, não sobrevivemos há 50 mil anos porque somos motivados a servir a nós mesmos, mas porque somos inspirados a servir aos outros. Esse é o valor do Passo 12. Só precisamos de líderes que nos deem um bom motivo para nos comprometermos uns com os outros.

CAPÍTULO 27

Precisamos de mais líderes

Johnny Bravo, o piloto do A-10 que acreditava que seu maior atributo era a empatia que sentia pelo pessoal em terra, aprendeu o que é necessário para ser realmente um líder alguns anos depois da sua experiência no Afeganistão. Foi depois que ele pousou seu avião após uma missão de treinamento no deserto de Nevada. O chefe da equipe de apoio, o tripulante designado para cuidar de sua aeronave, foi saudá-lo e ajudá-lo a sair do jato. Nesse dia, o chefe da equipe estava distraído e Johnny Bravo o repreendeu. Ele espera que as pessoas à sua volta se comportem da melhor maneira possível para que possam dar o melhor de si e apoiar quem estiver em terra.

O chefe da equipe pediu desculpas. Estava cansado porque não conseguira dormir o suficiente, explicou. Estava cursando a escola noturna e ele e a esposa tinham tido um filho recentemente, que volta e meia os mantinha acordados. E foi nesse momento que Johnny Bravo percebeu que a empatia não é um sentimento em relação a pessoas sem nome e sem rosto às quais procuramos servir. Empatia não é algo que oferecemos a nossos clientes ou funcionários das nove às cinco. Empatia é, como explica Johnny Bravo, "um serviço prestado segundo a segundo, minuto a minuto, a todos, se quisermos nos considerar líderes".

A liderança não é a licença para fazer menos; é a responsabilidade de fazer mais. E este é o problema. Liderar dá trabalho. Consome tempo e energia. Os efeitos nem sempre são medidos facilmente, e nem sempre são imediatos. A liderança é um compromisso com seres humanos.

Pessoas como eu gostam de escrever sobre esse tipo de polêmica na esperança de influenciar alguma mudança em nome do bem maior, que inclui o bem de nossos interesses comerciais. E, embora muitos de vocês que leem estes livros e artigos possam até concordar com elas, os líderes das organizações não estão propriamente clamando por mudanças no *status quo*.

Os dados provam que quando lideramos nossas organizações como Charlie Kim, Bob Chapman, James Sinegal, capitão David Marquet ou os deputados Robert Goodlatte e Stephanie Herseth Sandlin, os benefícios tangíveis, mensuráveis são, na verdade, maiores do que a norma. Mas as teorias abraçadas por pessoas como Milton Friedman e defendidas por executivos como Jack Welch ainda são o evangelho.

Hoje, muitos líderes preferem a abordagem de Jack Welch para administrar um negócio à teoria de Jim Sinegal sobre como liderar pessoas simplesmente porque a primeira é mais empolgante. (Consulte, por favor, o gráfico da página 175 que compara o desempenho das ações da GE aos da Costco.) O estilo de Sinegal não parece uma montanha russa, mas é estável e leva a companhia ao sucesso de forma mais segura. Em contraste, o estilo de Welch se parece mais com o jogo. Altos e baixos, ganhos e perdas. Emocionante, excitante. Luzes brilhantes, alta intensidade. Vegas. Se você tem dinheiro suficiente para continuar a jogar na baixa, pode até ganhar o grande prêmio. Mas se não puder jogar por muito tempo, se não tiver certeza de que sabe cronometrar sua saída na hora certa ou se está procurando algo sustentável e estável, provavelmente vai preferir investir em uma companhia com um forte Círculo de Segurança. É bom e normal que haja companhias do tipo montanha-russa na economia. Mas quando um grande número de líderes coloca a emoção da dopamina acima do trabalho árduo dos cuidados com seu pessoal, a economia toda fica desequilibrada.

Em todos os aspectos ser um líder é como ser pai ou mãe. É o compromisso com o bem-estar daqueles que estão sob nossos cuidados e a disposição para fazer sacrifícios em nome de seus interesses, para que eles possam carregar a bandeira muito depois que formos embora.

Sir Isaac Newton, físico inglês do século 17, apresentou com sua Segunda Lei do Movimento a fórmula f = ma. A força é igual à massa vezes a aceleração. Quando queremos mover uma massa muito grande, precisamos aplicar mais força. Se quisermos mudar a orientação de uma grande empresa ou resolver um grande problema, precisamos aplicar uma força maior. Geralmente, é isso que fazemos. Um grande reposicionamento ou uma grande reorganização. O problema com a aplicação de grandes forças a qualquer coisa, porém, é que isso nos abala. Tememos fazer mais mal do que bem. Prejudicamos o Círculo de Segurança.

Porém, há outra variável que geralmente é menosprezada. O "a" de aceleração. Quem disse que a mudança precisa ser súbita ou instantânea? Bob Chapman, Charlie Kim, capitão David Marquet e outros não apareceram de repente com novas teorias e começaram a desmontar suas organizações. Fizeram ajustes. Aplicaram pequenas mudanças. Fizeram experiências. Algumas funcionaram. Outras não. E, com o tempo, o ímpeto foi se acumulando, as mudanças se somaram e as organizações e as pessoas dentro delas se transformaram.

A liderança, a verdadeira liderança, não é um bastião daqueles que estão sentados no topo. É a responsabilidade de qualquer um que pertença ao grupo. Embora as pessoas inseridas na hierarquia formal possam ter autoridade para trabalhar em uma escala mais ampla, cada um de nós é responsável por manter forte o Círculo de Segurança. Precisamos começar a fazer hoje pequenas coisas para o bem dos outros... um dia de cada vez.

Sejamos todos os líderes que gostaríamos de ter tido.

★★★★★★

Se este livro inspirou você, passe-o para alguém que você deseja inspirar.

AGRADECIMENTOS

Senti-me intensamente realizado quando concluí este livro. Foi, sem dúvida, uma das tarefas mais difíceis que já executei. Foram muitas noites em claro, finais de semana perdidos, faltas a eventos de família, períodos de desespero e a sensação de que não conseguiria terminá-lo. Foi graças ao amor, ao apoio e à amizade de algumas pessoas notáveis que consegui concluir o trabalho. E achei que seria apropriado compartilhar um pouco de serotonina com essas pessoas. Espero deixá-los orgulhosos.

Primeiro, e acima de tudo, meu incrível editor, Adrian Zackheim. Ele correu um risco comigo quando publicou *Por quê? Como grandes líderes inspiram ação*, e outro risco com este livro. Ofereceu-me sua paciência (da qual precisou bastante) e ajudou a deixar minhas ideias mais claras. Foi durante um almoço juntos que o conceito do Círculo de Segurança surgiu. Gostaria de ter guardado aquele papel. Obrigado, Adrian.

Danielle Summers foi a melhor assistente de pesquisa que eu poderia ter tido. Com a paixão de uma *nerd* pela ciência e curiosidade autêntica por aquilo que eu estava tentando descobrir, nunca teria aprendido tanto quanto aprendi sem sua incansável energia para me ajudar a entender tudo. Hoje, ela está estudando enfermagem, o que será ótimo para aqueles que ficarem sob seus cuidados, mas sinto sua falta. Obrigado, Danielle.

Quando escrevi meu primeiro livro, descobri que era muito mais produtivo dentro de um avião. Voei para cidades aleatórias do país todo, aparecendo nos aeroportos apenas com meu *laptop*. Mas não foi o caso deste livro. Para este, descobri que eu seria imensamente mais produtivo caso tivesse alguém do lado para me auxiliar na tarefa. Obrigado, Sarah Haarmann, por certificar-se de que eu terminaria o trabalho. Tenho certeza de que teria levado duas ou três vezes mais tempo para escrevê-lo se Sarah não estivesse por perto para me estimular e cuidar de mim. Obrigado, Sarah.

Temos a impressão de que alguns amigos aparecem quando mais precisamos deles. Jenn Hallam foi um rochedo durante esse processo. Desde o início, ela me ajudou a manter a coerência das ideias. Quando tinha centenas de páginas de pensamentos aleatórios, ela apareceu para me ajudar a encontrar o fio da meada. Quase no final, quando eu mal conseguia continuar, lá estava ela. Mesmo no último instante, quando precisei de 15, 16 ou 17 horas de trabalho diário, Jenn estava lá. Obrigado, Jenn. Você é notável.

Quero demonstrar o reconhecimento por minha equipe fantástica, Kim Harrison, Monique Helstrom, David Mead e Stephen Shedletzky. Vocês me apoiaram e foram muito pacientes durante o processo. Minha força para fazer o que faço vem de vocês.

Agradeço ao tenente-coronel Matt Whiat e ao major Charles Throckmorton por cuidarem de mim durante a viagem ao Afeganistão. Essa experiência, mais do que qualquer outra, ensinou-me a definição de serviço. Sinto-me muito grato por ter passado por ela junto a vocês dois. Vocês são meus irmãos.

Ao tenente-coronel Paul Mullis, da Força Aérea dos EUA. Obrigado por todas as histórias sobre pessoas notáveis que contou. Você foi o primeiro a me contar a história do JB. E não tenho como agradecer o fato de você estar por perto quando realmente precisei. Sua coragem de fazer o que se dispôs a fazer inspirou-me a seguir em frente (e ainda inspira). Obrigado, JQ.

Agradeço a meu agente, Richard Pine, e à minha revisora, Maria Gagliano, por me ajudarem a trazer à vida essas ideias malucas. Obrigado.

Alguns amigos doaram muito gentilmente seu tempo para me ouvir falar sobre o que eu estava escrevendo a fim de saber se fazia sentido. Obrigado, Julia Hurley, que não só foi a primeira pessoa a pôr os olhos no manuscrito como fez muito para que os fatos narrados neste livro sejam verídicos. Obrigado, Katie Jenkins, Courtney Keller e Christina Houghton por seus olhos e ouvidos. A Kendra Fitzgerald, que fez muito para me lembrar regularmente de que eu não estava sozinho. Você sempre esteve por perto para me inspirar e ajudar-me a dar conta do recado. Um agradecimento especial a Sarah Salisbury, que não só se sentou e ouviu, como vivenciou comigo o estresse do projeto. Obrigado, Sarah.

Quatro pessoas tiveram mais influência sobre minha compreensão da liderança e do serviço do que quaisquer outras pessoas. Bob Chapman. Orgulho-me de chamá-lo de mentor e amigo. Vou levar você sempre comigo e carregarei sua tocha para o futuro. Tenente-coronel George Flynn, do Corpo de Fuzileiros Navais dos EUA (ref.). Senhor – desde o primeiro telefonema, senti uma conexão. Você é meu professor, meu amigo e agora meu parceiro no trabalho conjunto para mudar o mundo. Semper Fi, George. Charlie Kim. Você é generoso como poucas pessoas que conheço. Obrigado pelas ideias ágeis e por me motivar. Você orgulha seu pai. E capitão David Marquet, Marinha dos EUA (ref.). Ainda sou seu fã. Sua compreensão sobre a liderança é maior do que a de qualquer outra pessoa que conheço. Obrigado por ser a outra metade do meu cérebro e por ser um amigo tão extraordinário.

A todas as pessoas que se disponibilizaram para entrevistas e trocas de ideias – mesmo que nossas conversas específicas não tenham sido incluídas no texto final, o que vocês me ensinaram fui fundamental para que eu compreendesse o assunto. Scott Belsky, Megan Bezdichek, Matthew Bishop, Tom Brokaw, Dra. Loretta Breuning, Nayam Busa, Ashley Bush, Pierce Bush, John T. Cacioppo, Susan Cain, David Copperfield, Kelly Dane, Dr. Charles Denham, Peter Docker, cel. Michael Drowley, USAF, David Ekstein, Jo Frost, Seth Godin, Adrian Grenier, Kristen Hadeed, ten. cel. De De Halfhill, USAF (você mereceu essa, Deeds), Scott Harrison, Ken e Teri Hertz, Elissa Hogan, Joey, Gen. Ray Johns, USAF (ref.), ten. gen.

Darrell Jones, USAF (ref.), todo o pessoal incrível da Escola Kipp, Ted Koppel, Jim Kwik, Leland Melvin, Summer Rayne Oakes, Cameron Parker, Shrage Posen, Peter Roskam, Craig Russell, Stephanie Herseth Sandlin, Jules Shell, Rhonda Spencer, Dra. Lynn Stout, Matt Tenney, Dr. William Ury, Dr. Peter Whybrow, Cami Yoder, Dr. Paul Zak e os notáveis fuzileiros navais que conheci em Parris Island, Camp Lejeune e na Base Quantico.

E temos Laurie Flynn. Laurie se associou a mim naquele que deveria ser um trabalho de dois a três meses para me ajudar a limpar o livro no que eu imaginava que fosse o final do projeto. Doze meses depois, terminamos. Ela, mais do que qualquer um, compartilhou todo o cortisol comigo enquanto tentávamos destrinchar o trabalho. Foram muitos e muitos dias de 14 horas juntos... muitos mesmo. Mas no final estávamos sempre rindo. Não só amo trabalhar com Laurie, pura e simplesmente a amo. Laurie, escreveria de bom grado cem livros com você. Obrigado!

E tenho outro grupo para agradecer. Talvez o grupo mais importante de todos. Vocês. As pessoas que reservam um tempo para ler minhas divagações e ouvir meus pensamentos, aquelas que levantam as mãos e se oferecem para liderar, no espírito de *Líderes se servem por último*. Obrigado pela coragem de serem os líderes de que precisamos neste mundo. Farei o que puder para compartilhar suas histórias e apoiá-los em seu trabalho para servir àqueles que servem aos demais. É por sua causa que, juntos, vamos mudar o mundo para melhor.

Inspirem!

NOTAS

Alguns nomes e detalhes identificadores foram alterados para proteger os indivíduos que continuam trabalhando em organizações nas quais seus líderes não oferecem muita proteção.

Parte 1: Da necessidade de nos sentirmos seguros

19 **Naquela noite, o Capitão:** Mike Drowley, "There Are Some Fates Worse Than Death", TED Talk. Gravado em maio de 2012. TEDx: <http://tedxtalks.ted.com/video/TEDScottAFB-Mike-Drowley-There>. Mike Drowley, entrevista com o autor, abril e junho de 2013.

26 **Antes que as empresas incorporassem:** Mike Merck e Ron Campbell, entrevistas pessoais, abril de 2013.

27 **Mas as coisas mudaram depois que Bob Chapman:** Bob Chapman, entrevistas com o autor, junho de 2012.

34 **80% das pessoas estão insatisfeitas:** John Hagel III e John Seely Brown, "Measuring the Forces of Long-Term Change—the 2010 Shift Index", Deloitte Center for the Edge.

38 **A mente de George se acelerou:** A pesquisa primária deu-se com uma visita do autor ao campo de treinamento dos fuzileiros em abril de 2012. "George" é um personagem composto pelos homens e mulheres que conheci naquele dia. Stephen M. Buckley, "Military, Marine Recruit Training", página de Stephen M. Buckley's, Boston College, <https://www2.bc.edu/~bucklesg/PI.htm>.

39 **Um leão costumava rondar:** Esopo, "The Four Oxen and the Lion", cap. 52 de *Harvard Classics, Volume 17: Folklore and Fable,*

1909, ed. Charles W. Eliot (Seattle: Amazon Digital Services Inc., 1909).

42 Os espartanos: Steven Pressman, *Gates of Fire: An Epic Novel of the Battle of Thermopylae* (Nova York: Bantam, 1999): 47.

48 Um estudo realizado em 2011: P. Butterworth, L. S. Leach, L. Strazdins, S. C. Olesen, B. Rodgers e D. H. Broom. "The Psychosocial Quality of Work Determines Whether Employment Has Benefits for Mental Health: Results from a Longitudinal National Household Panel Survey", *Occupational & Environmental Medicine* 11 (2011): 806–12.

49 Outro estudo, realizado por pesquisadores da University College London: Anna Hodgekiss, "Hating Your Job and Unemployment Are Equally Bad for Your Health", *Daily Mail*, 23 de novembro de 2012. <http://www.dailymail. co.uk/health/article-2237371/Hating-job-bad-health-unemployed-researchers-warn.html>.

49 Segundo uma pesquisa Gallup: Gallup, "State of the American Workplace", 2013. <http://www.gallup.com/strategicconsulting/163007/state-american-workplace.aspx, 47 >.

50 Os Estudos Whitehall: "The Whitehall II Study." International Centre for Health and Society/Department of Epidemiology and Public Health, University College London, 2004. <http://www.ucl.ac.uk/whitehallII/pdf/Whitehallbooklet _1_.pdf>. M. G. Marmot, G. D. Smith, S. Stansfeld et al., "Health Inequalities Among British Civil Servants: The Whitehall II Study". Department of Epidemiology and Public Health, University College and Middlesex School of Medicine, London, 1991. <http://www.ncbi.nlm.nih.gov/pubmed/1674771>. University College London Research Department of Epidemiology and Public Health, "Whitehall II History." Última modificação em 30 de julho de 2013. <http://www.ucl.ac.uk/whitehallII/history>.

50 Isso tem até um nome: "síndrome do estresse do executivo": Simma Lieberman Associates, "Executive Stress." <http://www.simmalieberman.com/executive-stress.html>.

50 Os pesquisadores descobriram: Gary D. Sherman, Jooa J. Lee, Amy J. C. Cuddy et al. "Leadership Is Associated with Lower Levels of Stress." Proceedings of the National Academy of Sciences of the United States of America, 2012. <http://www.pnas.org/content/early/2012/09/19/1207042109. abstract>.

51 **pesquisadores de Harvard e de Stanford:** Max McClure, "More Authority Means Less Stress, Say Stanford and Harvard Psychologists", *Stanford University News Service*, 24 de setembro de 2012. <http://news.stanford.edu/pr/ 2012/pr- leadership-stress-levels-092412.html>.

51 **Quanto mais elevada sua posição na hierarquia empresarial:** "The Whitehall II Study." International Centre for Health and Society/Department of Epidemiology and Public Health, University College London, 2004. <http://www.ucl.ac.uk/whitehallII/pdf/Whitehallbooklet_1_.pdf>.

52 **A consultoria de recursos humanos Mercer LLC:** "One in Two US Employees Looking to Leave or Checked Out on the Job, Says What's Working Research", comunicado à imprensa da Mercer, 20 de junho de 2011. <http://www.mercer.com/press-releases/1418665>.

52 **Um estudo realizado por dois pesquisadores:** "The Importance of an After-Work Smile." *Harvard Business Review, The Magazine*, outubro de 2011. <http://hbr.org/2011/10/the-importance-of-an-after-work-smile/ar/1>.

Parte 2 : Forças poderosas

64 **"Não dá para rir e ter medo":** Stephen Colbert, entrevista com James Kaplan, *Parade,* 23 de setembro de 2007, 6-7.

65 **"Espero que vocês sejam republicanos":** Ronald Reagan ao cirurgião-chefe ao entrar na sala de operações após a tentativa de assassinato, 30 de março de 1981. <http://edition.cnn.com/TRANSCRIPTS/1308/10/cotc.01.html>.

67 **Nesse dia, "meninos negros":** Martin Luther King Jr. "I Have a Dream." marcha sobre Washington. Lincoln Memorial: Washington. 28 de agosto de 1963. Address. <http://www.archives.gov/press/exhibits/dream-speech.pdf>

72 "vocês gostam de mim...": Sally Field, 57ª entrega dos prêmios da Academia de Cinema, dirigindo-se ao público, 25 de março de 1985. <http://www.hollywoodreporter.com/video/video-sally-field-oscarspeech-101595>.

79 pessoas que se consideram felizes: Sharon Jayson, "Happy? You may Live 35% Longer, Tracking Study Suggests", *USA Today*, 31 de outubro de 2011. <http://yourlife.usatoday.com/mind-soul/story/2011-10-31/Happy-You-may-live-35-longer-tracking-study-suggests/51016606/1>. Andrew Steptoe e Jane Wardle. "Positive Affect Measured Using Ecological Momentary Assessment and Survival in Older Men and Women." *Proceedings of the National Academy of Sciences of the United States of America.* (2011).

86 O Centro Nacional Antiterrorista: National Counterterrorism Center, "2011 Report on Terrorism", 12 de março de 2012. <http://www.fas.org/irp/threat/ nctc2011.pdf>.

86 Segundo estatísticas do FBI: *Wall Street Journal,* "Murder in America." <http://projects.wsj.com/murderdata/?mg=inert-wsj.>

86 Compare esses números com as 600 mil: Donna L. Hoyert e Jiaquan Xu, "National Vital Statistics Reports", *Centers for Disease Control and Prevention, National Center for Health Statistics.* nº 6 (2012): 17. <http://www.cdc.gov/nchs /data/nvsr/nvsr61/nvsr61_06.pdf>.

87 Charlie Kim podia sentir a tensão: Charlie Kim, entrevista com o autor, outubro de 2012.

95 Um estudo realizado em 2010: Francesca Gino, Michael Norton e Dan Ariely, "The Counterfeit Self: The Deceptive Costs of Faking It", *Psychological Science,* nº 5 (2010): 712-20. <http://www.people.hbs.edu/mnorton/ginonortonariely.pdf>;<http://www.people.hbs.edu/mnorton/ginonorton ariely.pdf>.

96 "O preço da liderança": tenente-general George Flynn, entrevista com o autor, novembro de 2011.

100 "Nunca sonharíamos em livrar-nos": Bob Chapman, entrevista com o autor, janeiro de 2011.

101 "É melhor que todos soframos": *Ibid.*

Parte 3: Realidade

104 **"Quantas almas a bordo":** Entrevista do autor com fonte confidencial da FAA, julho de 2012.

106 **voos foram programados e executados:** United States Department of Transportation, Bureau of Transportation Statistics, comunicado à imprensa. Última modificação em 4 de abril de 2013. <http://www.rita.dot.gov/bts/ press_releases/ bts016_13>.

110 **a indústria da autoajuda:** "The Market for Self-Improvement Products and Services", Marketdata Enterprises Inc. (2012). <http://www.marketresearch.com/Marketdata-Enterprises-Inc-v416/Self-Improvement-Products-Services-284574/>.

111 **terapeuta:** Ronald W. Dworkin, "The Rise of the Caring Industry", *Policy Review* (Hoover Institution, Stanford University), nº 161. <http://www.hoover.org/publications/policy-review/article/5339>.

Parte 4: Como chegamos aqui

116 **uma estação comercial de rádio:** History Channel, *The Roaring Twenties.* <http://www.history.com/topics/roaring-twenties>.

116 **"terça-feira negra":** Federal Deposit Insurance Corp., FDIC Learning Bank. <http://www.fdic.gov/about/learn/learning/when/1930s.html>.

116 **Grande Depressão – um período:** Harold Bierman Jr., "The 1929 Stock Market Crash", *Economic History Association,* 5 de fevereiro de 2010. <http://eh.net/encyclopedia/article/bierman.crash>.

117 **durou mais de uma década:** History Channel, *The Great Depression*. <http://www.history.com/topics/great-depression>.

117 **Quando os Estados Unidos entraram na Segunda Guerra Mundial:** Sabrina Tavernise, "As Fewer Americans Serve, Growing Gap Is Found Between Civilians and Military", *New York Times,* 24 de novembro de 2011. <http://www.nytimes.com /2011/11/25/us/civilian-military-gap-grows-asfewer-americans-serve.html?_r=0>.

117 ***The War:*** Ken Burns e Lynn Novick, Florentine Films e WETA-TV, 2007. http://www.pbs.org/thewar/.

118 **todo o país se uniu:** "18-Year-Old", *Life,* 30 de novembro de 1942.

120 Nascimentos nos EUA: U.S. Census. <www.census.gov>.

120 Em 1946, foram 3,4 milhões: Jessica R. Sincavage, "The Labor Force and Unemployment: Three Generations of Change." U.S. Department of Labor, Bureau of Labor Statistics, *Monthly Labor Review* (junho de 2004): 34-41. <http://www.bls.gov/opub/mlr/2004/06/art2full.pdf>.

120 final da geração boomer: *Ibid.*

120 o último da geração *boomer*: *Ibid.*

121 Renda média nos EUA: U.S. Census. <www.census.gov>.

122 afro-americanos: Site do senado dos EUA: "Landmark Legislation: The Civil Rights Act of 1964." <http://www.senate.gov/artandhistory/history/common/ generic/CivilRightsAct1964.htm>.

123 a década do "eu": Thomas Wolfe. "The "Me" Decade and the Third Great Awakening." *New York Magazine*, 23 de agosto de 1976. <http://nymag.com /news/features/45938/> (acessado 24 de setembro de 2013).

123 PIB dos EUA: Bureau of Economic Analysis. <www.bea.gov>.

126 "Um PC em cada escrivaninha": John Naughton, "How Microsoft Spent a Decade Asleep on the Job." *The Observer*, 20 de julho de 2013. <http://www.theguardian.com/technology/2013/jul/21/microsoft-realignment-steve-ballmer-naughton>.

127 Presidente Ronald Reagan: Site do History Channel, *This Day in History,* "5 de agosto de 1981: Reagan Fires 11,359 Air-Traffic Controllers." <http://www.history.com/thisday-in-history/reagan-fires-11359-air-traffic-controllers>.

127 greve foi ilegal: National Labor Relations Board, "1947 Taft-Hartley Substantive Provisions." http://www.nlrb.gov/who-we-are/our-history/1947-taft-hartleysubstantive-provisions.

128 Reagan proibiu: Greg Miller, "Clinton Lifts Ban on Fired Air Controllers." *Los Angeles Times,* 13 de agosto de 1993.

130 quanto maior o número de analistas financeiros... menos inovadora: Jie (Jack) He e Xuan Tian, "The Dark Side of Analyst Coverage: The Case of Innovation", *Journal of Financial Economics,* vol. 109, nº. 3 (setembro de 2013): 856–78. <http://www.sciencedirect.com/science/article/pii/S0304405X13001086>.

133 "Ninguém acorda de manhã": Bob Chapman, entrevista com o autor, fevereiro de 2013.

Parte 5 : O desafio abstrato

136 Eichmann viveu: Geller Doron, Jewish Virtual Library, "Israeli Military Intelligence: The Capture of Nazi Criminal Adolf Eichmann." <http://www.jewishvirtuallibrary.org/jsource/Holocaust/eichcap.html>.

137 Stanley Milgram: Stanley Milgram, "Some Conditions of Obedience and Disobedience to Authority", The Tavistock Institute, <http://psyc604.stasson.org/ Milgram2.pdf> (acessado 10 de outubro de 2013). S.A. Mcleod (2007). *Simply Psychology:The Milgram Experiment,* obtido em <http://www.simplypsychology.org/milgram.htmlwww.simplypsychology.org/>.

137 **Stanley Milgram:** S. A. Mcleod (2007). Simply Psychology: The Milgram Experiment, obtido em <www.simplypsychology.org/.> <http://psycnet.apa.org/index.cfm?fa=search.displayRecord&uid=1964-03472-001>.

142 Em 2209, o jornal *The New York Times:* Sabrina Tavernise, "Charges Filed in Peanut Salmonella Case", *New York Times,* 21 de fevereiro de 2013, <http://www.nytimes.com/2013/02/22/business/us-charges-former-owner-and-employees-in-peanut-salmonella-case.html?_r=0>.

144 Jamie Dimon: Duff McDonald, "It's Time to Stop Blaming the Lenders", *CNN Money,* 15 de outubro de 2010. <http://finance.fortune.cnn.com/2010/10/15/its-time-to-stopblaming-the-lenders/>.

144 em 1970, seis anos antes: Milton Friedman, "The Social Responsibility of Business Is to Increase Its Profits", *New York Times Magazine,* 13 de setembro de 1970.

146 Apple conseguiu deixar de pagar: Nelson D. Schwartz e Charles Duhigg, "Apple's Web of Tax Shelters Saved It Billions, Panel Finds." *New York Times,* 20 de maio de 2013. <http://www.nytimes.com/2013/05/21/business/apple-avoided-billions-in-taxescongressional-panel-says.html? pagewanted=all>.

146 "Infelizmente, a legislação tributária": Brian Patrick Eha, "Lessons in Persuasion from Apple CEO Tim Cook." *NBC News,* 25 de maio de 2013, <http://www.nbcnews.com/id/52001345/ns/business-small_business/t/lessons-persuasion-apple-ceo-tim-cook/>.

147 Quando o *Titanic:* Chris Berg, "The Real Reason for the Tragedy of the *Titanic.*" *Wall Street Journal Online,* 12 de abril de 2012, <http://online. wsj.com/article/SB10001424052702304444604577337923643095442.html>. John Mersey, Charles Bigham e Somerset Arthur Gough-Calthorpe, "Loss of the Steamship 'Titanic'", documento do senado, 62º Congresso, no. 933 (1912), <http://archive.org/stream/losssteamshipti00titgoog#page/n1/mode/2up>. "Regulatory Failure of Titanic Proportions", ABC, *The Drum*, 11 de abril de 2012, <http://www.abc.net.au/unleashed/ 3940980.html>.

147 Pode ser interessante comentar: Congressional Budget Office, "The U.S. Federal Budget: A Closer Look at Revenues" (acessado 22 de setembro de 2013).

150 "A morte de um homem é uma tragédia": <http://www.goodreads.com/quotes/232468-the-death-of-one-man-is-a-tragedy-the-death>. Admito que a fonte desta citação é controvertida: Eoin O'Carroll, "Political Misquotes: The 10 Most Famous Things Never Actually Said", *Christian Science Monitor,* <http://www.csmonitor.com/USA/Politics/2011/0603/Political-misquotes-The-10-most-famous-things-never-actually-said/The-death-of-one-man-is-a-tragedy.-The-death-of-millions-is-a-statistic.-Josef-Stalin>.

150 a Síria: Alan Cowell, "War Deaths in Syria Said to Top 100,000." *New York Times*, 26 de junho de 2013, <http://www.nytimes.com/2013/06/27/world/middleeast/syria.html?_r=0>. <http://www.cbo.gov/sites/default/files/cbofiles/ attachments/BS_Revenues_print.pdf>.

151 Cami Yoder: Cami Yoder, San Clemente, Califórnia, entrevista com o autor, março de 2013.

154 Um quarto de todos os adolescentes: Elizabeth Landau, "When Bullying Goes High Tech", CNN, 13 de abril de 2013, <http://www.cnn.com/2013/02/27/health/cyberbullying-online-bully-victims/index. html> (acessado 22 de setembro de 2013).

155 Mas, se a mídia social é o máximo: "BlogWorld Moves Western U.S. Event Back to Las Vegas", *PR Newswire,* 19 de abril de 2012, <http://www.prnewswire.com/news-releases/blogworld-

moves-western-us-event-back-to-las-vegas-148079795.html> e <www.nmxlive.com>.

156 Em 1958, Bill Gore: Creative Technologies Worldwide, "About Gore", <http://www.gore.com/en_xx/aboutus/>.

156 Bill Gore: Jack Browne, "Gore Celebrates 50 Years of PTFE", *Microwaves and RF,* 13 de fevereiro de 2008, <http://mwrf.com/materials/gore-celebrates-50-years-ptfe>.

156 Como se viu, Bill Gore tinha descoberto algo: Lois Brown Easton, *Professional Learning Communities by Design: Putting the Learning Back into PLCs* (Thousand Oaks, CA: Corwin, 2011), 252; "Don't Believe Facebook; You Only Have 150 Friends", *All Things Considered*, National Public Radio, 5 de junho de 2011. <http://www.npr.org/2011/06/04/136723316/dont-believe-facebook-you-only-have-150-friends>.

156 Robin Dunbar: "Don't Believe Facebook; You Only Have 150 Friends", *All Things Considered,* National Public Radio, 5 de junho de 2011. <http://www.npr.org/player/v2/mediaPlayer.html?action=1&t=1&islist=false&id=136723316&m=136957910>.

158 Se você fosse se sentar: Rick Lax, "Dunbar's Number Kicked My Ass in Facebook Friends Experiment", *Wired,* 2 de março de 2012. <http://www.wired.com/underwire/2012/03/dunbars-number-facebook/>.

160 Em 2010, Adam Grant: Adam M. Grant e Devin T. Mathias, "Recruiting and Motivating Fundraising Callers: How Making a Difference . . . Makes a Difference", Wharton School, University of Pennsylvania. <http://moredonors.com/motivating.pdf>; Adam M. Grant, "How Customers Can Rally Your Troops", *Harvard Business Review, The Magazine*, junho de 2011. <http://hbr.org/2011/06/how-customers-can-rallyyour-troops/ar/1>. Susan Dominus, "Is Giving the Secret to Getting Ahead?", *New York Times*, 27 de março de 2013. <http://www.nytimes.com/2013/03/31/magazine/isgiving-the-secret-to-getting-ahead.html?pagewanted=all&_r=0>.

161 departamento de empréstimos do Wells Fargo: Adam M. Grant, "How Customers Can Rally Your Troops", *Harvard Business Review, The Magazine*, junho de 2011. <http://hbr.org/2011/06/how-customers-can-rally-your-troops/ar/1>.

161 Uma prova adicional: Yehonatan Turner, M.D., "The Effects of Including a Patient's Photograph to the Radiographic Examination." Presented at RSNA Conference, 3 de dezembro de 2008. <http://rsna2008.rsna.org/event_ display.cfm?em_id=6008880>.

Parte 6 : Abundância destrutiva

173 "Cobiça em longo prazo": Nelson Schwartz, "Public Exit from Goldman Raises Doubt Over a New Ethic." *New York Times*, 14 de março de 2012. <http://www.nytimes.com/2012/03/15/business/a-public-exit-from-goldman-sachs-hits-a-woundedwall-street.html> e <http://dealbook.nytimes.com/2010/03/ 22/reining-in-greed-atgoldman/>.

173 Tendo em vista sua reputação atual: David Smith, "Into the Belly of the Beast (Part 1—How Goldman Sachs Became the Most Hated Bank on Earth)." *Economy Watch*, 26 de janeiro de 2012. <http://www.economywatch.com/economy-business-and-financenews/into-the-belly-of-the-beast-part-one.26-01.html>.

173 Goldman não tinha como errar: Suzanne McKee. *Chasing Goldman Sachs: How the Masters of the Universe Melted Wall Street Down . . . and Why They'll Take Us to the Brink Again* (Nova York: Crown Books, 2010).

174 IPO da Goldman: Lawrence Lessig, "What's Really Wrong with Goldman Sachs." CNN, 15 de março de 2012. http://www.cnn.com/2012/03/15/opinion/ lessig-goldman-sachs.

175 William Cohan destaca isso: William D. Cohan, *Money and Power: How Goldman Sachs Came to Rule the World* (Nova York: Anchor Books, 2011).

175 Por volta de 2010, tendo em vista o papel da Goldman: "Wall Street and the Financial Crisis." Site do senador norte-americano Carl Levin. <http://www.levin.senate.gov/issues/wall-street-and-thefinancial-crisis>.

175 O CEO Lloyd Blankfein: Graham Bowley, "$500 Million and Apology from Goldman", *NewYorkTimes,* 17 de novembro de 2009. <http://www.nytimes.com /2009/11/18/business/18goldman.html?_r=0>.

176 Os funcionários da WestJet: WestJet, "Meet Our Team, WestJetters." <http://www.westjet.com/guest/en/media-investors/2011-annual-report/meet-our-team/index.shtml>.

178 Como teria sintetizado Goethe: <http://josephsoninstitute.org/quotes /quotations.php?q=Character>.

178 Em 14 de março de 2012, o *New York Times*: Greg Smith, "Why I Am Leaving Goldman Sachs", *New York Times*, 14 de março de 2012. <http://www.nytimes.com/2012/03/14/opinion/why-i-am-leaving-goldman-sachs.html>.

179 Taj Mahal Palace Hotel: Rohit Deshpande, "The Ordinary Heroes of the Taj." *Harvard Business Review*, dezembro de 2011. <http://hbr.org/2011/12/the-ordinary-heroesof-the-taj>. Alix Spiegel. "Heroes of the Taj Hotel: Why They Risked Their Lives." NPR, Última modificação em 23 de dezembro de 2011 (acessado 2 de outubro de 2013). <http://www.npr.org/2011/12/23/144184623/mumbai-terror-attacks-the-heroes-of-the-taj-hotel>. Marie Brenner, "Anatomy of a Siege", Vanity Fair, novembro de 2009.

180 Kim Stewart: Kim Stewart (nome fictício), entrevista pessoal, fevereiro de 2013.

181 Citi emitiu: Aaron Elstein, "Citigroup's Layoff of 52,000 Makes History." *Crain's New York Business,* 17 de novembro de 2008. <http://www.crainsnewyork.com/article/20081117/FREE/811179995>.

182 Post-it: Post-it Products, "About Post-it Brand." <http://www.post-it.com/wps/portal/3M/en_US/Post_It/Global/About/>.

182 3M: Gerard J. Tellis, *Unrelenting Innovation: How to Create a Culture for Market Dominance* (San Francisco: Jossey-Bass, 2013), 171. *A Century of Innovation: The 3M Story,* 3M Company, 2002. <http://multimedia.3m.com/mws/mediawebserver?6666660Zjcf6lVs6EVs666IMhCOrrrrQ->.

183 desenvolvimento dos blocos adesivos Post-it: Post-it Products, "The History of Post-it." <http://www.post-it.com/wps/portal/3M/en_US/Post_It/ Global/About/History/>.

183 "Na 3M, somos um monte de ideias": Tellis, *Unrelenting Innovation,* 171.

183 " Inovação pela interação": Ben Paynter, "How a Superbulb Massively Brightened 3M's Innovation Pipeline", *Fast Company,*

21 de março de 2013. <http://www.fastcompany.com/3003229/innovation-agents/how-superbulb-massively-brightened-3ms-innovation-pipeline>.

183 Um sinal claro de que essa colaboração: Entrevista pessoal, executivos da 3M, setembro de 2013.

185 Stanley O'Neal: Listas da *Time*: "25 People to Blame for the Financial Crisis: Stan O'Neal..." <http://www.time.com/time/specials/packages/article/0,28804,1877351_1877350_1877344,00.html>. David Ellis, "O'Neal Out at Merrill", *CNN Money*, 31 de outubro de 2007, <http://money.cnn.com/2007/10/30/news/companies/merrill_oneal/>. Bethany McLean e Joe Nocera, "The Blundering Herd", *Vanity Fair, Business*, novembro de 2010, <http://www.vanityfair.com/business/features/2010/11/financial-crisisexcerpt-201011>. Greg Farrell, "Crash of the Titans: The Rise and Fall of Stan O'Neal." *CNN Money,* 4 de novembro de 2010, <http://finance.fortune.cnn.com /2010/11/04/crashof-the-titans-the-fall-of-merrill-lynch/>. Gretchen Morgenson, "How the Thundering Herd Faltered and Fell", *New York Times,* 8 de novembro de 2008, <http://www.nytimes.com/2008/11/09/business/09magic.html>. Norm Brodsky, "Stan O'Neal Failed the First Rule of Leadership", *Inc.*, 29 de outubro de 2007. <http://www.inc.com/ask-norm/2007/10/stan_oneal_failed_the_first_ rule_of_leadership.html>. Devin Leonard, "How Merrill Went into the Toilet", *Bloomberg Businessweek,* 9 de dezembro de 2010, <http://www.businessweek.com/magazine/content/10_51/ b4208098627853.htm>.

187 O'Neal demitiu milhares: "America Attacked: The Changing Employment Picture", *Washington Post,* 25 de julho de 2002. <http://www.washingtonpost.com/wp-srv/business/legacy/layoff_article.htm>.

188 Em outubro de 2007, a companhia anunciou perdas: Bradley Keoun, "Merrill Lynch Reports Loss on $8.4 Billion Writedown", *Bloomberg News*, 24 de outubro de 2007. <http://www.bloomberg.com/apps/news?pid=newsarchive&sid=axuWCcMYMdA0>.

188 pacote de benefícios: Rob Wile, "These CEOs Got Paid $100 Million+ Each to Quit", *Business Insider,* 15 de janeiro de

2012. <http://www.businessinsider.com/the-21-largestgolden-parachutes-of-the-new-millenium-2012-1?op=1>.

189 Saddam Hussein: Mark Bowden, "Tales of the Tyrant", *Atlantic*, 1º de maio de 2002. <http://www.theatlantic.com/magazine/archive/2002/05/tales-of-the-tyrant/302480/>.

190 David Marquet: David Marquet, *Turn the Ship Around! A True Story of Turning Followers into Leaders* (Nova York: Portfolio, 2013). <http://www.amazon.com/Turn-Ship-Around-Turning-Followers/dp/1591846404>.

190 David Marquet foi um submarinista de carreira: entrevistas com o autor, 2012–2013.

198 O teste da trincheira: visita do autor a Quantico, junho de 2011.

200 "A integridade", disse o CEO: Mike Duke, presidente e CEO da Wal-Mart Stores, Inc. "Walmart's Enduring Values." Walmart Shareholders' Meeting 2012. <http://news.walmart.com/news-archive/2010/06/04/walmart-ceo-mike-duke-outlines-strategies-for-building-the-next-generation-walmart>. Gretchen Morgenson. "Moving the Goal Posts on Pay", *New York Times*, ed. nacional, 7 de maio de 2011. <http://www.nytimes.com/2011/05/08/business/08gret.html?pagewanted=all> (acessado 2 de outubro de 2013).

204 Jackie Goebel: James Covert, "How Walmart Makes It Easy for Boss to Bag Bonus", *New York Post,* 17 de abril de 2010, <http://nypost.com/2012/04/17/how-walmart-makes-iteasy-for-boss-to-bag-bonus/> e <http://www.youtube.com/watch?v=yOf16irzrVs>.

204 Jackie Goebel, funcionária da Walmart: entrevista pessoal com Jackie Goebel, funcionária da Walmart e ativista sindical de Kenosha, Wisconsin, outubro de 2013.

205 gerente-geral da subsidiária argentina da Ralph Lauren: James O'Toole, "Ralph Lauren Admits Bribery at Argentina Subsidiary." *CNN Money*, 22 de abril de 2013. <http://money.cnn.com/2013/04/22/news/companies/ralph-lauren-bribery/index.html>. Jonathan Green e James L. Athas. "Ralph Lauren Outed Its Subsidiary's Bribery and Set an Example for All", *Forbes,* 26 de abril de 2013. <http://www.forbes.com/sites/

forbesleadershipforum/2013/04/26/ralph-lauren-outed-its-subsidiarys-bribery-andset-an-example-for-all/>.

206 Bank of America: Jennifer Liberto, "BofA Chief: We Have a 'Right to Make a Profit.'" *CNN Money,* 5 de outubro de 2011. <http://money.cnn.com/2011/10/ 05/news/economy/bank_of_america_moynihan/index.htm>. Susanna Kim e Matt Gutman, "Bank of America Cancels $5 Fee", *ABC News*, 1º de novembro de 2011. <http://abcnews.go.com/Business/bank-america-drops-plan-debit-card-fee/ story?id=14857970>.

207 líderes do Bank of America recusaram-se: "Bank of America Will Not Implement Debit Usage Fee", *Bank of America Newsroom,* 1º de novembro de 2011. <http://newsroom.bankofamerica.com/press-release/consumer-banking/ bank-america-will-not-implement-debit-usage-fee>.

207 "A lógica econômica ligada à oferta de um cartão de débito mudou com as regulações recentes": Blake Ellis, "Bank of America to Charge $5 Monthly Debt Card Fee." *ABC News, 29 de* setembro de 2011. <http://money.cnn.com/2011/09/29/pf/bank_of_america_ debit_fee/index.htm>.

211 Newt Gingrich: Katharine Q. Seelye, "Gingrich's Life: The Complications and Ideals", *New York Times,* 24 de novembro de 1994. <http://www.nytimes.com/1994/11/24/us/gingrich-s-life-the-complications-and-ideals.html?pagewanted=all&src=pm>.

212 Charles Gibson: Charles Gibson, "Restoring Comity to Congress", Discussion Paper Series, Joan Shorenstein Center on the Press, Politics and Public Policy, Harvard University, 2011. <http://shorensteincenter.org/wp-content/uploads/2012/03/d60_gibson.pdf>.

214 apresentação de Power Point feita: Ryan Grim e Sabrina Siddiqui, "Call Time for Congress Shows How Fundraising Dominates Bleak Work Life", *Huffington Post,* 8 de janeiro de 2013. http://www.huffingtonpost.com/ 2013/01/08/call-time-congressionalfundraising_n_2427291.html.

215 Olympia Snowe: Kevin Miller, "Olympia Snowe Quits Senate Race", *Bangor Daily News,* 29 de fevereiro de 2012. <http://bangordailynews.com/2012/02/28/politics/olympiasnowe-quits-senate-race/>.

215 pesquisa do Instituto Gallup feita em janeiro de 2013: Frank Newport, "Congress Begins 2013 with 14% Approval." *GALLUP Politics.* <http://www.gallup.com/poll/159812/congress-begins-2013-approval.aspx>.

215 É um número mais baixo do que o índice de aprovação: *Genghis Khan,* Biography Channel. <http://www.biography.com/people/genghis-khan-9308634>. "Genghis Khan the GREEN: Invader Killed So Many People That Carbon Levels Plummeted", *Daily Mail Online*, 25 de janeiro de 2011. <http://www.dailymail.co.uk/sciencetech/article-1350272/Genghis-Khan-killed-people-forests-grew-carbon-levels-dropped.html>.

216 o 112º Congresso: Site da Câmara dos Deputados dos EUA, Office of the Clerk, "Congressional Activity." <http://library.clerk.house.gov/resume.aspx>. Amanda Terkel, "112th Congress Set to Become Most Unproductive Since 1940s", *Huffington Post*, 28 de dezembro de 2012.

220 Quando entendemos a história: Michael C. Jensen e William Meckling: "Theory of the Firm: Managerial Behavior, Agency Costs and Ownership Structure", *Journal of Financial Economics,* nº 4 (1976): 305-60. <http://www.sfu.ca/~wainwrig/Econ400/jensen-meckling.pdf>.

222 Embora Milton Friedman tenha sido o primeiro: *Ibid.*

222 Em 2012, a professora Lynn Stout: Lynn Stout, *The Shareholder Value Myth: How Putting Shareholders First Harms Investors, Corporations, and the Public* (São Francisco: Berrett-Koehler Publishers, 2012).

223 os anos de crescimento das décadas de 1980 e 1990: Joe Nocera, "Down with Shareholder Value", *New York Times,* 10 de agosto de 2012. <http://www.nytimes.com/2012/08/11/opinion/nocera-down-with-shareholder-value.html>. Roger Martin, "The Age of Customer Capitalism", *Harvard Business Review, The Magazine,* janeiro de 2010. <http://hbr.org/2010/01/the-age-of-customer-capitalism>. Justin Fox, "What Good Are Shareholders?" *Harvard Business Review, The Magazine,* julho-agosto de 2012. <http://hbr.org/2012/07/what-good-are-shareholders/ar/1>. Alan Murray, "Should I Rank My Employees?" *Wall Street*

Journal, 7 de abril de 2009. <http://guides.wsj.com/management/recruiting-hiring-and-firing/should-i-rank-my-employees/>.

223 **Todos os anos, Welch despedia:** Jack Welch, *Jack: Straight from the Gut* (Nova York: Business Plus, 2003).

224 **Em sua gestão:** "Past Leaders", General Electric Web site. <https://www.ge.com/about-us/leadership/past-leaders>.

225 **"Qualquer um era capaz de administrar uma empresa na década de 1990":** Francesco Guerrera, "Welch Denounces Corporate Obsessions", *Financial Times*, edição da GB, 13 de março de 2009. <http://www.ft.com/cms/s/0/3ca8ec2e-0f70-11de-ba10-0000779fd2ac.html>.

225 **"equipes conduzidas por um líder diretivo":** Natalia Lorinkova, Matthew Pearsall e Henry Sims, "Examining the Differential Longitudinal Performance of Directive Versus Empowering Leadership in Teams", *Academy of Management Journal* (2012). Jesse Eisinger, "Challenging the Long-Held Belief in 'Shareholder Value,'" *New York Times*, *DealBook*, 27 de junho de 2012. <http://dealbook.nytimes.com/2012/06/27/challenging-the-long-held-belief-in-shareholder-value/>.

228 **"Há evidências cada vez mais numerosas":** Justin Fox e Jay W. Lorsch, "What Good Are Shareholders?", *Harvard Business Review, The Magazine*, julho-agosto 2012. <http://hbr.org/2012/07/what-good-are-shareholders/ar/1>.

229 **Como se descobriu, havia muito que a BP:** National Commission on the BP Deepwater Horizon Oil Spill and Offshore Drilling, "Deep Water: The Gulf Oil Disaster and the Future of Offshore Drilling." Relatório ao presidente, janeiro de 2011. <http://docs.lib.noaa.gov/noaa_documents/NOAA_related_docs/oil_spills/DWH_report-topresident.pdf>. Quest Offshore Resources Inc., for the American Petroleum Industry, "The State of the Offshore U.S. Oil and Gas Industry", dezembro 2011. <http://www.api.org/policy/exploration/upload/quest_2011_ december_29_final.pdf>. Steven Greenhouse, "BP Faces Record Fine for '05 Refinery Explosion", *New York Times*, 30 de outubro de 2009. <http://www.nytimes.com/2009/10/30/business/30labor.html>. Terrence Henry, "BP Settles with OSHA:

$13 Million for Texas City Refinery Explosion", *StateImpact*, National Public Radio, 12 de julho de 2012. <http://stateimpact.npr.org/texas/2012/07/12/bp-settles-with-osha-13-million-for-texas-city-refinery-explosion/>. Pierre Thomas, Lisa A. Jones, Jack Cloherty e Jason Ryan, "BP's Dismal Safety Record", *ABC News*, 27 de maio de 2010. <http://abcnews.go.com/WN/bps-dismalsafety-record/story?id=10763042.> Abrahm Lustgarten, "Furious Growth and Cost Cuts Led to BP Accidents Past and Present", *Propublica,* 26 de outubro de 2010. <http://www.propublica.org/ article/bp-accidents-past-and-present>.

232 Cofundador da Costco, Sinegal: Steven Greenhouse, "How Costco Became the Anti-Wal-Mart", *New York Times,* 17 de julho de 2005. <http://www.nytimes.com/2005/07/17/business/yourmoney/17costco.html>. Brad Stone, "Costco CEO Craig Jelinek Leads the Cheapest, Happiest Company in the World", *Bloomberg Businessweek,* 6 de junho de 2013. <http://www.businessweek.com/articles/2013-06-06/costco-ceo-craig-jelinek-leads-the-cheapest-happiest-company-in-the-world>.

232 Em 2005, quando Sinegal: Steven Greenhouse, "How Costco Became the Anti-Wal-Mart", *New York Times,* 17 de julho de 2005. <http://www.nytimes.com/2005/07/17/business/yourmoney/17costco.html>.

233 GE Vs. Costco: Yahoo Finance.

234 Costco é a segunda maior empresa varejista: Brad Stone, "Costco CEO Craig Jelinek Leads the Cheapest, Happiest Company in the World", *Bloomberg Businessweek,* 6 de junho de 2013. <http://www.businessweek.com/articles/ 2013-06-06/costco-ceo-craig-jelinek-leadsthe-cheapest-happiest-company-in-the-world>. Omar Akhtar, Erika Fry, Anne Vandermey e Kurt Wagner, "World's Most Admired Companies", *CNN Money,* 2013. <http://money.cnn.com/magazines/fortune/most-admired/2013/snapshots/2649.html>.

234 "A Wall Street está no negócio": Alan B. Goldberg e Bill Ritter, "Costco CEO Finds Pro-Worker Means Profitability", *ABC News,* 2 de agosto de 2006. <http://abcnews.go.com/2020/Business/story?id=1362779>.

234 **"Em vez de reduzir os salários":** Bonnie Kavoussi, "Costco CEO: Raise the Minimum Wage to More Than $10 Per Hour", *Huffington Post,* 6 de março de 2013, <http://www.huffingtonpost.com/2013/03/06/costco-ceo-minimum-wage-craig-jelinek_n_2818060.html>.

235 **"Deveríamos estar descobrindo":** Brad Stone, "Costco CEO Craig Jelinek Leads the Cheapest, Happiest Company in the World." *Bloomberg Businessweek,* 6 de junho de 2013. <http://www.businessweek.com/articles/2013-06-06/costco-ceo-craig-jelinek-leadsthe-cheapest-happiest-company-in-the-world>.

Parte 7: Uma sociedade de viciados

239 **Caso 1. A Sra. ______ foi internada:** Oliver Wendell Holmes e Charles William Eliot. *The Contagiousness of Puerperal Fever* (Cambridge, MA: Harvard Classics, 1909).

240 **"Os médicos não são a causa":** Richard W. Wertz e Dorothy C. Wertz. *Lying-in: A History of Childbirth in America* (New Haven, CT: Yale University Press, 1989).

242 **Esse era o estado de espírito de Jon quando bebia:** membro do AA, entrevista confidencial, janeiro de 2013.

247 **a lei foi substituída:** C. H. Sterling, "Deregulation", Museum of Broadcast Communications. <http://www.museum.tv/archives/etv/D/htmlD/deregulation/deregulation.htm>. Dan Fletcher, "A Brief History of the Fairness Doctrine", *Time*, 20 de fevereiro de 2009. <http://www.time.com/time/nation/article/0,8599,1880786,00.html>.

248 ***"éramos como que movidos":*** Ted Koppel, entrevista com o autor, março de 2012.

248 **"o líder em prejuízos que permitia":** Ted Koppel, "Olbermann, O'Reilly and the Death of Real News", *Washington Post,* 14 de novembro de 2010. <http://www.washingtonpost.com/wp-dyn/content/article/2010/11/12/ AR2010111202857.html>.

248 **"Nunca ocorreu à diretoria":** *Ibid.*

248 **Não muito depois, a ABC News estreou:** ABC News, "Timeline: Nightline 30th Anniversary." <http://abcnews.

go.com/Nightline/fullpage?id=8984599>.

250 **Aquilo que o Committee for the Fair Broadcast of Controversial Issues:** Fletcher, "A Brief History of the Fairness Doctrine."

252 **Antes da quebra do mercado de ações em:** "Glass-Steagall Act (1933)", *New York Times.* <http://topics.nytimes.com/top/reference/timestopics/subjects/g/glass_steagall_act_1933/index.html>.

252 **metade deles foi à bancarrota:** Federal Deposit Insurance Corporation (FDIC), "FDIC Learning Bank:The 1930's", <http://www.fdic.gov/about/learn/learning/when/1930s.html>.

252 **Em 1933, o congresso promulgou a Lei Glass-Steagall:** Federal Deposit Insurance Corporation (FDIC), "FDIC Learning Bank: The 1930's." <http://www.fdic.gov/about/learn/learning/when/1930s.html>.

252 **Além de introduzir a Corporação Federal de Seguro de Depósitos (FDIC):** Federal Deposit Insurance Corporation (FDIC), (Federal Deposit Insurance Corporation, ou FDIC, em inglês) <http://www.fdic.gov/about/learn/symbol/>.

253 **o Secretário do Tesouro da época, Lawrence Summers:** Stephen Labaton, "Congress Passes Wide-Ranging Bill Easing Bank Laws", *New York Times,* 5 de novembro de 1999. <http://www.nytimes.com/1999/11/05/business/congress-passes-wide-ranging-billeasing-bank-laws.html>.

253 **Em uma entrevista para o canal Bloomberg:** Jonathan Erlichman e David Mildenberg, "Ex-Merrill CEO Komansky Regrets Helping Kill Glass-Steagall", Bloomberg, 5 de maio de 2010. <http://www.bloomberg.com/news/2010-05-05/merrill-sex-chief-komansky-regrets-backing-glass-steagall-s-1999-repeal. html>.

254 **John Reed:** "Culture Clash Means Banks Must Split, Says Former Citi Chief", *Financial Times,* 8 de setembro de 2013.

255 **Seja este o verso:** "This Be the Verse" de *The Complete Poems of Philip Larkin* de Philip Larkin, editado por Archie Burnett. Copyright © 2012 por The Estate of Philip Larkin. Reproduzido mediante permissão de Farrar, Straus and Giroux, LLC.

259 **Segundo um estudo da Northwestern:** Erin White, "Diagnosis of ADHD on the Rise, "*Northwestern University, News,* 19 de

março de 2012. <http://www.northwestern.edu/newscenter/stories/2012/03/adhd-diagnosis-pediatrics.html>.

259 **O Centro de Controle de Doenças:** A agência de saúde norte-americana Centers for Disease Control (CDC). Última modificação em 16 de julho de 2013. <http://www.cdc.gov/ncbddd/adhd/facts.html>.

261 **1:Face:** <https//1facewatch.com>.

262 índice de suicídio entre ***boomers*:** <http://www.cdc.gov/mmwr/preview/mmwr/html/mm6217a1.htm?s_cid=mm6217a1_w Parker-Pope>, Tara. "Suicide Rates Rise Sharply in the U.S", *New York Times,* 2 de maio de 2013. <http://www.nytimes.com/2013/05/03/health/suicide-rate-rises-sharply-in-us.html>.

262 **Em 1960, houve apenas um tiroteio famoso em escola:** Jessie Klein, *The Bully Society: School Shootings and the Crisis of Bullying in American Schools* (Nova York: New York University Press, 2012).

Parte 8: Tornando-se líder

265 **civilizações não costumam morrer assassinadas:** Arnold J. Toynbee, *A Study of History: Abridgement of Volumes 1-6* (Oxford: Oxford University Press, 1947).

266 **AA — Passo 12:** Alcoólicos Anônimos, "The Twelve Steps of Alcoholics Anonymous", <http://www.aa.org/en_pdfs/smf-121_en.pdf>.

268 **Descobertas preliminares de um estudo de 2012:** Cort A. Pedersen, et al., "Intranasal Oxytocin Blocks Alcohol Withdrawal in Human Subjects", *Alcoholism: Clinical and Experimental Research.* nº 3 (2013): 484–89, <http://www.ncbi.nlm.nih.gov/pubmed/23025690>. Maia Szalavitz, "'Cuddle Chemical' Oxytocin Relieves Alcohol Withdrawal", *Time,* 15 de outubro de 2012, <http://healthland.time.com/2012/10/15/cuddle-chemical-oxytocin-relieves-alcohol-withdrawal/>.

268 **Segundo outro estudo de 2012:** "Marriage Linked to Better Survival in Middle Age; Study Highlights Importance of Social

Ties During Midlife", *Science Daily,* 10 de janeiro de 2013, <http://www.sciencedaily.com/releases /2013/01/130110102342.htm>

268 Outros estudos mostraram que: Alexandria Sifferlin, "Why Facebook Makes You Feel Bad About Yourself", *Time,* 24 de janeiro de 2013. <http://healthland.time.com/2013/01/24/why-facebook-makes-you-feel-bad-about-yourself/>.

270 Segundo um estudo realizado em 2004: Timothy Jones, "Study: Nation Wastes Nearly Half Its Food", *University of Arizona, UA News,* 18 de novembro de 2004. <http://uanews.org/story/study-nation-wastes-nearly-half-its-food>.

270 Conforme o International Water Institute, de Estocolmo, Água de Estocolmo: Society of St. Andrews, "Food Waste." <http://endhunger.org/food_waste.htm>.

280 Stephanie Herseth Sandlin: entrevista com o autor, 2013.

285 William Ury: entrevista com o autor, 2013.

281 Segunda Lei do Movimento: Glenn Research Center, NASA Online, "Newton's Laws of Motion." <http://www.grc.nasa.gov/WWW/k-12/rocket/ newton.html>.

BIBLIOGRAFIA

Breuning, Loretta Graziano. *I, Mammal: Why Your Brain Links Status and Happiness.* Oakland: System Integrity Press, 2011.

Breuning, Loretta Graziano. *Meet Your Happy Chemicals.* Oakland: System Integrity Press, 2012.

Brokaw, Tom. *The Greatest Generation.* Nova York: Random House, 1998.

Cacioppo, John T., e William Patrick. *Loneliness: Human Nature and the Need for Social Connection.* Nova York: W. W. Norton, 2009.

Collins, Jim, e Jerry Porras. *Built to Last.* Nova York: Harper Perennial, 2004.

Freeman, John. *The Tyranny of E-Mail: The Four-Thousand-Year Journey to Your Inbox.* Nova York: Scribner, 2011.

Hill, Russell e Dubar, Robin. "Social Network Size in Humans." *Human Nature* 14, nº 1 (2003): 53–72.

Lane, Robert E. *Loss of Happiness in Market Economies.* New Haven, CT: Yale University Press, 2001.

McClellan, James E., e Harold Dorn. *Science and Technology in World History: An Introduction.* Baltimore: Johns Hopkins University Press, 2006.

Marquet, L. David. *Turn the Ship Around! A True Story of Turning Followers into Leaders.* Nova York: Portfolio/Penguin, 2012.

Milgram, Stanley. *Obedience to Authority: An Experimental View.* Nova York: Harper-Perennial, 2009.

Olds, Jacqueline. *The Lonely American: Drifting Apart in the Twenty-first Century.* Boston: Beacon Press, 2010.

Rappaport, Alfred. *Creating Shareholder Value: The New Standard for Business Performance*. Nova York: Free Press, 1986.

Sapolsky, Robert M. *Why Zebras Don't Get Ulcers*. 3ª ed. Nova York: Holt Paperbacks, 2004.

Schwartz, Mark. "Robert Sapolsky Discusses the Physiological Effects of Stress." *Stanford University News Service*. Acessado em 28 de fevereiro de 2012. <http://news.stanford.edu/news/2007/march7/sapolskysr-030707.html>.

Smith, Lacey Baldwin. *English History Made Brief, Irreverent, and Pleasurable*. Chicago, IL: Academy Chicago Publishers, 2006.

"Social Status and Health: Misery Index". *Economist*, 14 de abril de 2012. Acessado em 4 de maio de 2012. <http://www.economist.com/node/21552539/print>.

Sorkin, Andrew Ross. *Too Big to Fail: The Inside Story of How Wall Street and Washington Fought to Save the Financial System from Crisis—and Themselves.* Nova York: Viking, 2009.

Stavrianos, Leften Stavros. *Lifelines from Our Past: A New World History*. Armonk, NY: M. E. Sharpe, 1997.

Stout, Lynn A. *The Shareholder Value Myth: How Putting Shareholders First Harms Investors, Corporations, and the Public.* São Francisco: Berrett-Koehler, 2012.

Turkle, Sherry. *Alone Together: Why We Expect More from Technology and Less from Each Other.* Nova York: Basic Books, 2011.

Uchitelle, Louis. *The Disposable American: Layoffs and Their Consequences*. Nova York: Knopf, 2006.

Whybrow, Peter C. *American Mania: When More Is Not Enough*. Nova York: W. W. Norton, 2005.

Zak, Paul J. *The Moral Molecule: The Source of Love and Prosperity*. Nova York: Dutton, 2013.

ÍNDICE

ROTAPLAN
GRÁFICA E EDITORA LTDA
Rua Álvaro Seixas, 165
Engenho Novo - Rio de Janeiro
Tels.: (21) 2201-2089 / 8898
E-mail: rotaplanrio@gmail.com